156

12,-

18.9.93
Meyer P

1. Auflage
bei Knecht Haus 110,-

Zum Andenken

an Frau   D. Markus

Nordeney April 1983

Dr. Hermann Soeke Bakker

NORDERNEY

Vom Fischerdorf zum Nordseeheilbad

Dr. Hermann Soeke Bakker

NORDERNEY

Vom Fischerdorf zum Nordseeheilbad

Wirtschaftliche und soziale Verhältnisse
der Bevölkerung der Insel Norderney
bis zum ersten Weltkriege

mit 110 Abbildungen
und einem Tabellenanhang

Druck und Verlag H. Soltau GmbH
„Ostfriesischer Kurier" KG
Am Markt 21 · 2980 Norden 1

Die Neuherausgabe dieser Veröffentlichung erfolgt mit Genehmigung des Niedersächsischen Instituts für Landeskunde und Landesentwicklung an der Universität Göttingen, in dessen Schriftenreihe die Erstveröffentlichung als Band 62 der Reihe A I im Jahre 1956 erschien.
2. Auflage, Norden, 1971
3. erweiterte Auflage, Norden, 1980
Copyright by Druck und Verlag H. Soltau GmbH „Ostfriesischer Kurier" KG
Am Markt 21, 2980 Norden 1
Alle Rechte vorbehalten / Gesamtherstellung: Soltau - Kurier - Norden / Printed in Germany
ISBN 3-922365-09-4
Schutzumschlag Vorderseite oben: Badewärter Claaß Janßen mit zwei Badefrauen. Photo: Sasse
Schutzumschlag Vorderseite unten: Badeleben um 1900. Photo: Privat
Schutzumschlag Rückseite oben: Im Norderneyer Damenbad um 1883.
Photo: Risse, Berlin/Norderney
Schutzumschlag Rückseite unten: Der Schellfischfang wird geborgen.
Nach einem Gemälde von F. Kallmorgen

Meinem Vater und Mithelfer,
Kaufmann Heye Harms Bakker, Norderney,
zu seinem 95. Lebensjahr am 19. IX. 1956
gewidmet.

Fahrt durch das Watt

Ankunft mit dem Dampfschiff vor Norderney, um 1850

INHALT

Seite

Einleitung zur dritten Auflage XIII
Vorworte XIV
A. Die Eigenart der natürlichen Verhältnisse Norderneys 1
B. Das Wirtschaftsleben vor der Gründung der Badeanstalt 5
   I. Das Gewerbe zur See 5
      1. Die Fischerei 5
      2. Die Schiffahrt 8
   II. Das Wirtschaftsleben auf der Insel selbst 12
      1. Das Strandgut 12
         a) Fremde Produkte und Schiffsgüter 12
         b) Gestrandete Schiffe 13
      2. Die Strand- und Wattfischerei 13
      3. Die Landwirtschaft 15
      4. Der Inselschutz 17
   III. Das soziale Inselleben 18
      1. Der Bevölkerungsstand 18
      2. Die materiellen Bedürfnisse 19
      3. Die insularen Verfassungs- und Verwaltungsverhältnisse . . . 21
      4. Die Charakteristik der Insulaner 24
C. Das 19. Jahrhundert — das Zeitalter der Entwicklung 27
   I. Das Gewerbe zur See 27
      1. Die Schiffahrt 27
         a) Die Kauffahrteifahrt 27
         b) Die Beurtfahrt 31
      2. Die Seefischerei 35
         a) Die Gründe für eine erfolgreiche Ausbreitung des Fischergewerbes auf der Insel und kurzer geschichtlicher Rückblick 36
         b) Geschäfts- und Betriebsformen 38
            aa) Die Fahrzeuge 38
            bb) Das Fanggerät 39
            cc) Der Köder und seine Beschaffung 39
            dd) Die Fangweise 39
            ee) Der Fischhandel 41
            ff) Die Fischpreise und die Preisbewegung 42
            gg) Durchschnittserträge der Fischerei 44
            hh) Das Lohnwesen und das Schiffsrecht 45
         c) Die Gründe des Verfalls der Fischerei und die Bedeutung der Schutzmaßnahmen 46
         d) Die Seemoosfischerei 50
            aa) Die Entstehung und Entwicklung 50
            bb) Erträgnisse 52
      3. Das Nebengewerbe der Seefischer 53
   II. Norderney als Nordseebad 56
      1. Die ostfriesisch-ständische Zeit 56
      2. Die Fremdherrschaft und die Übergangsjahre 59

3. Die hannoversche Zeit 60
   a) Die staatlichen Anstalten und Einrichtungen zur Förderung des
      Fremdenverkehrs 61
   b) Staatliche Bemühungen zur Hebung der wirtschaftlichen Gesamt-
      lage der Inselbevölkerung 66
   c) Die Förderung des Fremdengewerbes 68
      aa) Ausweisung von Bauplätzen 68
      bb) Neubauten und Verbesserung der Wohnungseinrichtungen . . 69
      cc) Preisbestimmungen 70
   d) Die Förderung des Handels, Handwerks und Verkehrs in beson-
      derer Hinsicht auf den Fremdenverkehr 71
   e) Schlußbetrachtungen über die hannoversche Zeit 77
4. Die preußische Zeit 79
   a) Die Staatlichen Aufwendungen 81
   b) Die privaten Organisationen 82
5. Die Lage des Fremdenverkehrs und der durch ihn bedingten oder
   beeinflußten Gewerbe vor Ausbruch des ersten Weltkrieges 84
   a) Der finanzielle Ertrag des Fremdenverkehrs 84
   b) Das Badegewerbe 86
      aa) Staatliche Betriebe 86
      bb) Hotels 86
      cc) Pensionshäuser 88
      dd) Logierhäuser 89
   c) Handel und Handwerk 91
   d) Die gebundenen Saisonberufe 93
      aa) Staatliche Angestellte 93
      bb) Privatangestellte 95
6. Wandlungen im kirchlich-sozialen Leben der Inselbevölkerung 95
7. Die veränderten soziologischen Verhältnisse 98
8. Der schwarze Sonntag 106
9. Das Kurparlament 116

D. Wie die Verkehrsprobleme gemeistert wurden 123
   Norderney – das älteste deutsche Nordseebad 124
   Wie kam man nach Norderney? 124
   Mit dem Fährschiff von Norddeich 126
   Mit der Wattenpost von Hilgenriedersiel 127
   Reisewege von der Elbe, Weser, Ems 128
   Die Gründung der „Dampfschiffs-Rhederei Norden" 1871 131
   Der erste Dampfer „Stadt Norden" 133
   Bau der ersten Landungsbrücke und des Hafens in Norderney 1871/74 . . 134
   Im Wettbewerb gegen viele Reedereien 135
   Der Bahnbau nach Norden – eine alte Idee wird Wirklichkeit 1883 . . . 136
   Aber wie ging's weiter von Norden nach Norddeich? 136
   Weiterführung der Eisenbahn bis Norddeich,
   neue Häfen in Norddeich und Norderney 1892 138
   Die Norderneyer Dampfschiffsreederei „Einigkeit" 1893 138
   Gründung und Aufbau der
   „Neuen Dampfschiffs-Reederei Frisia", 1906–1909 140

Betriebsgemeinschaft der Reedereien „Norden" und „Frisia" 1909 143
Entwicklung bis zum ersten Weltkrieg 144
Der Weltkrieg 1914/1918 144
Fusion der Reedereien „Norden" und „Frisia"
zur „Aktiengesellschaft Reederei Norden-Frisia" 1917 146
Die Jahre zwischen den Weltkriegen 146
Der Ausbruch des zweiten Weltkrieges 148
Kriegsende und Nachkriegsjahre bis Ende der vierziger Jahre 150
Die Währungsreform 152
Die fünfziger Jahre 153
Umstellung der Güterbeförderung auf den Behälterverkehr 154
Anfänge des Autofährverkehrs 154
Die sechziger und die siebziger Jahre 156
Der Bau von Fährschiffen 156
Neue Fährenanleger 158
Die Großgaragen in Norddeich 158
Die Bundesbahn 158
Die Bundespost 159
Die Schiffe der Reederei seit 1871 160

Anmerkungen 161
Literaturverzeichnis 175
Tabellenanhang 178

Verzeichnis der Abbildungen

Im Textteil:

Fahrt durch das Watt VII
Ankunft mit dem Dampfschiff vor Norderney, um 1850 VII
Die Nordsee, Stich 1822 3
Der Norddeicher Anleger um 1900 6
Norderneyer Fischer 1890 9
Die „Stadt Norden" im Hafen von Norderney um 1900 10
„Buttsprieken", Abb. 4, Zeichnung von Poppe Folkerts 14
„Schillbögeln", Abb. 6, Zeichnung von Poppe Folkerts 15
Badewärter Claaß Janßen vom Herrenbad, um 1900 20
Drei Badefrauen vor rund hundert Jahren 20
Zwei Fischerhäuser in der Osterstraße 21
Das ehemalige Posthaus 24
Frachtschiff „Frisia XIV" im Sturm 29
Ansicht des Seebades Norderney von den Dünen aus 32
Die Wilhelmstraße um 1870 37
Altes Fischerhaus auf Norderney 40
Die Stadt Norden um 1871 51
Bau der Mole in Norddeich 1890 55
Ansicht vom Hafen aus, um 1850 58
Marienhöhe um 1850 61
Zwei Raddampfer im Stillager Papenburg, 1913 62
Die Giftbude vor 1900 65
Der Damenpfad 1870 68

Gäste des Damenbades am Weststrand um 1880	71
Die Friedrichstraße war 1882 noch nicht gepflastert	76
Die Friedrichstraße 60 Jahre später	77
Ansicht von der Lesehalle auf den Damenstrand 1893	80
Das Herrenbad vor der Georgshöhe um 1900	82
Das Norderneyer Herrenbad um 1890	87
Das heutige Hotel „Friese" um 1880	89
Schuchardts Hotel 1869, heute „Hotel König"	92
Zwei Badefrauen	94
Sechs Badefrauen mit ihren Pütten um 1900	97
Die Giftbude vor 1860	100
Badefrauen schieben Badekarre ins Wasser, um 1900	102
Der Norderneyer Damenpfad 1885	105
„Dünenhalle" um 1880 (oben) – Wilhelmshöhe um 1900 (unten)	108
Die Wilhelmshöhe 20 Jahre später, um 1920	109
Die Badehallen im Jahre 1935, vom Hochwasser angefressen	111
Der Doppelschraubendampfer „Deutschland" 1893	113
Der Norderneyer Seesteg (zwei Aufn.) um 1900 und 1901	115
Frisia-Partner an Bord des Dampfers „Frisia III" 1912	118
Das Familienbad 1908	121
Badekutschen 1822	125
Der Raddampfer „Norderney" um 1890	127
Der Raddampfer „Hohenzollern" 1906, später „Frisia IV"	130
Die alte Giftbude (von 1890) hier um 1930 über dem Nordstrand	132
Großheider Arbeiter bauten jedes Jahr wieder den Seesteg auf und ab, 1925	135
Beim Strandmauerbau arbeiteten auch viele Frauen, um 1914	137
Gitter aus Polen vor Norderneys Kaiserstraße schützten ab 1914 die Inselfestung mit dem Marine-Flughafen	139
Strandmauerbau um 1914, hier vor dem heutigen Café Cornelius	141
Der erste Dampfer „Frisia I" 1907	142
Reparaturarbeiten an Buhnen vor Hotel „Germania"	143
Kutsche vor dem Hotel „Deutsches Haus", vor 1914	145
Die Mole in Norddeich 1949	148
Der Hafen Norderney im Jahr 1950	149
Autotransport 1953	151
Frisia I (Baujahr 1970) im Hafen Norderney 1971	153
Die erste Autofähre „Frisia VIII", Baujahr 1962, vor dem Umbau	155
„Frisia II", im Hintergrund „Frisia VIII"	157

Im Anhang:

Tafel I	Abb. 1:	Horst „Carte von der Insul Norderney", 1739	199
Tafel IIa	Abb. 2:	Schuiten der früheren Netzfischerei	198
Tafel II	Abb. 3:	Norderneyer Kauffahrteischiff, Ende 18. Jahrhundert	200
Text S. 14	Abb. 4:	„Buttspricken"	14
Tafel III	Abb. 5:	„Granatstrieken." Granatfang mit Handnetzen	201
Text S. 15	Abb. 6:	„Schillbögeln"	15
Tafel III	Abb. 7:	Inselkirche auf Norderney vor dem Umbau	201
Tafel IV	Abb. 8:	Altes Fischerhaus	202
	Abb. 9:	Inneres eines Fischerhauses	202

Tafel V	Abb. 10:	„Pann Ewer." Frachtsegelschiff d. kleinen Küstenfahrt	203
	Abb. 11:	Beurtschiffe im Norderneyer Hafen um 1850	203
Tafel VI	Abb. 12:	Schaluppen beim Schellfischfang um 1890	204
Tafel VII	Abb. 13:	Schaluppen vom Schellfischfang heimkehrend	205
Tafel VIII	Abb. 14:	Fischerfrau beim „Wantsplieten"	206
	Abb. 15:	Fischerfrau beim „Wurmdilven" (Würmergraben)	206
Tafel IX	Abb. 16:	Fährschiff für die Verbindung Norddeich–Norderney	207
	Abb. 17:	Rückkehr von der Seehundsjagd	207
Tafel X	Abb. 18:	Norderney 1822	208
Tafel XI	Abb. 19:	Norderney, Weststrand mit Dampfer „Roland" 1840	209
Tafel XII	Abb. 20:	Norderney 1850. Empfang der Gäste	210
Tafel XIII	Abb. 21:	Norderney 1840. Kurhaus und Sommerpalais	211
Tafel XIV	Abb. 22:	Norderney um 1850. Gesamtansicht	212
Tafel XV	Abb. 23:	Gärten in den Dünen	213
	Abb. 24:	Damenpfad um 1860	213
	Abb. 25:	Luisenstraße um 1860	213
Tafel XVI	Abb. 26:	Giftbude (Nordstrand) 1897	214
	Abb. 27:	Strandhalle 1914	214
Tafel XVII	Abb. 28:	Viktoriahalle um 1890	215
	Abb. 29:	Am Hafen um 1880	215
Tafel XVIII	Abb. 30:	Seesteg 1897	216
	Abb. 31:	Bild des Ortsinneren um 1890	216
Tafel XIX	Abb. 32:	Am Kurhaus um 1900	217
Tafel XX	Abb. 33:	Kaiserstraße um 1910	218
	Abb. 34:	Viktoriastraße 1893	218
Tafel XXI	Abb. 35:	Straße im Ortsinneren	219
	Abb. 36:	Geschäftsstraße (Friedrichstraße)	219
Tafel XXII	Abb. 37:	Im Damenbad 1882	220
	Abb. 38:	Badebedienstete und Rettungsschwimmer um 1914	220
Tafel XXIII	Abb. 39:	Norderney 1850, Königsfamilie (Georg V.)	221
Tafel XXIV	Abb. 40:	Alter Fischer	222
	Abb. 41:	Schaluppe	222
	Abb. 42:	Am Strande	222
Tafel XXV	Abb. 43:	Fischerklasse 1889	223
	Abb. 44:	Fischerboote am Weststrand (Südwesthörn)	223
Tafel XXVI	Abb. 45:	Mit der Frisia nach Norderney	224
	Abb. 46:	Luftbild von Norderney	224

Einleitung
zur dritten Auflage

Die Wirtschaftsgeschichte Ostfrieslands muß bislang als ein Stiefkind der Forschung angesehen werden. Daher ist es ein Verdienst der Firma Soltau-Kurier, die Arbeit des Herrn Dr. Hermann Soeke Bakker „Norderney - Vom Fischerdorf zum Nordseeheilbad" in 3. Auflage einem breiten Publikum zugänglich zu machen, das sich heute für solche Fragestellung interessiert. Die erste Auflage erschien 1956 als Bd. 62 in der Reihe der „Veröffentlichungen des Niedersächsischen Amtes für Landesplanung und Statistik, Reihe A I" (Schriften der Wirtschaftswissenschaftlichen Gesellschaft zum Studium Niedersachsens e.V.). Im Jahre 1971 gab der gleiche Verlag dann mit Genehmigung des Niedersächsischen Instituts für Landeskunde und Landesentwicklung an der Universität Göttingen die 2. erweiterte Auflage heraus, die inzwischen vergriffen ist. Nunmehr erscheint die wesentlich erweiterte 3. Auflage. Der Untertitel stellt fest, daß es sich in der vorliegenden Arbeit um die Darstellung „der wirtschaftlichen und sozialen Verhältnisse der Bevölkerung der Insel Norderney bis zum ersten Weltkriege" handelt.

In dem Vorwort zur ersten Auflage hatte der Verfasser auf die Schwierigkeiten hingewiesen, die es bei der Erarbeitung zu bewältigen galt: die Dürftigkeit und Lückenhaftigkeit des Materials, Fehlen statistischer Unterlagen über die Entwicklung des Fremdenverkehrs, Verlust von wichtigen Gemeindeakten. Trotzdem ist es dem Verfasser gelungen, ein lebendiges Bild der Entwicklung Norderneys vom Fischerdorf zum Seebad zu zeichnen, das auf der Grundlage eigener Recherchen und sorgfältiger Auswertung der Quellen und der Literatur zustande kam. Nachdem in die 3. Auflage aus der Jubiläumsschrift von Dr. Bakker zum 100. Geburtstag der Reederei Norden-Frisia die Norderney betreffenden Textpassagen sowie 19 Fotos mit übernommen wurden und noch weitere 42 alte, bislang unveröffentlichte zugefügt werden konnten, stellt das Buch eine wertvolle Bereicherung des Schrifttums zur ostfriesischen Wirtschafts- und Sozialgeschichte dar, an der das Interesse in den letzten Jahren erheblich gestiegen ist.

Es hieße im Sinne der Forschung und des Fremdenverkehrs weiterzuarbeiten, wenn auch die Geschichte Norderneys von 1914 bis heute in absehbarer Zeit geschrieben werden könnte.

Aurich, im Mai 1980   Harm Wiemann
                                            Landschaftsrat

Vorwort

Mit dem raschen Aufschwung des deutschen Wirtschaftslebens seit dem siebenten Jahrzehnt des vergangenen Jahrhunderts haben — wie manche andere Wirtschaftszweige — Fremdenverkehr und Fremdengewerbe sehr an Bedeutung gewonnen. Mit der Wertschätzung der Heilfaktoren stieg die ökonomische Bedeutung der Badeorte. Damit traten letztere aus dem Rahmen lokaler Wirtschaft heraus, der sie in früheren Jahrhunderten umschloß. Der Wert der Badeorte für das Gemeinwohl erweist sich u. a. durch die staatlichen finanziellen Unterstützungen und Förderungen, vorzugsweise in den ersten Aufschwungsperioden, als deren finanzielle Kraft durch den progressiv stärker wachsenden Verkehr überholt wurde. Manche Badeorte konnten nur mittels staatlicher Subventionen die dem gestiegenen Badebetriebe entsprechenden Aufwendungen machen.

Es soll deshalb die starke Rückwirkung des Fremdenverkehrs auf das ursprüngliche Wirtschaftsleben an dem Beispiel Norderney — dem ältesten und größten deutschen Nordseeheilbad — gezeigt werden, weil sich hier die Entwicklung eines abgeschlossenen Wirtschaftsgebietes einer fast unbekannten Fischerinsel zu dem heute bevorzugten Seebade am frühesten und stärksten ausgeprägt hat und zudem dieses Eiland dem Verfasser persönlich vertraut ist.

Die Schwierigkeiten, die der Bearbeitung entgegenstanden, lagen in der Hauptsache in der Dürftigkeit und Lückenhaftigkeit des Materials. Über die wirtschaftliche und die soziale Lage der Bevölkerung Norderneys in Vergangenheit und Gegenwart liegt nur wenig einschlägige Literatur vor. Es finden sich hier und da Arbeiten über die geschichtliche Entwicklung Ostfrieslands, in denen das Schicksal der Inseln gestreift wird. Einige Aufschlüsse geben Herquet, Reins, Rykena, Wiarda, Freese, Houtrouw u. a., jedoch gehen sie über 1800 nicht hinaus. Zur Ergänzung und als Parallele ist daher vielfach das über verwandte Badeorte vorhandene Material — wenn auch mit relativer Gültigkeit — herangezogen worden.

Es bestand auch für Norderney z. B. keinerlei statistisches Material, das der heutigen Fremdenverkehrsstatistik entspricht. Die Akten der Gemeinde und der Seebadekasse sind zum großen Teil vernichtet worden. So war neben dem Studium der Norderneyer Kirchenprotokolle längeres Arbeiten in benachbarten festländischen Archiven und die Benutzung amtlicher Quellen geboten. Mündliche Mitteilungen oder schriftliche Umfragen mußten mitverwertet werden.

Die vorliegende Arbeit will die wirtschafts-historisch wichtigen Perioden herausarbeiten, ein möglichst klares Bild von der Eigenart des insularen Wirtschaftslebens bis zu den Tagen des ersten Fremdenverkehrs zeichnen, die treibenden Kräfte, die zu der Entwicklung zum Nordseeheilbad führten, aufzeigen und daneben das tragische Geschick des alten Seegewerbes im Jahrhundert der Dampfkraft mit seinen sozialpolitischen Folgen darstellen.

Mit dem Ausbruch des ersten Weltkrieges wurde die Aufwärtsentwicklung Norderneys jäh unterbrochen. Wenn nach vielen Jahren unvorstellbarer Schwierigkeiten, die mit denen festländischer Badeorte nicht zu vergleichen sind, Norderney trotz zweier Weltkriege seine Stellung als führender Badeort der Nordsee wieder erreichen konnte, so lag dies nicht zuletzt an der Pionierarbeit vorangegangener Geschlechter und an vererbten Anlagen seiner Bewohner. Diese unzerstörbaren Kräfte aus der abgeschlossen vor uns liegenden Vergangenheit aufzuzeigen, dürfte nicht nur den Insulaner oder den heimatkundlich interessierten Niedersachsen angehen, sondern auch dem Wunsche der Inselbesucher, die die Insel liebgewannen, entgegenkommen. Ich hoffe, in absehbarer Zeit einen zweiten Band vorlegen zu können, der die Entwicklungsgeschichte Norderneys von 1914 bis in die Gegenwart fortsetzt.

Dieser Schrift liegt die bereits 1920 der Rechts- und Staatswissenschaftlichen Fakultät der Hamburgischen Universität vorgelegte Inaugural-Dissertation unter dem Titel „Wandlungen in den wirtschaftlichen und sozialen Verhältnissen der Bevölkerung der Insel Norderney bis zum Weltkrieg" zugrunde. Ich danke Herrn Professor Dr. Kurt Brüning als Leiter des Niedersächsischen Amtes für Landesplanung und Statistik, daß er sich entschloß, meine Arbeit in der Schriftenreihe der Wirtschaftswissenschaftlichen Gesellschaft zum Studium Niedersachsens e. V. zu veröffentlichen. Seine Sachbearbeiterin, Frau Liebau, unterstützte mich bei der Umbearbeitung durch große Sachkenntnis und Verbundenheit zur Insel und ihrer Bewohner. Als nimmermüdem Anreger danke ich Herrn M. Maucher, Direktor des Landesverkehrsverbandes Ostfriesland, durch dessen Tatkraft und Unterstützung das Buch jetzt vorgelegt werden kann. Die Bildvorlagen stellte das Norderneyer Stadtarchiv zur Verfügung, dafür danke ich Herrn Bürgermeister C. Lührs.

Der Druck des Buches in der vorliegenden Form und Ausstattung konnte durch namhafte Beihilfen der Inselstadt Norderney, der Badeverwaltung des niedersächsischen Staatsbades Norderney, der Aktien-Gesellschaft Reederei Norden-Frisia, der Ostfriesischen Landschaft, sowie des Reeders Lucas Meyer, Hamburg (eines gebürtigen Norderneyers), durchgeführt werden. Ihnen sowie den Herren Präsidenten C. Stegmann, Bürgermeister C. Lührs und Kurdirektor Chr. Sibbersen zu danken, ist dem Verfasser eine besonders angenehme Pflicht.

Hamburg-Norderney, im Herbst 1956

Dr. H. S. Bakker

Zur zweiten Auflage

Die vorliegende zweite Auflage kommt dem langgehegten Wunsche vieler Norderneyer, festländischer Besucher und Badegäste nach, die sich in die Vergangenheit unserer Insel durch Wort und Bild vertiefen möchten.

Die Inselstadt Norderney, die Kurverwaltung und die A.-G. Reederei Norden-Frisia, die bereits den Druck der ersten Auflage unterstützten, ermöglichten auch diesmal wieder den Druck und darüber hinaus, daß dem sonst unverändert gebliebenem Inhalte einige für die Insel besonders charakteristische Kapitel hinzugefügt werden konnten. Den genannten Helfern gilt mein besonderer Dank.

So möge das Buch als bescheidener Beitrag zum 175jährigen Bestehen des ältesten deutschen Nordseebades viele Leser finden, die unsere Insel liebgewannen.

Norderney, im Sommer 1971

Dr. H. S. Bakker

A. Die Eigenart der natürlichen Verhältnisse Norderneys

Die Ostfriesischen Nordseeinseln Wangerooge, Spiekeroog, Langeoog, Baltrum, Norderney, Juist und Borkum sind der niedersächsischen Nordseeküste in ostwestlicher Richtung in einer fast parallel zur Küste verlaufenden Linie von 75 bis 80 km Länge vorgelagert. Weiter westlich von Borkum schließt sich die holländische Inselkette, halbmondförmig nach Süden gerichtet, an. Norderney liegt unter 53° 42½' nördlicher Breite und 29° 49' östlicher Länge.

Die Entfernung Norderneys wie die der meisten anderen Inseln vom festen Lande beträgt 11 bis 12 km. Die Inseln werden durch das Watt vom Festlande getrennt, d. h. durch denjenigen Teil des Meeresgrundes, der nur zur Zeit der Hochflut 6 bis 8 Fuß hoch vom Wasser überstaut ist, während der Ebbe aber, mit Ausnahme der ihn durchschneidenden rinnenförmigen Vertiefungen (Balgen), trocken läuft, so daß man zu Fuß oder mit dem Wagen unter ortskundiger Führung die Insel erreichen kann.

Durch die ständig angreifende Strömung und durch die vorherrschenden Westwinde sind die Inseln in Form und Lage einer dauernden Veränderung, insbesondere einer Verlagerung von Westen nach Osten ausgesetzt, sofern der Mensch nicht durch Schutzbauten eingreift. Der Flächeninhalt von Norderney betrug 1650 $^1/_5$ Quadratmeile, die Länge 8 km, die größte Breite 1 km. Große, wenn auch z. T. langsam fortschreitende Veränderungen verliehen den Inseln ihre jetzige Gestaltung (1-8) *).

Durch wissenschaftliche Forschungen der jüngsten Zeit wissen wir heute, daß die Dynamik der Küstensenkung unaufhaltsam fortschreitet. Gewaltig brausen die Sturmfluten gegen die der Küste vorgelagerten Inseln. In den letzten hundert Jahren hat es in der Deutschen Bucht zwei Orkanfluten, 36 Sturmfluten und 342 Windfluten gegeben. Das ständige Steigen des Meeres ist auch daraus zu erkennen, daß die Marschen vor 2000 Jahren ohne jeden Schutz gegen das Meer dichter als heute besiedelt waren. Als zu dieser Zeit die Küste zu sinken begann, mußten die Siedler „Wurten" oder „Warften" errichten und diese nach einigen Generationen jeweils wieder erhöhen. Bis zu sechs Metern Höhe wuchsen allmählich diese Wurten, dann erst wurde mit dem Bau von Deichen begonnen. Unter der Wasserfläche vor Norderney sind die ungeheuren Wasserkräfte, die an der Nordseeküste nagen, am deutlichsten zu beobachten. Zweimal täglich strömen mit der Flut zweihundert Millionen Kubikmeter Wasser hinter die Ostfriesischen Inseln, dabei sind Tiefen bis zu 25 Metern entstanden.

Die Römer fanden unter Drusus Germanicus bereits eine Inselreihe vor, sagten aber nichts über ihr Aussehen aus. Sicherlich entsprachen Anzahl und Gestalt der Inseln nicht dem heutigen Bild. So wissen wir, daß zwischen Juist und einer Insel „Oesterende" die heute verschwundene Insel Buise (oder Burse) lag. Es ist das Verdienst von Dr. Arend Wilhelm Lang, daß er das interessante Spiel der Naturkräfte im Raume Juist—Norderney entwicklungsgeschichtlich untersucht hat (8a). Seinen Untersuchungen ist zu ent-

---
*) Die in Klammern gesetzten Zahlen beziehen sich auf die Anmerkungen am Schluß des Textes.

nehmen, daß der Name „Oesterende" zum erstenmal in einem Staatsvertrag, einer Lehnsurkunde des Jahres 1398, genannt wird. Die Insel „Oesterende" trat unter der gleichen Bezeichnung 1406 abermals in Erscheinung, danach hieß sie aber ausschließlich „Ny norderoghe", bzw. „Norderoog" oder auch „Norder neye oog", ein Name, der sich im Laufe des 16. Jahrhunderts schließlich zu „Norderney" weiterentwickelte. Die auffällige Umwandlung der Bezeichnung dieser „Neuen Norder Insel" gestattet nach Lang wichtige Rückschlüsse sowohl auf die Entstehung Norderneys als vor allem auch auf die von Buise. Wir können demnach annehmen, daß bereits zu Ende des 14. Jahrhunderts Buise in zwei Teile zerrissen war. Von diesen beiden Teilen behielt wahrscheinlich der westliche Abschnitt den ursprünglich für die ganze Insel gültigen Namen „Buise" bei. Dem östlichen Teil verblieb offenbar anfangs seine alte Flurbezeichnung „Oesterende", obgleich er eine selbständige Insel geworden war. Erst im 16. Jahrhundert erhielt dann die neue Insel einen eigenen Inselnamen, und zwar nach dem Festlandsabschnitt, zu dem sie zählte, „Die Norder neue Insel", kurz „Norderney".

Kurz nach der Wende vom 18. zum 19. Jahrhundert setzte eine fortschreitende Verkleinerung der Insel ein. Die insbesondere den Westteil der Insel angreifende Strömung hat zunehmenden Widerstand gefunden an den Strand- und Dünenschutzbauten (9), die anfangs aus dem Erhaltungstriebe der Insulaner heraus von diesen selbst ins Werk gesetzt, in späteren Jahren von der Regierung übernommen und durch große Geldmittel bedeutend erweitert und verbessert wurden.

Das Klima aller Ostfriesischen Inseln ist milde und fördert das Pflanzenwachstum. Die Luft ist unter dem Einfluß des Meeres im Sommer kühler, im Winter um mehrere Grade wärmer als diejenige des benachbarten Festlandes (10). Außerdem wirkt der hohe Feuchtigkeits- und Salzgehalt der Luft fördernd auf die Gesundheit der Menschen und das Gedeihen der Pflanzen (11). Die Luftbewegung ist sehr stark. Die Windstärke erreicht ihr Maximum in den Monaten Oktober und November, ihr Minimum in den Monaten Mai und Juni; sturmsicher ist kein Monat. Die vorherrschenden Winde kommen aus westlicher Richtung. Mit ihrer Intensität wachsen die Fluten, die höchsten ereignen sich zwei bis drei Tage vor und nach Neu- oder Vollmond. Je heftiger der Sturm, je vollständiger seine Kraftentladung ist, desto kürzer ist seine Dauer. Die nordwestlichen Stürme wehen oft im Mai, bilden aber gewöhnlich den Schluß der südwestlichen Stürme in den Monaten März und April. Im Winter herrschen östliche und nordöstliche Stürme vor. Sie sind gewöhnlich im Anfang scharf und trocken, enden dann mit Regen oder mit Schneegestöber.

Unter den vorerwähnten Phänomenen haben am wenigsten die Sommer-, am meisten die Frühjahrs- und Herbstmonate zu leiden, ein Umstand, der für die Fangergebnisse der gefahrvollen Fischerei wie für die Heilwirkung des Windes auf den Nordseeinseln von Bedeutung ist.

Für die Heilwirkung des Inselklimas sind Luftbeschaffenheit, Strahlung und Seewasser von Bedeutung (11 a).

Die Seeluft zeichnet sich durch salzhaltige Flüssigkeitsteilchen, Salzkristalle, Jod- und Bromgehalt aus. Weiter ist wesentlich das Fehlen von Staub, bakteriellen Keimen, allergisch wirkenden Spurenstoffen und Industrieabgasen.

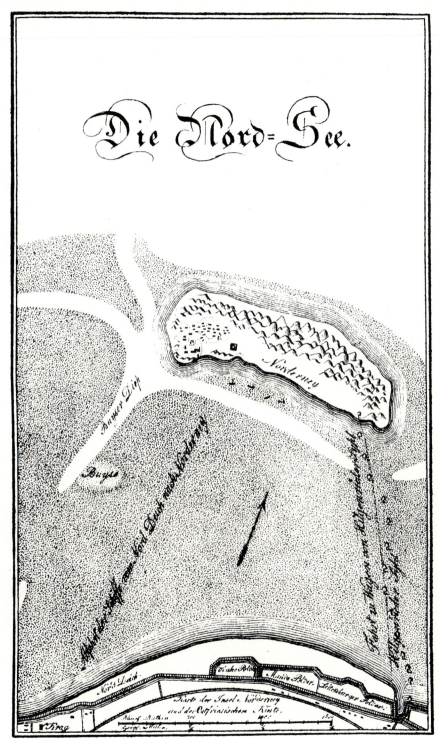

Aus „Von Halem". 1822. Kurierarchiv.

Von wahrscheinlich noch größerer Bedeutung als die Luftzusammensetzung sind die physikalisch-meteorologischen Faktoren der Luft: Ausgleich der Temperaturschwankungen durch die Nähe der großen Wassermassen der See und der Watten, die als Wärmespeicher wirken, hoher relativer Feuchtigkeitsgehalt der Luft von durchschnittlich 85 % und die vorherrschenden Westwinde, die staubarm, feucht und relativ warm sind und dadurch die Temperaturkonstanz fördern.

Von Bedeutung sind Wärmestrahlung, Lichtstrahlung und UV-Strahlung. Der hohe Wasserdampfgehalt der Luft bedingt Abfilterung der Wärmestrahlung durch den Wasserdampf der Luft und dadurch relative Verstärkung der UV-Strahlung. Die Überwärmungsgefahr ist auch in den Mittagsstunden infolge dieser Verhältnisse trotz verstärkter Wirkung der UV-Strahlung gering.

Die Heilwirkungen werden gefördert durch den hohen Salzgehalt des Nordseewassers, der zwischen 3,1 und 3,4 % schwankt. Der Hauptanteil des Salzgehaltes besteht aus Natriumchlorid.

Die Heilwirkungen der Seekuren beruhen in erster Linie auf der Klimawirkung mit ihren genannten Teilfaktoren. Die kalten Seebäder spielen trotz ihres unbestreitbaren Wertes nicht die entscheidende Rolle. Daraus ergibt sich, daß Seekuren auch dann gute Wirkung versprechen, wenn das Seebaden nicht in Betracht kommt, sei es aus jahreszeitlichen (Frühjahr, Herbst und Winter) oder aus körperlichen Gründen.

Geringe Menge und Güte des kulturfähigen Bodens räumten der Landwirtschaft zu allen Zeiten nur eine untergeordnete Bedeutung ein. Einer Waldwirtschaft stehen Klima und Boden entgegen. Der magere Sand sagt nur wenigen Holzarten zu. Infolge des Ungestüms der Winde wird die Anzucht von Bäumen erschwert (12). Die natürlichen Hindernisse, die sich dem Ackerbau entgegenstellen, liegen weniger im Einfluß des Klimas als in der Beschaffenheit des Bodens. Die Luftfeuchtigkeit führt der Vegetation fortwährend ernährende Stoffe zu, selbst dann, wenn der leicht und schnell austrocknende Sandboden durch Mangel an Feuchtigkeit den Pflanzen nur dürftigste Nahrung zuführen kann. Die Wiesenkultur ist mehr auf Langeoog, Spiekeroog und Borkum zu Hause (13), doch finden sich auch auf Norderney Weiden und Wiesen. Im Ostteil der Insel haben in letzter Zeit einige Bauern mit Erfolg einträgliche Viehwirtschaften gegründet, die der Inselbevölkerung einen Anteil ihres Bedarfs an bester Frischmilch liefern. Der Graswuchs ist nicht üppig, aber das Gras steht dicht, ist feinhalmig und nahrhaft. Zugleich mit der Einführung des Ackerbaues auf Norderney hat sich auch die Gartenkultur erweitert und vervollkommnet. Die Güte des Gartenlandes hängt außer von der Düngung auch von dem jeweiligen Grundwasserstand ab, der an den einzelnen Stellen der Insel sehr verschieden ist.

Außer den landwirtschaftlichen Nutztieren, wie Kühe und Schafe, sind auch Kaninchen von Bedeutung (14). Wichtiger jedoch ist der Fischreichtum des die Insel umspülenden Meeres. Größere Bedeutung haben zu verschiedenen Zeiten der Schellfisch, der Kabeljau, die Scholle, der Rochen, der Butt, der Sandspierling, der Hering, die Makrele, Krabben u. a. gehabt. Auf den vorgelagerten Sandbänken wird der Seehund angetroffen. Auf dem Watt gedeihen die blaue Miesmuschel und die Schillmuschel in größeren Bänken.

Auch das Seemoos hat zeitweise als Ausgangsprodukt für verschiedene industrielle Zwecke in hohem Kurs gestanden.

Die vorweggeschickten Erörterungen über die Natur der Insel und ihre Schätze — insbesondere über ihre Bodenbeschaffenheit — lassen schon erkennen, daß die Produktionsverhältnisse für die Insulaner besonders schwierige sind. Soweit die Urkunden über die Wirtschaftsgeschichte der Insel Aufschluß geben, sehen wir, daß die unwirtliche Natur die Bewohner zu anderen Erwerbszweigen drängte, so daß die wenigen natürlichen Schätze, die die eiländische Scholle abwarf, nur als haushaltsergänzend in Betracht kamen. Die Gelegenheiten, die sich hierzu boten, erscheinen zu den verschiedenen Zeiten mehr oder weniger modifiziert. Aber in dem mannigfach gegliederten Gang der wirtschaftlichen Entwicklung von ihren Urzuständen bis zur heutigen Lage sind es nur zwei Perioden, die sich scharf voneinander abheben: die Zeit vor und die Zeit nach dem Entstehen des Badelebens. Jene geht weit zurück zu den ersten Anfängen des Wirtschaftslebens und klingt im Anfang des 19. Jahrhunderts aus, die andere Etappe hebt historisch mit dem Jahre 1797 an; ihre eigentliche Entwicklung tritt jedoch erst um die Mitte des 19. Jahrhunderts in Erscheinung, analog den Sylter Verhältnissen, von denen der Chronist Hansen sagt: „Das Wirtschaftsleben von heute (vom Jahre 1845) ist nicht wesentlich verschieden von dem um das 14. Jahrhundert." (15).

B. Das Wirtschaftsleben vor der Gründung des Badeortes

I. Das Gewerbe zur See

Bei der historischen Betrachtung des Erwerbslebens jener ersten Periode, wie es sich auf der Insel abspielte, entrollt sich uns in der Tat ein ziemlich gleichartiges Bild, als dessen hervorstechender Zug die Ausbeutung der natürlichen Schätze des Meeres erscheint. Erst in der letzten Hälfte des 18. Jahrhunderts macht das Gewerbe zur See, entsprechend der allgemeinen Konstellationen der Weltwirtschaft, teilweise eine Wandlung durch.

1. Fischerei

Aus den wenigen überlieferten Urkunden geht hervor, daß die Fischerei die älteste und bis zum 17. Jahrhundert die fast ausschließliche Erwerbsquelle bildete. Die Totenlisten der Kirchenprotokolle zu Ende des 17. und zu Anfang des 18. Jahrhunderts reden jedoch viel von Frauen und Kindern und lassen erkennen, daß zu dieser Zeit schon ein Teil der männlichen Bevölkerung auf fremden Kauffahrteischiffen fuhr; wenn auch nicht ausdrücklich bemerkt ist, daß die Männer auf See geblieben sind, so erklärt sich das daraus, daß wohl nur selten bestimmte Nachrichten von ihrem Tode hierher kamen oder so spät, daß der Pastor sie nicht mehr in das bereits abgeschlossene Kirchenbuch eintrug (16). Jedoch beschäftigte sich bis zur Mitte des 18. Jahrhunderts noch die Mehrzahl der Einwohner mit Fischfang (17). „Früher pflegte die ganze Insel vom Schellfischfang zu leben, und ganz Ostfriesland wurde von hier aus verpflegt" (18). Im Jahre 1704 konnte der Vogt in einer dienstlichen Angelegenheit nicht vor dem Amt Berum erscheinen, da er „wegen der Fischerei nicht abkommen konnte" (19). Die Ausübung der Fischerei war mit einer Kontribution (20) belastet, die seit altersher in verhältnismäßig kleinen Abgaben bestand, und zwar — dem Fischereigewerbe gemäß — in frischen Fischen für die Fürstliche Tafel. Da die vom Jahre 1615 an vorhandenen Register des Amtes Berum die Leistungen haushaltsmäßig ausweisen, so ist bis zum Jahre 1750 die Ausübung der Fischerei als allgemeines Inselgewerbe zu bezeichnen. Die Fahrzeuge und die Fangweisen waren damals im allgemeinen andere. Die Schiffe waren bedeutend größer als die jetzigen Schaluppen und hießen Schuiten (Tafel II, Abb. 2). Es wurde keine Angelfischerei betrieben, sondern mit Netzen gefischt. Die Netze hießen „Kuhlen", und danach hieß der Fisch selbst „Kuhlen" (21). Aus der See holte man außer Schellfischen, die — wie noch heute — vorzugsweise „Fische" hießen, auch Schollen, so daß man außer „Fischgeldern" auch „Schollengelder" an das Amt Berum abzuliefern hatte. Der Pastor bekam halbjährlich 5 gute Schellfische. Bereits im zweiten Viertel des 18. Jahrhunderts wird die Ablösung der Naturalabgaben durch Münzgeld häufiger und in der zweiten Hälfte des Jahrhunderts zur Regel, ein Zeichen, daß der Fischreichtum des Küstenmeeres damals ein sehr großer gewesen sein muß. Es berichtet ein festländischer Zeitgenosse von „entsetzlichen Mengen Merlauf (Kabeljau) und Schellfischen, die von selber an die Küsten (der Inseln) schwimmen und von welchen man in einem einzigen Tage soviel fangen kann, daß ganze Länder davon könnten genug haben. Man sollte glauben, das Meer vermöchte nicht alles zu beherbergen, was es erzeugt" (22). Während in früheren Zeiten fast ausschließlich für den eigenen Bedarf gefischt worden war, gingen die Insulaner in der zweiten Hälfte des 17. Jahrhun-

Der Norddeicher Anleger die „Schlenge" (vor dem heutigen Hotel „Fährhaus")

derts, als die Zahl der Fischer erheblich zunahm, zum Verkauf nach dem Festlande über. „Einige aber geben sich mit dem Fischfange ab und vorzüglich mit dem Schellfischfange, womit sie aufs feste Land Handel treiben" (23).

Bereits in den 40er Jahren des 18. Jahrhunderts bestand ein lebhafter Fischhandel oder, genauer gesagt, Fischtausch auf den festländischen Sielen und Hafenplätzen (24). Vor allem waren N o r d d e i c h als Anlegeplatz und die Küstenstadt N o r d e n als Markt bevorzugt. Die schlechte Beschaffenheit der Wege von Norddeich nach Norden — 900 Pfd. Schellfische galten als eine Wagenfracht für zwei Pferde — gab den Norderneyer Fischern Anlaß zu bitteren Klagen bei den durch die Rolle konzessionierten Fuhrleuten, die seit langer Zeit diesen Dienst ausübten (25). Zu diesen Schwierigkeiten verkehrstechnischer Art kam noch die holländische Konkurrenz; vor allem hatten die Schiermonikooger den Fischhandel an sich gerissen (26). So zog der Aufschwung der ostfriesischen Handelsschiffahrt einen immer größeren Teil der seit Mitte des 18. Jahrhunderts stetig gewachsenen Inselbevölkerung zum Dienst auf Kauffahrteischiffen ab. Für die Fischerei blieben nur ältere Männer verfügbar; der Nachwuchs für das Fischereigewerbe fehlte, und so sehen wir besonders in den letzten Dezennien des 18. Jahrhunderts einen erheblichen Rückgang dieser uralten Erwerbsquelle. Früher fuhren einige dreißig Schaluppen zum Schellfischfang aus, 1790 waren es nur noch neun, die zudem in der allerschlechtesten Verfassung waren: alt, leck, unbrauchbar, verschuldet. Die wirtschaftliche Lage der Fischerbevölkerung war wenig günstig, „jetzt ist die Insel arm; viele Insulaner müssen darben" (27). Als Beispiel: ein Schiffer hatte 1789 in Leer ein Schiff im Werte von 1139 holl. Gulden zum Gebrauch überlassen erhalten mit der durch eine Bürgschaft verbrieften Verpflichtung, jährlich 100 Gulden abzutragen und 5 % Zinsen zu zahlen. Nach völliger Amortisation sollte dann das Schiff als Eigentum an den Fischer übergehen. 1790 ist er ohne „Gold", und der Schiffbauer droht mit Einziehung des Schiffes; das ist um so schmerzvoller, als der alte Fischer auf See verunglückt ist und außer einem erwachsenen Sohne, der jetzt das Schiff fährt, eine Witwe mit sechs unmündigen Kindern hinterlassen hat (27). Um sich der drohenden Erwerbslosigkeit zu erwehren, suchen einige Norderneyer Fischer eine aussichtsreiche Verdienstquelle durch die Teilnahme am Eismeerfang (28). Es war jedoch ein Gewerbe, das die höchsten Ansprüche an ihre körperlichen und sittlichen Widerstandskräfte stellte, da sie Leiden und Entbehrungen in großer Zahl zu erdulden hatten (29). An den Küsten Spitzbergens befanden sich die Fanggebiete, die besonders von Hamburger Schonerfahrergesellschaften schon seit dem 17. Jahrhundert aufgesucht wurden. Die jetzt vergletscherte Hamburger Bay an der spitzbergischen Westküste war der hamburgische Stützpunkt bis zu den napoleonischen Kriegen (30). Von Hamburg, Bremen, Flensburg, Oldenburg und Emden aus ging man Ende März in See und kehrte im Oktober heim. Die erlegten Wale wurden auf See „geflenst" (abgespeckt), Speck und Barten waren die Ausbeute, „Segen" genannt. Die Bewohner Nord- und Ostfrieslands sowie der davorliegenden Inseln stellten die Besatzungen nicht nur für die deutsche Eismeerflotte, sondern auch für einen großen Teil der niederländischen (31). Noch heute zeugen von diesem alten niedergegangenen Gewerbe die Gartenzäune aus Walfischrippen auf dem Norderney gegenüberliegenden Rittergut Lütetsburg im Kreise Norden und noch zahlreicher auf der Insel Borkum (32).

2. Die Schiffahrt

Nach 1750 wandten sich die Norderneyer immer mehr der Frachtschiffahrt zu. Zwar wurde noch gefischt, allein die Vermehrung der Fischer hielt mit der Vermehrung der Einwohner keineswegs gleichen Schritt. Die meisten zogen es vor, durch Frachtfahrten auf kleinen Fahrzeugen von 20 bis 60 Last ihren Unterhalt zu suchen oder auf fremden Schiffen als Matrosen zu dienen. Die Zahl der Norderneyer Kauffahrteischiffe (Tafel II, Abb. 3) betrug 1790 etwa 20 und erreichte gegen Ende des Jahrhunderts mit 30 bis 40, die eine Tragfähigkeit von 1200 Lasten hatten, ihren Höhepunkt (33). Die Besatzung bestand ausschließlich aus Einheimischen und erforderte etwa 100 Mann, d. h. fast 20 % der Gesamtbevölkerung. Die Kirchenbücher, die einzige Quelle dieser Blütezeit der Handelsschiffahrt, geben nur spärlichen Bericht. Einige Angaben der letzten Zeit seien herausgezogen (34):

1783 verunglücken auf einem Norderneyer Schiff 4 Mann auf der Reise nach Norwegen.

1786 verunglückt ein Norderneyer Steuermann auf einem Spiekerooger Schiff auf der Reise nach Norwegen.

1788 geht ein Norderneyer Schiff (mit Stockfisch nach Norwegen unterwegs) mit der ganzen Besatzung (2 Männer mit ihren Frauen) unter.

1789 Ein Norderneyer Matrose ertrinkt auf der Ems.

1790 fällt ein Norderneyer Steuermann in der Zuider-See über Bord.

1791 ertrinkt ein Norderneyer Matrose im Kanal.

Ein Norderneyer Schiff verunglückt bei Memel mit der ganzen Besatzung: Schiffskapitän mit Frau und Kind, Steuermann, Matrose und Koch waren alle aus Norderney.

1792 Ein Norderneyer Schiffer verunglückt auf der Elbe.

Außerdem ist aus den Kirchenbüchern zu ersehen, daß in den Jahren von 1760 bis 1800 durchschnittlich jährlich 2 bis 3 Steuerleute oder Matrosen geheiratet haben, dagegen nur alle 3 bis 4 Jahre ein Fischer.

Die Gründe dieser auffallenden Wandlung in den Erwerbsverhältnissen sind bereits erwähnt. Was begünstigte nun diese schnelle Entwicklung? Entscheidend waren der Aufschwung der festländischen ostfriesischen Industrie und der Handel mit Industrieerzeugnissen sowie mit einheimischen landwirtschaftlichen Produkten, der sich vornehmlich im Emder und Norder Hafen konzentrierte. Dazu kam der wachsende Import an Kolonialwaren aller Art über diese beiden Hafenplätze. Bereits der Große Kurfürst hatte 1683 die Brandenburgisch-Afrikanische Kompagnie von Pillau nach Emden verlegt, und zur Zeit Friedrichs des Großen gründete Emden auf dessen Veranlassung innerhalb kurzer Zeit drei Handelskompagnien, 1750 die Asiatische, 1753 die Bengalische und 1767 die Levantinische Kompagnie. „Die Asiatische Kompagnie war die erste wirklich betriebene Aktiengesellschaft des heutigen Deutschlands" (35). Von großem Einfluß war das Jahr 1768, als die Emder Kaufleute anfingen, die Landesprodukte direkt nach England zu senden, statt sie — wie bisher — an Holländer zu veräußern (36). Ein großer Teil der Besatzung dieser Kompagnie-Schiffe bestand aus Insulanern. Als Steuermann war es möglich, durch einen Anteil (Part) am Schiffe Schiffsführer oder kurz „Schiffer" zu werden. Es finden sich häufig 2 oder 3

Am Hafen wurde dieses Privatphoto von Norderneyer Fischern 1890 aufgenommen. Deutlich zu erkennen der Ausrufer Johann König mit seiner Glocke, rechts neben ihm Johann Redell, zwischen beiden Johann Ulrichs, im Hintergrund u. a. August Redell und Heinrich Eilts.

Die „Stadt Norden" im Hafen von Norderney

Brüder auf demselben Schiffe, die jeder ein Part besitzen. Dadurch war die Stellung des Schiffers eine sehr feste gegenüber dem Handelshause, das gewöhnlich den Hauptanteil am Schiff hatte. „Handelshäuser von Bedeutung besaßen stets ein oder mehrere Schiffe, ich glaube fast, man war der Ansicht, daß es zur Stellung derselben gehöre", schreibt der bekannte Hamburger Reeder Slomann in seinen Lebenserinnerungen. Nach E. Fitger (37) gehörte damals ein Schiff mehreren „Partnern" — Genossen, von denen einer in der Regel der Schiffsführer war. Da dieser an erster Stelle feste Anstellung fand, so liehen Verwandte und Freunde ihm das Geld zu einem Kapitaleinschuß, der ihm verbürgte, daß er gar nicht oder nicht leicht seinen Posten verlieren konnte. Schiffsmakler, Provianthändler, Versicherer und sonstige, die an dem Frachtgeschäft des Schiffes beteiligt waren, gaben gleichfalls Geld her. Auch der Schiffbauer hat sich oft beteiligen müssen, wenn er auf den Bau nur einging, um seinen Betrieb nicht ruhen zu lassen. Außer für Emder Rechnung fuhren die Norderneyer Schiffe im Auftrage Hamburger, Bremer und Amsterdamer Häuser (38). „Sie befahren die Ost- und Nordsee, auch den Kanal durch nach Frankreich". Man könnte die damalige Frachtschiffahrt der Insulaner mit „Große Küstenfahrt" bezeichnen im Gegensatz zur „Kleinen Küstenfahrt" (petit cabotage), der sogen. „Beurtschiffahrt" (siehe Abschnitt C, I, b), die sich — wenn auch in kleinstem Umfange — bis auf den heutigen Tag erhalten hat. Die Ausfuhrartikel von Ostfriesland, Amsterdam, England, Norwegen, Riga bestimmten die Hauptfrachten der „Großen Küstenfahrt". Wichtig war gegen Ende des 18. Jahrhunderts der Holzhandel. Fast $1/3$ der in Ostfriesland einlaufenden Schiffe hatte norwegische Holzfracht (Föhrenholz). Die Norderneyer Holzfahrer machten jährlich 5 bis 7 Reisen. Die Ladung dieser Schiffe, 30 bis 60 Last, kam frei an Bord auf etwa 1000 holl. Gulden (hfl). Masten für kleine einmastige Schiffe kamen auch von Norwegen und wurden den rigaischen noch vorgezogen, da sie dauerhafter sind. Holzbalken kamen im Einkauf auf 6 bis 7 hfl per cbm, dazu kamen 5 bis 6 hfl Fracht, 80 Kubik-Fuß auf die Last gerechnet, d. h. $5 \times 80 \times 30 = 12\,000$ hfl bis $6 \times 80 \times 60 = 28\,800$ hfl oder 200 bis 480 Gulden für eine Fahrt, für das Jahr 1200 bis 2880 Gulden.

Nach den im Emder Amtsblatt um die Jahrhundertwende mitgeteilten Zoll-Listen ergibt sich folgende Übersicht über die ausgeführten **Frachtgüter:**

Die im Jahre 1800 aus ostfriesischen Häfen seewärts abgegangenen beladenen Schiffe

Abgegangen nach:	Stückgüter	Raps	Weizen	Hafer	Bohnen	Roggen	Gerste	Butter u. Käse	Heringe	Steine	Torf	Sonstiges	Gesamtzahl der Schiffe
Holland	59	60	84	53	5	49	13				1	20	344
Hamburg	14	1	2	1	1			63	22	2	31	1	138
Bremen	25	6	6	15	6	8	3	60	3	5		3	140
Jever	1					4				7	19	1	32
Norwegen	3			1				5				2	12
England	4	5	55	46	1	1	3	2					117
der Ostsee									1	12		2	15
Schweden												1	1
Helgoland				1	1	1	9				1	1	14
Amerika	1												1
	107	72	147	117	13	64	20	139	26	27	51	31	814

Dazu von den Emssielen mit Steinen 220

1034

So kann es keinem Zweifel unterliegen, daß die Bemühungen Friedrichs des Großen, den Wohlstand Ostfrieslands namentlich auch durch Handel und Schiffahrt zu heben, auch den Insulanern zugute gekommen sind. Namentlich mag sich der wohltätige Einfluß des preußischen Adlers hier bemerkbar gemacht haben, als wegen des amerikanischen Freiheitskrieges von 1776 bis 1783 der Handel fast aller seefahrenden Nationen Europas gefährdet war, während es zu dieser Zeit kaum einen Hafen gab, in dem nicht die neutrale preußische Flagge wehte. Die wirtschaftlichen Verhältnisse des ostfriesischen Schifferstandes waren demnach nicht ungünstig. Freese (39) spricht sogar von einem „Wohlstande". Der Wohlstand einzelner oder weniger (40) vermochte aber nicht die allgemeine Lage der Bevölkerung dauernd oder nachhaltig zu beeinflussen. Es fehlte auf Norderney nicht an Zeiten größter Dürftigkeit (41). Schon 1756 war die Norderneyer Pfarre wegen der Mittellosigkeit der meisten Insulaner als eine schlecht dotierte bekannt, „wenn auch zugegeben werden muß, daß einzelne sich mit ihren Schiffen ein nicht unbeträchtliches Vermögen sammelten und zu den Wohlhabenden gezählt werden konnten" (42). Ein Jahr später beklagen sich die ostfriesischen Eilandschiffer (Borkum, Juist, Norderney, Spiekeroog), „daß die Seefahrt nach Amsterdam und Hamburg durch ‚Ostindische' und französische Seekapers dergestalt unsicher geworden ist, daß den Inselschiffern, die unter preußischer Flagge fahren, von holländischen und preußischen Kaufleuten keine Güter mehr anvertraut werden". Als Mittel dagegen erbitten sie in einer Urkunde an den Geh. Rat Minister Hecht in Hamburg das holländische Bürgerrecht, das ihnen am 29. 3. 1757 zugesprochen wird, unter der Voraussetzung, „während des Krieges ihrem König schuldige und treue Untertanen zu bleiben wie zuvor" (43 a). Groß war die Not kurz vor der Badgründung im Jahre 1795. Die Akten geben uns über die wirtschaftliche Lage dieser Zeit ein eindeutiges Bild. „Die Wohlhabenderen haben über ihr Vermögen hinaus ihre dürftigen Mitbürger assistiert und mit ihnen geteilt, so daß gegenwärtig einer den andern nicht mehr helfen kann" (43 b). Die Not wird gelegentlich eine Zeitlang durch Strandungen gemildert, deren große wirtschaftliche Bedeutung von den ältesten Zeiten bis tief ins 19. Jahrhundert hinein eine besondere Behandlung rechtfertigt. In vorliegender Arbeit wurde diese Erwerbsquelle dem Wirtschaftsleben auf der Insel zugeordnet, einmal weil neben den seetreibenden und gestrandeten Wracks vor allem die angetriebenen Produkte und Schiffsgüter von größerer Wichtigkeit sind und zum andern, weil diesem Erwerb eine Okkupation von Gegenständen im Bereiche der Inselküste selbst zugrunde liegt.

II. Das Wirtschaftsleben auf der Insel selbst

1. Das Strandgut

Eine nicht unwesentliche, aber in sozialer und wirtschaftlicher Hinsicht nicht immer unbedenkliche Einnahmequelle für die Norderneyer war vor der Reorganisation des Strandrechts die Bergung gestrandeter Produkte und Schiffsgüter.

a) Fremde Produkte und Schiffsgüter

Das Meer spült ständig Gegenstände an, die teils von fremden Küsten fortgeschwemmt, teils von in Seenot befindlichen Schiffen zur Erleichterung der Ladung über Bord geworfen oder von Deck gespült werden. Früher war jener Strandsegen viel größer und häufiger, da Schiffsunfälle wegen der geringeren Seetüchtigkeit der Schiffe und der Unzulänglichkeit der Orientierungsmittel zahlreicher waren (44). Die Fluten brachten an Brettern und Hölzern so viel an den Strand, daß die Inselbewohner häufig ihren Bedarf an Feuerung, manchmal sogar an Bau- und Nutzholz davon bestreiten konnten. So berichtet das Kirchenprotokoll (45) verschiedentlich, daß der

Strand voll gewesen sei von Reis, Weizen, Ölfässern, geschnittenen Hölzern, Früchten usw. Zu diesen Produkten gehörten besonders im 16. Jahrhundert auch versprengte Walfische, die, auf den Strand verschlagen, sofort verendeten. Die Jahre 1532, 1549 und 1580 waren die ergiebigsten. Ein Walfisch lieferte bis zu 10 Wagen Fett (46).

b) Gestrandete Schiffe

Die Nordküste Norderneys ist von jeher eine der gefährlichsten Stellen für die Schiffahrt gewesen. Die Schiffe hielten sich aus Sicherheitsgründen mehr in Sichtweite der Küste; daher war die Strandungsgefahr an der Inselküste mit ihren vorgelagerten Riffen (Sandbänken) desto größer. Es fuhr hier seit dem 14. Jahrhundert ein zunehmender Zug von russischen, schwedischen, preußischen und hanseatischen Schiffen vorüber. Sehr leicht kam infolge von Nebel oder Finsternis ein Frachtschiff den Sandbänken zu nahe; ein heftiger Sturm warf oft mehrere Wracks zu gleicher Zeit an den Strand. Bei solchen Anlässen herrschte reges Leben auf der ganzen Insel, da „zur Bergung und Abführung gestrandeter Güter keine fremden Schiffer oder ander Volk gebraucht oder zugelassen werden durfte, sondern solches allein den Einwohnern gebührte" (47a). Oder später: „Wenn Schiffe oder Güter stranden, sollen alle Einwohner, so zur selben Zeit einheimisch und zu Hause seyn, sobald ihnen solches vom Vogt angemeldet wird, schuldig und gehalten seyn, die Güter zu bergen und sich daran in keine Wege irren, hindern oder abhalten lassen, poena (Strafe) 20 fl." (47a).

Von dem Erlös für die geborgenen Ladungen fiel gewöhnlich ein Drittel, und manchmal auch mehr, der gesamten Bevölkerung zu, je einen Teil erhielten das Berumer Amt, der Vogt und der Pastor. Die Kirchenbücher erwähnen zahlreiche Schiffsstrandungen, wobei in etwa 2 Dutzend Fällen die Schiffe völlig wrack wurden. Die Chronik der Norderneyer Schiffsstrandungen wird in einem Aufsatz mitgeteilt, den der Staatsarchivar Dr. v. Eicken in Aurich aus dem Nachlaß des Archivrats Dr. Karl Herquet veröffentlicht hat (47b). Die Höhe des Bergelohnes wird auf 700, 1000, 1200 Taler und darüber angegeben. Daß die Vorgänge bei der Bergung und besonders bei der Verteilung nicht immer ganz einwandfrei waren, erleuchtet aus der Aufzeichnung des Pastors Strohbach: „Es wurde viel Gold und Geld gefunden, aber wie viel, das wisse Gott und der Vogt." Bei einer anderen Gelegenheit: „Der Vogt hat den Eyländern so viel zu trinken gegeben, als sie verlangt und es sei des übermäßigen Saufens wegen ..." — Überhaupt bildeten die Anklageschriften, die Gutachten pp. der damaligen Pastoren, Vögte und festländischen Gelehrten und Verwaltungsbeamten, das Strandgut betreffend, den Hauptanteil der einschlägigen Überlieferungen (48).

2. Die Strand- und Wattfischerei

Wenn auch die Strand- und Wattfischerei gegenüber der Seefischerei im allgemeinen nur nebengewerblichen Charakter hatte, so ist sie doch deshalb zu beachten, weil die Erträgnisse der hohen See allein niemals die wirtschaftliche Existenz der Bevölkerung gewährleistet hätten. Diese Küstenfischerei, die mit großem Geschick und auf vielfältige Art und Weise betrieben wurde, war regelmäßig auszuüben und wurde nur durch Eisgang unterbunden. Sie konnte betrieben werden, wenn die stürmische See oder das Fehlen der Fischzüge eine Fischerei auf hoher See unmöglich machten, wenn die Handelsschiffahrt stockte oder die Schiffe im heimatlichen Hafen zur Reparatur lagen, sie konnte aber auch von den Familienangehörigen ausgeübt werden, die dauernd ortsansässig waren, von jüngeren oder alten, von Insulanern beiderlei Geschlechts. Der wichtigste Zweig der Küstenfischerei war der Schollenfang. Nach eingetretener Ebbe wurden die Schollen in den sogenannten Prielen (Wasserrinnen) mit dem „Stecher" (50) (Abb. 4) gefangen. Diese Fischerei konnte täglich ausgeübt werden und warf immerhin so viel ab, daß die dringenden Bedürfnisse befriedigt werden konnten. Wegen der primitiven Technik entsprachen jedoch die Fänge nicht dem Fischreichtum. Bei günstigen Winden, d. h. bei Ostwinden, wurden Schollen auch durch kleine Schleppnetze gefangen, die von 2 Mann bedient wurden. Bei schwacher Brandung hielten sich Schollen hier oft zahlreich auf, so daß jeder der beiden Fischer manchmal bis 50 Pfd. als Beute nach Hause tragen konnte. Auch das Ausgraben des Sandspierlings bildete bei günstiger Witterung eine nicht unergiebige Fangart. Dieser Fisch hat die

Abb. 4: „Buttspricken"
Nach einer Zeichnung von
Poppe Folkerts, Norderney

Fähigkeit, sich bei flachem Wasser im Sande zu verkriechen. Sobald der Strand trocken ist, holen die Insulaner den Fisch mit einem „Spierlingsmesser" aus dem Sande hervor. Es bedarf dies einer großen Geschicklichkeit, da der Fisch sehr gewandt ist und leicht entschlüpft. Mancher Fischer fing in einer Tide bis zu 1000 Stück dieser zarten und schmackhaften Fische. — Auch den damaligen Reichtum des Meeres an Gliedertieren suchte man sich zunutze zu machen. Durch Handnetze (Tafel III, Abb. 5), die bei Ebbe einige hundert Meter weit in ungefähr meterhohem Wasser von einem Fischer über den Sand geschoben wurden, fing man Garneelen, hier „Granat" genannt. Besonders im Mai und Juni näherte sich die Garneele in großen Zügen der Insel. An geschützten Stellen des Südstrandes befanden sich in reichem Maße die Muschelbänke. Die dort abgegrabenen Miesmuscheln wurden von den Insulanern z. T. selbst verzehrt, aber auch in Zeiten, in denen Fischfang oder Handelsschiffahrt ruhten, schiffsladungsweise auf dem Festlande verkauft. — Auch Schlick und Sand wurden häufiger als heute nach Norden, Greetsiel, Emden, Papenburg verschifft. Während der fruchtbare Schlick in den Mooren als Düngemittel verwandt wurde, diente der Sand zu Bau- und Putzwecken. — Von größerer Bedeutung war die Schillwäscherei. Dieser Erwerbszweig, dessen Bedeutung in der zweiten Hälfte des 19. Jahrhunderts abnimmt, war der Anlaß zahlreicher gesetzlicher Regelungen (51). Auf Norderney wurde der Schillfang (Abb. 6) nur gelegentlich betrieben, während er auf Baltrum Hauptbeschäftigung war (52). Noch im Jahre 1704 war von Norderney an das Amt Berum eine — jährlich wechselnde — Menge Schill als „herrschaftliches Schutzgeld" zu liefern (53). Als eine Hauptbeschäftigung wird das Schillfangen auf Norderney in den Jahren 1740 (54) und 1766 (55) erwähnt.

Abb. 6: „Schillbögeln"
Nach einer Zeichnung von Poppe Folkerts, Norderney

— Das Graben der zweischaligen Schillmuscheln *(Konchylien)* (56) geschieht mit eintretender Flut. Die notwendigen Handwerkszeuge sind sehr einfache und wenige: die Schillgabel und die Wasche. Letztere besteht aus einem Korb oder Kasten, dessen beide Seiten aus dünnen, unten durch zwei Querriegel miteinander verbundenen Brettern bestehen, die schmalen Endseiten und der Boden sind aus fingerdicken, parallel zueinander liegenden Weidenruten angefertigt, zwischen denen fingerbreite Räume übrigbleiben. Ein großer Handgriff an jeder Ecke erleichtert die Arbeit. So viel Personen der Schiffer angenommen hat, so viel Waschen sind auf dem Schiff. Bei jeder Wasche werden ein Knabe oder eine Frau (57) angenommen. Der mit Muscheln angefüllte Sand wird mit der Schillgabel in die Wasche geworfen; diese wird dann im Wasser hin- und hergestoßen, bis die Muscheln von dem Sande befreit sind. Ist eine Wasche mit Schillmuscheln gefüllt, so wird sie zu dem in der Nähe liegenden Schiff getragen. Eine Wasche enthält ungefähr $^1/_2$ Tonne (= 100 Liter); in einer Tide können 7 bis 20 Tonnen gesucht werden, je nach Ergiebigkeit der Bank und schnellem oder langsamem Eintreten der Flut. In 20 bis 25 Tiden oder 10 bis 13 Tagen ist ein Schiff von 20 Lasten gewöhnlich beladen. Die ostfriesische Gesamtproduktion belief sich in den Jahren 1740 bis 1766 auf etwa 2100 Last oder 84 000 Ztr. Der Preis schwankte zwischen 3 und 12 bis 20 Groschen pro Ztr., d. h., es ergab sich ein Gesamtertrag von 6300 Talern für 100 Fahrten oder 63 Talern pro Schiff für eine Ladung (58). Die schwere und lange Arbeit des Grabens, Verfrachtens und Absetzens ist damit nur schlecht bezahlt. — Die Schille wurde unmittelbar vom Wattenmeere nach den benachbarten Sielen, nach Norden, nach den Küsten der Ems, Weser und Elbe geliefert und nach der holländischen Provinz Groningen ausgeführt. Besonders die ostfriesische Industrie hatte Bedarf an Schillmuscheln für Fußbodenplatten, Spezialsteine, Grabsteinplatten, Ziersteine, Düngekalk u. a. Es wurden hier am Ausgang des 18. Jahrhunderts 60 Kalkbrennereien gezählt (59). Es waren durchweg kleinere Betriebe mit günstigem Geschäftsgang (60).

Während schon in den Jahren 1727 und 1779 Verbote des Schillfanges und des Sandholens erlassen worden waren, wurden diese Bestimmungen 1790 erneuert „zur Erhaltung der Inseln als Schutzwehren der festländischen Deiche". Zur Aufrechterhaltung des Verbots war ein mit vier Kanonen ausgerüstetes Wachtschiff beauftragt, das auch bis kurz vor der Badgründung vor den Inseln kreuzte, ohne freilich viel auszurichten (61).

3. Die Landwirtschaft

Die Landwirtschaft ist bis zum Ende des 18. Jahrhunderts auf allen Ostfriesischen Inseln von untergeordneter Bedeutung für das Wirtschaftsleben gewesen. Nur auf Borkum hatte sie nach dem Verfall des Walfangs größeren

Boden gewonnen (62). Einer intensiven Bodenbestellung standen die Ungunst der natürlichen Verhältnisse, die Knappheit der Düngemittel und der Umstand entgegen, daß der Ackerbau größtenteils den Frauen überlassen werden mußte. Der Versuch, innerhalb der Dünenketten eine Ackerkrume durch Schlickanhäufung zu schaffen, war vergeblich, da sie bei den Stürmen immer wieder mit Flugsand überdeckt wurde. Nur an einzelnen Stellen vermochte das Watt eine weniger sterile, schlickdurchsetzte Humusschicht zu bilden, die dann aber auch nur sehr extensiv bewirtschaftet wurde und hauptsächlich der Viehhaltung diente. Die Gärten hatten im Verhältnis zu der wachsenden Volkszahl wohl zugenommen, doch hatte die Bodenkultur bis zum Jahre 1793 keine bedeutenden Fortschritte gemacht (63). Während es 1696 noch keine „regelmäßigen" Gärten gab, waren auf der Insel Norderney im Ausgange des 18. Jahrhunderts schon über 40 größere vorhanden, d. h. auf 5 Familien kamen 2 „Ackergärten" (64). Mehrere Gärten zusammen bildeten einen „Boden", eine Art Kolonie, nach der geographischen Lage genannt: Westgärten, Büthemshelmgärten, Nordgärten und Ackerland, Nordhelm, Oster-Acker-Garten, Süder-Acker- und Gartenland. Nordhümgerland (65). Angebaut wurden besonders Kartoffeln, Bohnen und Zwiebeln, ganz vereinzelt auch Getreide. „Die Gärten oder Kämpe waren immer in domino privatorum gewesen, von Eltern auf Kinder vererbt und es constiert nicht, wann und wie dieselben ausgewiesen sind." Seit Ende des 18. Jahrhunderts wurde für neu auszuweisende Kämpe eine Erbpacht bestimmt (66), deren Kanon zwar festgesetzt war (1 bis 2 Taler bei 10 Freijahren), aber nur als stipuliert galt, da das Berumer Amt das Inselgelände als „wüstes Land" betrachtete (67). Anders verhielt es sich mit den Weiden.

Von den Eingesessenen Norderneys wurde ein ständiges Weidegeld von jährlich 5 Talern an das herrschaftliche Register des Amtes Berum entrichtet, wogegen die Insulaner eine Weidebefugnis genossen haben, welche — wie angenommen werden kann — sich auf alle nicht in Eigentum oder private Nutzung ausgegebenen Gründe der Insel erstreckt hat (68). Der Ursprung des Weidegeldes hat nicht ermittelt werden können. Daß der Souverän Eigentümer des Grund und Bodens war, oder der Boden als „a despota" betrachtet wurde, worüber ihm nur ein Obereigentum zustand, ist nicht unwahrscheinlich, und so wurde vielleicht das Weidegeld für die Beweidung der Gründe gewissermaßen als Erbpacht entrichtet; ähnliche Abgaben kamen auch auf den anderen Inseln unter den Namen „Kuhschoß" und „Viehgeld" vor (69). In späteren Jahren fiel das Weidegeld der Armenkasse zu (70). Auf Norderney war nur einiges Großvieh vorhanden. Seit alters her hielt jede Familie ein bis drei Schafe (71). Die Norderneyer Inselschafe ähneln den englischen Southdowns. Man ließ die Schafe damals ohne Aufsicht und Pflege in den Dünen streifen; abends suchten sie von selbst den am Hause befindlichen Stall auf. Das Tier diente der Milch- und Fleischnutzung, vor allem aber war das Halten von verhältnismäßig vielen Schafen für die Veredelungsproduktion wichtig, wie sie in der Wolleverarbeitung, die vornehmlich von den Frauen ausgeübt wurde, hervortrat. „Das weibliche Geschlecht ist weniger der Arbeit abgeneigt wie auf anderen Inseln (72), es spinnt und strickt" (73).

Ergänzt wurden die im Haushalt verwendeten landwirtschaftlichen Erzeugnisse durch die Schätze der Dünen: Seevögel, Kaninchen, Beeren usw. (74).

4. Der Inselschutz

Die dauernde Abhängigkeit von den Naturgewalten blieb auf die Bevölkerung nicht ohne Einfluß. Der Kampf gegen Sturmfluten, die Pflege der Dünen, in deren Schutz die ersten Ansiedler ihre Häuser bauten, ist von alters her eine heilige Pflicht gewesen. Im 16. Jahrhundert wurde bereits über die Verkleinerung der Insel durch Abschwemmung und Abwehen Klage geführt (75), und im Jahre 1657 wurde das Setzen von „Flaken" und Buschwerk zum Auffangen des fliegenden Sandes empfohlen (76). Bis dahin hatten die Insulaner aus dem Selbsterhaltungstriebe heraus diese Schutzarbeiten selbst ausgeführt. Im Jahre 1705 wurden zur „Conservation" der Insel holländische „Dünenmeier" berufen, um besondere Sand- und Wasserfänge aus Rohr anzulegen (77). Ihre Arbeiten verursachten große Kosten (78), erwiesen sich aber nicht als dauerhaft. Die großen Fluten von 1717 und 1721 zerstörten sie vollständig. Die Weihnachtsflut von 1717 spülte ein Haus gänzlich fort und beschädigte 20 Häuser erheblich (79). Nachdem sich die Insulaner eine Zeitlang durch Helmpflanzen und Buschwerk gegen die Zerstörungen durch die Fluten geschützt hatten, wurden nach einer Besichtigungsreise des Fürsten Georg Albrecht [1733] und nach weiteren Bereisungen einer Kammerkommission [1738 und 1739] aus der Domänen- und Kriegskasse jährlich 420 Reichstaler für Schutzarbeiten verausgabt (80) und 1753 die von den ostfriesischen Landständen zugesprochene Summe von 350 Reichstalern auf 450 Reichstaler jährlich erhöht, so daß bis 1794 870 Reichstaler jährlich für den Inselschutz aufgewendet werden konnten (81). Seit 1723 waren die verfügbaren Summen fast ausschließlich in Tagegeldform an die Norderneyer Arbeitsbeteiligten ausbezahlt worden (82). (Siehe hierzu auch Tafel I, Abb. 1: Norderney um 1739.)

Daneben wurden die bereits erwähnten Verbote erlassen, um das Sandholen und das Schillgraben zu verhindern [1727, 1779, 1790]. 1790 war eine neue Art des Inselschutzes zur Anwendung gekommen. Deichkommissar Bley wußte teils durch Helmpflanzungen und Säen von Helmsamen, teils durch Anpflanzen von Buschwerk, Bitterweiden, Haftdorn, die durch Ableger, Stecklinge und Wurzeln von Borkum nach den übrigen Inseln verpflanzt wurden, die Dünen zu befestigen und damit den Sturm- und Brandungsschäden Einhalt zu gebieten (83). Er erzielte einen solchen Erfolg, daß Stände und Kammer sich bewogen fühlten, im Jahre 1794 an außerordentlichen Vorbeugungskosten noch 1850 Taler zu bewilligen (84). Seine Arbeiten wurden unter Leitung von Ingenieuren, Aufsichtspersonen, und in deren Abwesenheit, vom Vogt geleitet, der dafür eine Bezahlung von 12 Talern im Jahr empfing. Besonders die Zeit vor und nach den Stürmen erforderte die Tätigkeit der Strandarbeiter. Es wurden in der Mehrzahl Frauen und ältere Männer herangezogen, doch beteiligten sich auch beschäftigungslose Fischer und Schiffer daran (85). Sie alle arbeiteten im Tagelohn. Die erwähnten Summen kamen zum größten Teil den Insulanern zugute, da die leitenden und beaufsichtigenden Leute Regierungsbeamte waren und die notwendigen Rohmaterialien, wie Buschwerk, Pfähle, Samen, aus staatlichen Forsten kamen. Neben der Bergearbeit von Schiffsgütern war die Schutzarbeit die älteste und einzige, wenn auch unregelmäßige, Lohnarbeit auf der Insel. Während die erstere Tätigkeit sehr selten geworden ist, haben die Strandarbeiten heute den Charakter eines besonderen, regelmäßig betriebenen Gewerbes angenommen, welches dauernd 30 bis 40 Insulaner beschäftigt (86).

III. Das soziale Inselleben

Nachdem eingangs bereits einige sozialpolitische Erscheinungen der verschiedenen Erwerbsarten der Schilderung der wirtschaftlichen Verhältnisse eingeflochten worden sind, soll in folgendem ein Bild von der Bevölkerungsbewegung, von der Lebenshaltung, von der Stellung der Insulaner zueinander und zum Staat wie von der Eigenart ihres Charakters entworfen werden. Die sozialen Verhältnisse einer Bevölkerung stehen mit seinem jeweiligen Wirtschaftsleben in engster Wechselbeziehung und kennzeichnen sich äußerlich durch Art und Schnelligkeit der Zunahme der Bevölkerung, ihrer Alters- und Geschlechtsgliederung.

1. Der Bevölkerungsstand

Die Norderneyer Kirchenbücher, die im Jahre 1688 beginnen, enthalten vereinzelt zusammenfassende Angaben über den Stand der Bevölkerung. Erst mit dem Jahre 1783 beginnen die regelmäßigen „Jahresresultate". Es ist ersichtlich, daß 1800 die Bevölkerungszahl sich gegenüber 1650, also in 150 Jahren, versiebenfacht hatte. Die absolute Zunahme — etwa 450 — war gering. Das lag an den erschwerten Zuwanderungsbedingungen (87) und an den geringen Verdienstmöglichkeiten auf der Insel. Die Bevölkerungsbewegung zeigt keine regelmäßige Aufstiegskurve, sondern ist von tiefen Stürzen unterbrochen. Das hat mehrere Gründe. Da es auf der Insel an ärztlicher Hilfe fehlte, konnte ansteckenden Krankheiten, wie Ruhr, an der 1759—1760 über 100 Menschen starben, oder Blattern, Masern und Röteln (89), kein genügender Einhalt getan werden.

Die Entwicklung der Bevölkerungszahl 1550—1793 (88)

Jahr	Einwohnerzahl	Es wurden neue Häuser gebaut:
1550	80	
1650	85—100	
1695	150—200	
1702	267	
1706	300	
1712	298	
1716	335	
1717	324	
1718	324	
1720	325	
1728	336	
1731	356	1752 1
1748	445	1782 1
1759	506	1787 1
1760	421	1788 1
1793	545	1801 1

Es fehlte den Insulanern an Mitteln, um einen Arzt vom Festlande kommen zu lassen; auch waren die Verbindungen ungünstig, im Winter meistens unmöglich oder lebensgefährlich. So gingen bei einer Hungersnot im

Jahre 1789 sieben Insulaner über das Watt, um Lebensmittel und Arzneien zu besorgen, drei Norderneyer Frauen ertranken oder erfroren unterwegs (90). Einige Jahre später verunglückten auf dem Wattenmeere aus gleichem Anlasse acht Personen, darunter 7 Frauen (91). Eine besonders unter den Frauen verbreitete Krankheit war der Magenkrebs, der nach damaliger Ansicht dem Essen der getrockneten salzigen Fische und dem dadurch verursachten vielen Teetrinken zugeschrieben wurde (92). Eine durchgreifende Besserung der sanitären Verhältnisse trat erst zum Ende des 18. Jahrhunderts ein, nachdem sich im Jahre 1785 ein Chirurgus dauernd auf der Insel niedergelassen hatte. Die Armut der Insulaner brachte diesem jedoch solchen geringen Verdienst, daß er als Seemann verschiedene Reisen nach Grönland machen mußte (93).

Die Gefährlichkeit des Seemannsberufes ergibt sich aus dem starken Anteil der weiblichen Bevölkerung an der Gesamtbevölkerung. Im Jahre 1798 sind unter 556 Einwohnern 52 Witwen, d. h. fast 10 %. Daß trotzdem die Menschenzahl, in großen Zeitabschnitten betrachtet, nicht abnahm, lag an dem Kinderreichtum der Familien (94) (Tab. 1, Anhang), der auf allen Inseln zu beobachten war (95). „Des alten Herodots Behauptung der starken Fruchtbarkeit der Ichtyophagen (Fischesser) findet hier ihre Bestätigung" (96).

2. Die materiellen Bedürfnisse

Ein Unterschied gegenüber festländischen Verhältnissen bestand in der Ernährung. „Der Tisch des Insulaners, selbst des Wohlhabendsten, ist zu einfach, um den Gästen vom festen Lande behagen zu können, welche nur an irgend etwas mehr als ordinäre Kost gewohnt sind", berichtet einer der ersten Besucher der Insel (97). Frische, gesalzene und getrocknete Fische bildeten den Hauptbestandteil der Kost. War der Fischvorrat erschöpft, holte man Muscheln, von denen es im Sprichwort heißt: „Mussel is 'n good Fis, wenn dor anners nix is." Fleisch aller Art galt als Naschwerk. Außer einem kleinen Teil selbstgebauter Kartoffeln und selbstgezogenen Gemüses waren die Insulaner auf die Einfuhr von Mehl, Kartoffeln sowie Heu für Schafe usw. vom Festlande angewiesen. Das gewöhnliche Getränk war damals auch schon Tee (98). Infolge des naßkalten Klimas war der Genuß alkoholischer Getränke, vor allem Branntwein, wie auf den Nordfriesischen Inseln, gebräuchlich. Es ist dabei die damalige blühende ostfriesische Industrie des Branntweinbrennens zu berücksichtigen. Gegen Ausgang des 18. Jahrhunderts gab es in Ostfriesland 83 Brennereien, darunter größere in Leer und Norden. „Einige gehen das ganze Jahr durch, Tag und Nacht, andere bloß im Winter. Eine ganze Quantität Brandwein (Genever) wird ausgeführt, das meiste im Lande consumiert und durch die Schiffer" (99). „Die Norderneyer trinken jedoch den Brandwein nur während des Aufenthalts auf Schiff" (100). Das naßkalte Klima und die Beschäftigung auf dem Meere bewirkten, daß die Insulaner während des ganzen Jahres sehr warm angezogen waren. „'n warme Mann, 'n faste Mann!" Wollene Unterkleidung und wollene Jacken waren die allgemeine Seemannskleidung. Die Frauen und Mädchen spannen und woben, nur das Färben der Wolle der eigenen Schafe wurde in der benachbarten Küstenstadt Norden besorgt. Zur Verfertigung von Kleidern und Schuhen waren bereits um 1790 ein Schuster und ein Kleidermacher auf der Insel; doch übten diese außer ihrem Hand-

Badewärter Claaß Janßen vom Herrenbad. Aufnahme vor 1900, Hofphotograph Risse, Norderney/Bochum/Essen/Hamm/Berlin.

Badefrauen vor rund hundert Jahren (von links nach rechts): Geeske Dorenbusch, Emine Knigge, Jette (Henriette) Kluin. Postkarte, Hans Hoffmann, Buchhandlung, Norderney.

werk auch noch Inselschutzarbeiten und Fischerei aus (101). So waren Nahrung und Kleidung der Insulaner einfach und verursachten wenig Barauslagen. Die anspruchslose Lebensweise zeigt sich auch in den Wohnungsverhältnissen. Das Dorf hatte keinen geschlossenen Charakter. Nur zum Teil waren die Häuser reihenartig nebeneinander gebaut, im allgemeinen lagen sie östlich der Kirche (Tafel III, Abb. 7) verstreut, weniger im Westen und Süden (102). Die Bauart der Häuser war dieselbe, wie man sie noch heute hier und auf den benachbarten Inseln vorfindet (103) (Tafel IV, Abb. 8). In späteren Jahren war es eine der ersten Taten der Badeverwaltung, die Häuser für die Zwecke des Vermietens räumlich auszubauen und die Inneneinrichtungen zu verbessern. Das Äußere und Innere aller alten Insulanerhäuser war gleicherweise einfach. Die Vordertür der Häuser wurde — wie wir es heute noch finden — durch ein vorspringendes Dach geschützt, Leiwe (Laube) genannt. Darin sind Sitzplätze angebracht, eine Einrichtung, wie man sie heute noch in alten Städten findet (Osnabrück, Hildesheim, Goslar). Ein schmaler Gang führte mitten durch das Haus bis zur Hintertür. Auf der einen Seite lag die mit geräumigem Kamin versehene Küche, die den täglichen Wohnraum bildet. Hinter der Küche, auf derselben Seite des Hauses, befand sich ein kleines Zimmer, das als Vorratskammer (später Zimmer für

Gäste) benutzt wurde. Als Schlafzimmer diente gleichzeitig die Küche (Tafel IV, Abb. 9). Sie hatte ein kajütenartiges Aussehen. An Stelle beweglicher Betten waren Wandbettstellen oder „Butzen" eingebaut, welche durch Türen schrankartig geschlossen wurden. Sie waren keineswegs so primitiv wie beispielsweise die von Justus Lipsius beschriebenen westfälischen Wandbetten (104). Die Norderneyer bekleideten sie mit Holz oder spanischen Matten und hielten Betten und Wäsche sehr sauber (105). Als Bettpolsterung diente Seegras. Wie in der Küche, so befanden sich auch im Wohnzimmer im Hinterraum, „Achtert", ein oder zwei Betten (Butzen). Die andere Seite des Hauses bildete der Raum für Holz und Torf sowie Heu für die Schafe in den angebauten Stallungen, die klein, wenn auch damals relativ größer als jetzt waren, doch immer nur unbedeutend. Neben und hinter den Häusern lagen kleine Gärten, in denen Gemüse gezogen wurde. Über die Einrichtung der Wohnstuben wird berichtet: „Sie strotzten sämtlich von einer Menge von Hausrat aller Art, welchen die Eigentümer, fast lauter Schiffer, aus allen Ländern mitbringen, und der von Familie zu Familie aufbewahrt wird. Das ganze ist in jedem Hause wie die völlige Einrichtung einer Schiffskajüte; Betten und Hausgerät werden auch mit derselben Sorgfalt reinlich und sauber gehalten wie auf Schiffen." (106).

3. Die insularen Verfassungs- und Verwaltungsverhältnisse

Die Ostfriesischen Inseln waren Herrenland. Soweit die Nachrichten reichen, befanden sie sich in unumschränkter Souveränität des Landesherrn, gehörten staatsrechtlich nicht zu dem festen Lande, und ihre Bewohner wur-

Zwei Fischerhäuser auf Norderney in der Osterstraße, heute scherzhaft „Höhe 13" genannt. Postkarte ohne Angabe, um 1920.

den der sog. vierten Bevölkerungsklasse zugerechnet, zu der auch die Juden (107) gehörten. „Die Insulaner sind von dem Steuerwesen völlig frei, bezahlen weder Schatzung noch Accise oder Surrogat derselben an die Landschaft und sind vielleicht das einzige Volk im Deutschen Reiche, was kontributionsfrei ist. Sie werden auch unter keinen der drei Stände Ostfrieslands gerechnet, weder zu den Landtagen noch anderen Versammmlungen berufen, weil sie von allen Zeiten her der privaten Disposition des Landesherrn, zumal in Administration, der Justiz, als anderen Sachen, exempli gratia Bestellung der Prediger und anderen nötigen Anordnungen unterworfen sind" (108). Freie Eigentümer gab es nicht, sondern nur Erbpächter. Die Landesausweisungen waren vorbehaltlich der Bestätigung des Amtes Berum den Inselvögten überlassen. Es wurde zwar in den letzten Jahren des 18. Jahrhunderts eine Erbpacht festgesetzt, der Betrag jedoch nicht erhoben (109). Dagegen bestand für die Ausübung der Fischerei ein unbedeutendes Herren- oder Schutzgeld, welches früher in Fischen für die Fürstliche Tafel gegeben und später, als sich die Insulaner vom Jahre 1740 an der Kauffahrteischiffahrt zuwandten, durch Geld abgelöst wurde. Es ist nicht unwahrscheinlich, daß die seit dem Jahre 1744 preußische Regierung in Ostfriesland die Ablösung in Geld begünstigte. Die ältesten Angaben über die Fischereigebühren weisen für das Jahr 1704 aus (110):

für den Haushalt	gesamt	Bemerkung
21 Paar große Schollen	200	ev. 27 Gulden
40 Eier	2000	—
10 Tonnen Schille	—	—

Außerdem verlangte das Berumer Amt einmal in der Woche frische Schellfische.

Die Einnahmen des Amts wuchsen im Verhältnis der steigenden Bevölkerungszahl. Es bildeten sich für die Abgaben im 18. Jahrhundert die Bezeichnungen heraus: Frühjahrszehend, Herbstzehend, Fischgeld oder Zehendschollen. Die Schill- und Eiergelder waren schon 1720 in Wegfall gekommen und durch zwei weitere Fischabgaben ersetzt. Im Anfange des 19. Jahrhunderts zahlte Norderney (111, 112):

Bezeichnung	für den Haushalt (für jede nicht arme Familie)	gesamt
Frühjahrszehend	28 Schaaf	91 Taler 7 Stüber
Herbstzehend	15 Schaaf	55 Taler 9 Stüber 16
Fischgeld oder Zehendschollen	22 Schaaf	22 Taler 4 Stüber 10
		168 Taler 21 St. 6 (507,20 Mk.).

Es ist hieraus ersichtlich, daß nur diejenigen Insulaner, die tatsächlich Verdienst aus dem Seegewerbe zogen, zu Geldleistungen verpflichtet waren.

„Bedürftige werden von den herrschaftlichen Steuern in totem oder tantem befreit, so vor allem Witwen oder solche Schiffer, deren Schiff verloren ging." Außer den Fischereigebühren mußten die Weideberechtigten Nutzungsgelder an das Berumer Amt abliefern. Sie betrugen im ganzen 5 Taler (113).

Die Verwaltung der Insel war einem von dem Grafen von Ostfriesland oder vom Berumer Amt ernannten Vogt anvertraut. Als erster wird im Jahre 1605 der frühere Norder Schüttmeister Johann Rasske erwähnt, der Stammvater der heute auf der Insel weitverzweigten Familie Rass (114). Für die größeren Inseln bestanden seit 1574 „Rollen", die namentlich das Verfahren bei Strandungen regelten und die Bergelohnanteile festsetzten. Graf Ulrich ließ 1636 bei der Modifizierung der alten Rollen gleichzeitig eine „Instruktion" und Bestallung für die „Inselvögte" ausarbeiten. Georg Albrecht erließ 1711 eine neue Rolle oder „Ordinanz". Die Stellung des Vogtes war die eines herrschaftlichen Inspektors. Er war in seiner Tätigkeit „frei wie ein König" (115). Die Vögte wurden vom Hofe entlohnt, sie besaßen Polizeigewalt, sie hatten das alleinige Recht, Alkohol auf der Insel auszuschenken und Warenhandel zu treiben. Zur Vertretung kommunalpolitischer Interessen und zur Unterstützung des Vogtes bestand ein Ausschuß von acht Landsmännern (116). Sie sollten

1. „das Beste dieser Insel und seiner Bewohner suchen und fördern;
2. bei Strandungsfällen dem Vogt die gebührende Assistenz leisten, dafür sorgen, daß
    a) kein Raub oder Unregelmäßigkeiten vorkommen,
    b) sofort ein Inventarium aufgestellt wird,
    c) ein Drittel des Bergelohns den Insulanern zufällt;
3. dafür sorgen, daß, da alle Haushaltungen auf Ordre des Vogtes oder der Landsmänner dazu verpflichtet sind, die zur Bergung von gestrandeten Gütern erforderliche tüchtige Mannschaft unweigerlich gestellt wird."

Außerdem hatten die Insulaner dem Pastoren „Michelgelder" zu entrichten. Das waren einmalige Beiträge, die bei einem Hausbau dann fällig wurden, wenn mit der Einrichtung angefangen wurde (117). In früheren Zeiten war für den Seelsorger ein Netz gehalten worden (118); später war es wegen der damit verbundenen Unzuträglichkeiten üblich geworden, daß von jedem aus See kommenden Schiffe dem Prediger „eine Mahlzeit oder ein Essen Fische" gebracht wurde. Außerdem hatte jeder Haushalt ihm halbjährlich 5 gute Schellfische zu liefern; in den letzten Jahren des 18. Jahrhunderts war diese Naturalprästation in eine Geldabgabe von 5 Stübern (etwa 0,80 Mk.) umgewandelt worden. Die Gebühren für Trauungen, Taufen, Begräbnisse waren fixiert; aber vieles, z. B. der Anteil, den der Prediger an dem Wrackholze hatte, das Holen des Heus, Torfs usw. vom Festlande, die unentgeltliche Überfahrt nach Norddeich, hing mehr oder weniger von dem guten Willen derer ab, die solches zu leisten hatten. Es fehlt nicht an Belegen, daß man sich da nicht immer zu verständigen vermochte (119). Dem Pastoren, der gleichzeitig Schullehrer war, hatten die Kinder, wenn sie das erste Mal in die Schule kamen, einen Stüber mitzubringen, welcher „Einschlag" genannt wurde.

4. Der Charakter der Insulaner

Die Eigenart des Insulanercharakters gab im 19. Jahrhundert und gibt auch noch heute zu besonderer Rücksichtnahme bei kommunalpolitischen Fragen wie bei soziologischen Untersuchungen Anlaß. Die langsame Entwicklung des Bades, die fortgesetzte „Aufmunterung" der Insulaner von seiten der Regierung zur Förderung des Fremdengewerbes, die Blütezeit der Fischerei sind einige Tatsachen, die nur durch den Charakter der Insulaner zu verstehen sind. „Von Anfang an bis heute sind die Methoden des Fischfangs die gleichen geblieben — von aller Tätigkeit des Menschengeschlechts hat die Fischerei von Uranfang an ihren Charakter bis in unsere Tage am besten bewahrt" (120). Das bestätigt sich an den Norderneyer Verhältnissen. So wie Cassiodor von den armseligen von Romulus angesiedelten Lagunenvölkern behauptet: die Fischerei und nur die Fischerei verschaffte die Lebensmittel (121), so schreibt Plinius, der zu Beginn unserer Zeitrechnung die Strandchauken (122) der ostfriesischen Inselküste besuchte: „Ein armseliges Volk wohnt hier in Hütten oder inmitten hoher Erdhügel (Dünen). Auf die durch die Ebbe zurückbleibenden Fische machen sie Jagd ... Aus Schilfgras und Binsen flechten sie Stricke, um Netze für die Fische daraus zu fertigen" (123). Soweit die geschichtliche Kunde zurückreicht, finden wir die Inselfriesen als eine unmittelbar maritime Bevölkerung. Mit der Entwicklung des Tauschverkehrs veranlaßte der Erwerbstrieb die Insulaner, die See auch für den Handel zu nutzen (124). „Die Seefahrt ist für das Leben eines Volkes von höchster Bedeutung, nicht nur, weil sie ein unentbehrliches Mittel ist für seine wirtschaftliche Ausdehnung, sondern auch wegen ihrer großen Wirkungen auf den Volkscharakter, auf die innere Verfassung, auf das Verhältnis untereinander, und auf die gesamte Ent-

Ansicht des Posthauses auf der Insel Norderney, des sogenannten Schütteschen Gasthofes. Später übernahm Herr Pique dieses Haus für eine Reihe von Jahren als sein Hotel. Die Stadt riß es später ab, und er baute sich am Weststrand ein neues eigenes Hotel. Auf dem Platz des ehemaligen Schütteschen Gasthofes steht heute das „Haus der Insel".

Photo: Privat

wicklung der menschlichen Kultur". Beide Arten des Seegewerbes — Fischerei und Schiffahrt — haben im Laufe der Jahrhunderte Charaktere herausgebildet, die gerade auf unserer Insel als „ureigen" bezeichnet werden (125). — Empirisch, traditionell wirtschaftet der Insulaner, wie es überliefert ist, so wie er es gewohnt ist, also nach Vorbildern und Erfahrungen. Die Macht der Überlieferung und der Gewohnheit hält ihn in den eingefahrenen Bahnen fest (126). Ein Hasten und Jagen ist ihm fremd. Ließ das Meer keinen Fang zu, fehlten für die Handelsschiffahrt die nötigen Aufträge, dann wurde „gefeiert", d. h. nicht im heutigen — engsten — Sinne des Wortes, denn es waren stets Schiffsreparaturen (Teeren, Takeln, Netzflicken, „Kapergarens knopen" usw.) notwendig, oder es waren für den Haushalt die Lebensmittel zu besorgen, welche die Strand- und Wattfischerei lieferte (127). Hierarchische Grade im Stande der Norderneyer Seefischerei oder Schiffahrt gab es nicht; die Erlangung der Eigenschaft als Bootsführer hing von den Vermögensverhältnissen ab. So pflegt der Insulaner als Glied einer Gruppe im Bestreben, sich als würdiges Glied zu erweisen, die diese Gruppe auszeichnenden Eigenschaften. Dadurch erstrebt der einzelne grundsätzlich nicht das Neue, sondern trachtet eher, das Alte zur Vollendung zu bringen. Bei dem ausgesprochenen Sinne für Mäßigkeit (128) und häusliche Sparsamkeit ist das Streben jedes einzelnen Norderneyer Seemannes dahin gerichtet, den Besitz seiner Familie zu sichern und möglicherweise zu vermehren. „Fast sämtliche Insulaner sind gar sehr der Faulheit ergeben und die unnennbare Trägheit gegen alles, was Arbeit heißt, ist kaum glaublich. Nur die Bewohner der Insel Norderney machen eine Ausnahme von der Regel, wo Manns- und Frauenspersonen zur Arbeit aufgelegt sind, daher ihr Wohlstand damit in genauen Verhältnissen steht" (127). In fortwährendem Kampfe mit den Elementen finden sie reichlich Gelegenheit, ihre moralischen und physischen Kräfte zu verwerten, was ihnen in ihrem Auftreten Selbstbewußtsein und Kühnheit, „etwas Handfestes" verleiht (130). Durch die Verwandtschaft mit vielen Insulanern und Bekanntschaft mit allen, deren Inselleben und deren Sprache er teilt, ist die Liebe zur Familie und die Nächstenliebe stark ausgeprägt. Alle Insulaner, ob arm oder bemittelt, betrachten sich als völlig gleichstehend, man ehrt nicht Rang und Stand (131), sondern nur das Alter. Alle reden sich mit Du und mit dem Vornamen an, nur den eigenen Eltern und älteren Leuten gönnt man das respektvollere Ihr (= „Ji"). Bei der isolierten Lage und der schlechten Verbindung mit dem Festlande ist der Insulaner in Krankheitsfällen auf die Mitinsulaner angewiesen. Bei gänzlicher Armut hilft die Mildtätigkeit der Stammesbrüder.

Das gleiche gilt für die Altersversorgung oder für vor der Zeit erwerbsunfähig gewordene Seeleute. Er ist fest überzeugt von dem Walten eines Schicksals, dem sich niemand entziehen kann. Es gilt als unmännlich, ja als feige, sich gegen dieses Schicksal zu sträuben. Merkwürdigerweise kann dieser Grundgedanke sehr verschiedene intellektuelle Formen annehmen. Die Strenggläubigen sehen im Walten des Schicksals eine unmittelbare Fügung Gottes; die Mindergläubigen unterwerfen sich dem Schicksal als einer dunklen Macht, aber über die Tatsache eines alles beherrschenden Schicksals ist nicht der mindeste Zweifel. „Das sollte so sein", das ist der übliche Trost. Dieser Schicksalsglaube lähmt keineswegs den Mut und die Energie des Handelns, aber er verbietet alles unnütze Grübeln über das, was hätte kommen können (132). Der nüchterne Verstand waltet bei ihnen vor, oft in überraschender Schärfe. So fehlte ihnen für eine sinnig-poetische Mystik, wie sie das katholische Christentum enthält, jede Empfänglichkeit. Die Reformation konnte hier mit einem Schlage durchgeführt werden.

Sie haben ein eigenartiges Rechtsbewußtsein; nichts ist ihnen so unerträglich wie eine scheinbare oder tatsächliche Schmälerung ihres guten Rechts. So hielten sie fest an den alten Strandungsgerechtsamen. Diese unregelmäßigen Erwerbsmöglichkeiten schlossen jedoch auch Gefahren moralischer Natur in sich, die auf die Insulaner nicht ohne Einfluß blieben. Neid und Zwietracht bei den Bergungs- und Verteilungsvorgängen bildeten oft den Anlaß zu bitteren Klagen des jeweiligen Pastors. Die allgemein wenig günstige wirtschaftliche Lage während vieler Jahrhunderte ließ sie diese Gelegenheiten, die eine materielle Verbesserung in Aussicht stellten, auch in nicht immer gerechter oder gesetzmäßiger Art ausnützen. Die Insulaner waren sich dabei selbst nicht immer ihrer unwürdigen Handlungsweise bewußt, denn „die Eyländerleute vermeinen vom Strandraube zu leben und glauben doch dabei gute Christen zu sein oder gar wol selig werden zu können" (133). Die Veranlagung zum Schmuggel und die Neigung im Unterbieten von Mietspreisen während der späteren Zeit finden hier ihren tieferen Grund.

Mit der Zunahme der Handelsschiffahrt war eine Änderung in ihrem Verhältnis zur Heimat möglich geworden. Jedoch vermochten die wenigen Entwicklungsjahre der Kauffahrteischiffahrt mit ihren längeren Reisen fern von der Insel keine wesentliche Wandlung in ihrem Sinn für Gemeinschaftlichkeit hervorzurufen. Durch das Partensystem waren die Beziehungen zu den anderen Insulanern vielleicht noch engere geworden, waren sie doch alle in Glück und Unglück miteinander verbunden. —

Die ersten Besucher der Insel loben die Bewohner als grundehrlich (134) und aufrecht (135), aber abgeneigt allem Fremden, besonders fremdem Rat und fremder Hilfe, insofern sie nicht augenblicklichen Vorteil versprachen. Unter dieser Abneigung hatte zeitweise sogar der Pastor, der gleichzeitig Lehrer war, zu leiden, zum Schaden der Insulaner. Sehr schlecht waren die Schulkenntnisse zur Zeit der Badgründung; von im Jahre 1810 ortsanwesenden Norderneyern konnten manche nicht die Kunst des Schreibens ausüben (136). Die Abgelegenheit der Insel trennte sie streng vom politischen Leben des Festlandes. Sie blieben von allen Wechselfällen, die Ostfriesland damals durchmachte, so gut wie gänzlich verschont (137). Daher vermeiden die Insulaner jegliche Teilnahme an politischen Dingen, sind gegen politische Agitationen gleichgültig, lassen sich aber, einmal in solche geraten, mehr nach persönlicher Sympathie oder Antipathie als nach politischen Grundsätzen leiten. Die sittliche Reinheit war bei Männern und Frauen gleich groß (138). Die Kirchenbücher verzeichnen von 1731 bis 1798 von 1359 Kindern zwei unehelich Geborene, in einem Fall heirateten die Eltern noch in demselben Jahre. Nicht bloß als Sittenregel, sondern auch als Sittenbild im Körteschen Sinne (139) galt das heute noch gebräuchliche „Een Darn mutt sick wahren vorm Lack, as een witte Schkut vorm Plack" (140). So wie bei den Deutschen, nach dem Zeugnis des Tacitus (141), die Keuschheit eine vorzügliche Tugend war, so ist sie hauptsächlich noch auf den Inseln zu Hause. „Nie geht eine Witwe zur zwoten Ehe über" berichtet ein Zeitgenosse (142). Neben der Reinheit in den Sitten zeichnet sich die Insulanerfrau durch Reinlichkeit, Sauberkeit und Ordnungsliebe in häuslichen Dingen aus. So einfach wie die ersten Besucher der Insel die Quartiere fanden, so einstimmig lobten sie, „daß die Zimmer sämtlich sehr reinlich, Betten und Hausgerät mit eben der Sorgfalt reinlich und sauber gehalten werden wie auf Schiffen usw." (143). Das setzt Fleiß und Regsamkeit der Hausfrau voraus. Durch die häufige und längere Abwesenheit des Familienvaters wurde die Insulanerfrau in hohem Grade selbständig. Ihr fiel die Bebauung der Gärten zu, sie mußte in Zeiten der Nahrungsmittelknappheit oder der Krankheit den lebensgefährlichen Weg über das Wattenmeer machen.

So sind in der Chronik der langen Reihe von Wattunglücken fast nur Frauen verzeichnet (144). Auch wenn der Insulaner an Land war, blieb alle Arbeit des Haushalts der Frau überlassen. „So tätig und geweckt er auch in der Betreibung seiner Schifferarbeit sich zeigt, so schwer ist er auf dem Lande in Bewegung zu bringen" (145).

Bei aller Tüchtigkeit der Inselbewohner als Seeleute und bei ihren hervorragenden moralischen und physischen Eignungen für den Seedienst fehlte es ihnen an der für größere Unternehmungen wirtschaftlich-organisatorischer Natur notwendigen Initiative, Erfahrung und an Geld. Um sie für Aufgaben höherer Ordnung zu gewinnen, sie zu belehren und allmählich zu wandeln, um vor allem die reichen Schätze, die die Insel als bevorzugter Platz der Natur bietet, in rationeller und nutzbringender Weise durch Badebetrieb auszuwerten, mußten erst Stände, Staat und zugewanderte private Kräfte zusammenwirken.

Sichtbarer auszuwirken begann sich diese Wandlung erst mit dem Rückgang sowohl der Kauffahrteischiffahrt wie der Seefischerei.

C. Das 19. Jahrhundert — das Zeitalter der Entwicklung

I. Das Gewerbe zur See

1. Die Schiffahrt in den Jahren 1800 bis 1914

a) Die Kauffahrteischiffahrt

Die Entwicklung der Norderneyer Handelsschiffahrt, der vor allem in den Jahren um 1790 harte Schicksalsschläge durch festländische kriegerische Ereignisse und Verluste der eigenen Flotte nicht erspart geblieben waren, nahm mit dem Anfang des 19. Jahrhunderts einen guten Fortgang. Ihrer höchsten Blütezeit um 1806 folgte nach dem Rückgang bis 1814 nochmals ein kurzes Wiederaufleben von 1814 bis 1822. Der dann einsetzende rasche Niedergang endete gegen die Jahrhundertmitte mit einem völligen Aufhören dieses alten Seegewerbes.

Das Norderney am Anfang des 19. Jahrhunderts war ein ausgesprochenes Schifferdorf. Es wurden etwa 40 Schiffe gezählt, so daß fast alle Männer im Dienste der Schiffahrt standen (146). Von sechs im Jahre 1806 getrauten Paaren waren 3 Ehemänner Schiffer (Schiffseigentümer) und 3 Steuerleute (147). Auf folgende Berufe der Väter verteilten sich die geborenen Kinder (148):

Jahr	Schiffer	Steuerleute	Sonstige	zusammen
1801	7	10	1	18
1802	6	4	3	13

Das änderte sich, als nach der Schlacht bei Jena Ostfriesland und damit Norderney dem Königreiche Holland einverleibt wurde. Mit dem Jahre 1806 beginnt für die gesamte Schiffahrt Ostfrieslands der Anfang einer Knechtung, eines eisernen Septenniums (149) und der Verlust der meisten Schiffe. Das Dekret Louis Napoleons vom 15. XII. 1806 schreibt in § 1 jedem Schiffe einen Erlaubnisschein vor. Dieser wurde jedoch nur selten gewährt (150). Wollte der Schiffer seine Familie auf der Insel aufsuchen, so waren Pässe und spezielle Erlaubnisscheine nötig. Im Jahre 1808 wurden lt. Dekret vom 23. I. alle ostfriesischen Häfen geschlossen. Nur einem Norderneyer Schiffer war es erlaubt, alle 14 Tage Lebensmittel vom Festlande zu holen. Diejenigen Schiffe, die Materialien für Deichbauten, Küstenschutzanlagen (später auch Salz) fuhren, fielen nicht unter diese Verordnung. Diese Erweiterung hatte jedoch keine praktische Bedeutung, da während der ganzen Zeit der Fremdherrschaft alle Konservationsarbeiten völlig vernachlässigt wurden (151). So hatte die holländische Fremdherrschaft zur Folge, daß die Ersparnisse der früheren Zeiten nach und nach zusammenschmolzen. Die Schiffe lagen entweder in den ostfriesischen Häfen und verfaulten, oder sie wurden in fremden Häfen als gute Prise verkauft (152). Dann kam noch die angedrohte Exekution wegen Nichtbezahlung der Prästationsgelder, die die Insulaner bis zum Herbst 1808 prompt bezahlt hatten. In ihrer Not wandten sich die Norderneyer Schiffer an Louis Napoleon, dem sie unterstanden, in folgendem Schreiben (153): „By de Werkeloosheit der Navigatie (ons eenig bestaan) hopen wy, dat Zyne Majesteit! geens zins zal gedoogen, dat wy geringe, en armoedige bewooners, meer zullen dragen, daß onze uitgesputte Kragten doon den Zee-oorlog, immer toelaaten; te meer, daar wy voor alle aanvallen der Englanders fleets bloot liggen, en geene beschutting hebben; on naturlyk, om daß Schutzgeld, in deze krises van zaaken, dezen Last te draagen. Bidden der halben, aan Zyne Majesteit, onzen Koning! als zyne Onderdanen, om Recomissie van deze Hondert en Vyftig Güldens, die het Gericht, van't Berumer Amt, van ons invoordert." (Norderney, den 14. den van Oogstmaand 1809.)

Der Erfolg dieses Schreibens war, daß ihnen die gesamten Steuern erlassen wurden, daß „sie vry gesteld worden van de Betaling van de van hum gevorderde Belasting door hum ter Requerte Schutzgeld genannd, doch eigentlyk geheven gebordenden onder den Naom van Fischgeld" (154). — Jede Möglichkeit zu rechtlichem Verdienst war ihnen genommen, ihre Lage verschlimmerte sich noch im Jahre 1810, als Ostfriesland eine französische Provinz wurde und damit auch Norderney unter Napoleon kam. Der Besuch des Bades, das 1799 gegründet war, wurde verboten, jeglicher Handel war untersagt, und zur völligen Unterbindung der Schiffahrt erhielt Norderney eine französische Artilleriebesatzung. War schon zu holländischer Zeit der Handel mit englischen Waren verboten gewesen, so lag den holländischen Beamten die Aufrechterhaltung dieses Verbots wenig am Herzen. Wer nicht hungern wollte, konnte der Versuchung zum Schleichhandel nicht widerstehen. „Krieg, Handel, Piraterie, dreieinig, sind sie nicht zu trennen!" Von holländischer Seite war nichts zu befürchten. „Geduldet wurde dieser Verstoß gegen Recht und Gesetz von den habgierigen holländischen Beamten fast durchweg, da er ihnen durch Bestechung viel Geld einbrachte." Die wenigen noch vorhandenen Schiffe machten unerhört hohe Frachten (155). So war im Jahre 1809 Norderney neben Spiekeroog der Stapelplatz des von Helgoland aus organisierten Schmuggels, vorzugsweise mit Kolonialwaren: Tee, Kaffee, Zucker, Tabak usw., die durch englische Schiffe an die Insel gebracht wurden (156). Auf den benachbarten Sielen hatten Bremer, Hamburger, Frankfurter und Leipziger Kaufleute Kontore errichtet. Die Verhältnisse wandelten sich mit der französischen Besetzung. Visitationen und Konfiskationen waren an der Tagesordnung (157). Als im Jahre 1811 eine

Frachtschiff „Frisia XIV" im Sturm

Schanze mit 4 Kanonen gebaut und eine über 200 Mann starke Bedienung ständig nach der Insel verlegt wurde, war jegliche Brechung der Kontinentalsperre von Norderney aus unmöglich gemacht. Mehrere Insulaner wurden zur französischen Kriegsmarine ausgehoben, das erste Mal, daß die Insel Soldaten stellte. Es kamen davon vier nicht zurück, sie waren fern der Heimat auf französischen Kriegsschiffen gestorben (158). Das Jahr 1813 brachte endlich die Befreiung von der Fremdherrschaft. Die fast gänzlich versiegten Nahrungsquellen begannen wieder zu fließen. Der Frachtenmarkt brachte neue Aufträge, so daß die noch vorhandenen Schiffe wieder seetüchtig gemacht werden konnten. Die Beteiligung der Bevölkerung am Schiffahrtsgewerbe wurde wieder eine erhebliche. Es erwies sich auch hier die alte Erfahrung als richtig: „In Seestädten reißt der Faden der Entwicklung niemals so leicht ab wie in Binnenstädten. Das Meer erlaubt nicht die vollständige Ableitung und Wegdämmung des Handels" (159).

Verteilung der Geburten auf die Berufsarten der Väter (160):

Jahr	Schiffer	Steuerleute oder Matrosen	Fischer	Schiffszimmerleute	Sonstige	Insgesamt
1815	6	3	8	4	1	22
1820	10	2	9	2	1	24

Auszug nach Berufen nach einer Quartierliste des Jahres 1822 (161):

Schiffseigentümer	Kapitäne Steuerleute	Matrosen	Schiffer-Witwen	Schiffszimmerleute	Sonstige	Insgesamt
9	39 *)	7	22	5	18	100

*) darunter auch solche, die sich zur Ruhe gesetzt haben.

Die letzte Tabelle zeigt bereits das Übergewicht der Seeleute ohne Besitz eines Fahrzeuges und eine große Anzahl Witwen. Die Geldmittel der Insulaner reichten nicht für Neubauten aus. Die früher so große Norderneyer Kauffahrteiflotte war auf eine kleine Zahl zusammengeschmolzen.

Im Jahre 1822 waren es neun, 1824 acht, 1830 noch vier Schiffe und 1836 ist nur noch eins verzeichnet (162).

Die Erfolge der merkantilen Handels- und Schiffahrtspolitik Friedrichs des Großen und seiner Nachfolger, „um das wahre Beste Ostfrieslands und ihr Commercium zu fördern" (163) (Emder Freihafen, Heringsfischerei, Werftanlagen, Treckfahrtskanal usw.), waren besonders für die Küstenländer vorteilhaft gewesen. Und wenn die Norderneyer Schiffer auch nicht wie die Emder „durch ihren grausahmen Reightuhm uf geblasen" (164) waren, so war doch ihre wirtschaftliche Lage eine günstige. Die unentschlossene Politik Friedrich Wilhelms III., der sich als Ersatz für preußische Gebiete das Kurfürstentum Hannover von Napoleon aufdrängen ließ, hatte zur Folge, daß beständig britische Kriegsschiffe vor den Inseln und der Ems lagen (165). Emden allein verlor ungefähr 280 Schiffe mit wertvoller Ladung im Werte von 1 902 330 Gulden (166). 90 ostfriesische Schiffe waren in französische Häfen geflüchtet und gingen verloren, als Preußen Frankreich den Krieg erklärte (166). Nach der Zeit des Schmuggels und der jahrelangen völligen Schließung der ostfriesischen Häfen wechselte Ostfriesland seine Dynastie. Die geforderte Wiederherstellung der alten Schiffahrtsrechte und Privilegien blieb unerledigt. Georg IV., der seit 1815 seinen geistesgestörten blinden Vater in Hannover vertrat, beschränkte sein Interesse auf England. „In Lüsten und Genüssen versunken", war ihm der Wiederaufschwung der ostfriesischen Handelsschiffahrt gleichgültig. Ein anderer Grund für die Beeinträchtigung der Norderneyer Schiffahrt lag in den vielen Unglücksfällen, die sich innerhalb der Norderneyer Flotte ereigneten. So gingen 1821 bis 1833 drei der größten Schiffe mit einer Gesamtbesatzung von 13 Mann verloren, zwei Schiffe blieben verschollen (167). Der andere Teil war infolge der während der Fremdherrschaft erlittenen Schäden vorzeitig seeuntüchtig geworden und mußte verkauft oder abgewrackt werden. Neubauten lohnten sich nicht oder scheiterten am Geldmangel. Da die Schiffe unversichert waren, waren die Partenverluste für die Insulaner, die ihre Ersparnisse völlig in heimatliche Schiffe gesteckt hatten, sehr schwer (168). So vollzog sich die Wandlung der großen Frachtschiffahrt zur kleinen Küstenfahrt, die bereits nach Gründung des Badeorts, um 1800, eingesetzt hatte. Die letztere Betriebsart konnte sich entsprechend den lokalen Bedürfnissen der Insel nur in beschränktem Umfange ausbreiten. Jedoch ist diese Endform der früher blühenden Norderneyer Kauffahrteischiffahrt bis in die heutige Zeit nicht ohne Bedeutung für das insulare Wirtschaftsleben geblieben.

b) Die Beurtfahrt

Die Beurtschiffahrt ist eine spezifische Art der Watt- und Küstenschiffahrt. Das Wort „Beurt" (spr. Böhrt) bedeutet „Reihenfolge"; daher ist unter Beurtschiffahrt die Reihenfahrt zwischen bestimmten Hafenplätzen zu verstehen. Sie hat ihren ältesten Sitz in den größten Dörfern an der Emsmündung (169). Sehr früh hat sie sich auch auf der Insel Borkum entwickelt. Von hier aus wurden im Jahre 1747 regelmäßig Sandfrachten nach Greetsiel ausgeführt, wo der Große Kurfürst die Burg ausbauen ließ. Von Greetsiel wurde Getreide, Butter und Käse wieder mitgebracht. Die Borkumer Beurtschiffer mußten herrschaftliche Postsendungen unentgeltlich mitnehmen. Auch von Langeoog, Spiekeroog und Juist werden Beurtfahrten erwähnt, die bei Strandungen unentgeltlich den Vogt wie auch evtl. andere Beamte befördern, außer der Post auch den herrschaftlichen Strandungsanteil nach Norden fahren mußten (170). Eine regelmäßige Norderneyer Beurtfahrt wird nie erwähnt. „Die Norderneyer haben auch nicht für die Herrschaft die Beurtfahrten getan" (171). Es ist anzunehmen, daß die Norderneyer Fischerschaluppen gelegentlich Lebensmittel oder Post beförderten, die Haupttransporte gingen jedoch übers Watt. Dies änderte sich, als im Jahre 1797 die Insel als Badeort bekannt wurde. Neben einem regelmäßigen Personentransport wurden Bau- und Einrichtungsmaterialien, Lebensmittel, vor allem Schlachtvieh notwendig. Den Insulanern war damals an der Einrichtung einer Beurtschiffahrt wenig gelegen. Daher war die Badeverwaltung

SEEBAD NORDERNEY
VON DEN DÜNEN AUS

Druck & Verlag v. G. G. Lange in Darmstadt   Kurierarchiv

gezwungen, selbst ein Beurtschiff bauen und für Rechnung der Badeanstalt fahren zu lassen. Es brachte der Seebadekasse nicht unbedeutende Einnahmen (172). Die günstigen Aussichten für die Beurtschiffahrt und die ungünstige Entwicklung der Kauffahrteifahrt bestimmten manchen Schiffer zum Verkauf seines großen Frachtschiffes und zum Neubau eines kleinen „Fährschiffes" *) (Tafel V, Abb. 10). Die ersten Fährschiffe erhielten Zuschüsse von der Seebadekasse (173). Die Vergütung für die Postbeförderung war ebenfalls taxiert. Sie betrug in den ersten Jahren von Norddeich bis Norderney (174)

1822 — 1823	8 Reichstaler jährlich
1823 — 1824	10 Reichstaler jährlich
1825 — 1839	12 Reichstaler jährlich
gegen 1870	250 bis 350 Reichstaler jährlich.

---

*) ähnlich den heutigen.

Als Personenfahrpreise galten:

Jahr	Erwachsene	Kinder	Bediente	Gepäck
1801 (175)	6 g. Gr.	6 g. Gr.	6 g. Gr.	frei
1814 (176)	7 g. Gr.	3¹/₂ g. Gr.	3¹/₂ g. Gr.	Jeder Reisende kann ein Felleisen, einen mäßigen Schließkorb frey mitnehmen, für mehrere Bagage wird ein Billiges vergütet.
1853 (177)	8 g. Gr.	4 g. Gr.	4 g. Gr.	Pakete und Koffer über 25 Pfd. = 2 g. Gr.
1866 (178)	10 g. Gr.	5 g. Gr.	5 g. Gr.	über 25 Pfd. = 2¹/₂ g. Gr.

Man rechnete die durchschnittliche Einnahme einer Fahrt von Norderney bis Norddeich und zurück auf 2 Reichstaler [1822], 4 Reichstaler [1866]. Die Beurtfahrt nach Bremen, Emden oder Borkum brachte 5¹/₂ Reichstaler (1816) — 12 Reichsthaler [1866] (178b). Die dreißiger Jahre des 19. Jahrhunderts waren die günstigsten für das Gewerbe der Beurtfahrt. Zehn Norderneyer Schiffe fuhren in regelmäßiger Reihenfahrt nach Norddeich, Emden, Leer und Bremen (Tafel V, Abb. 11). Im Jahre 1833 machte sich bereits die Konkurrenz auswärtiger Schiffer (vor allem Oldenburger) auf dem Wege nach Bremen bemerkbar. Die Norderneyer Beurtfahrer verlangten Ausschließung der Fremden von Frachtfahrten von und nach der Insel oder wenigstens Abgabe der Hälfte der Einnahme an die ortsansässigen Schiffer. Bislang hatten sie zu den öffentlichen Gemeindeabgaben und Herrengeldern den größten Teil beigetragen und die Bedürftigen und Armen der Insel durch besondere Zuwendungen unterstützt (179). Sie waren der wirtschaftlich gesundeste Stand der Bevölkerung. Nach den Jahren der vielen staatlichen und privaten Neubauten trat in der Entwicklung Norderneys eine Ruhezeit ein, die bis ans Ende der hannoverschen Herrschaft dauerte. Außerdem wurde der Fremdenverkehr durch Bremer, Emder und Leerer Dampferlinien von Norddeich teilweise abgeleitet (180). Mit dem Jahre 1872 begann auch von Norddeich aus eine regelmäßige Dampferverbindung. Unter dem Druck dieser Verhältnisse hatte naturgemäß die Norderneyer Beurtschiffahrt sehr zu leiden. Während früher ein Fährschiffer jährlich 1000 bis 1400 Badegäste beförderte, übernahmen jetzt Dampfer den regelmäßigen Personenfahrdienst. Auch die Post, die den Beurtschiffern, welche die Postkonzession hatten, jährlich 250 bis 360 Reichstaler einbrachte, bediente sich längst der viel sicheren Dampfschiffe. Selbst von den Stückgütern wurde in den letzten Jahren ein Teil, u. a. Schlachtvieh, mit den Dampfern befördert. Damit sind gerade die einträglichsten Frachtgüter dem Schiffer verlorengegangen, nur die minderwertigen sind geblieben. Die durch den Postkontrakt zugesicherte Summe sowie der bedeutende Erlös aus dem Personentransport hatten früher allein zur Verzinsung des Anlagekapitals und zum Lebensunterhalt der Schifferfamilie genügt (181). Dazu kam noch die Fracht für Passagiergut und andere Stückgüter.

So hatte der langsame Niedergang verschiedene Gründe. Die Zahl der Beurtschiffe, die 1870 noch 8 und 1895 noch 5 betrug, war 1914 auf drei

Fahrzeuge, die nur noch Güter beförderten, gesunken (182). Ihre Rentabilität war durch langsamere und ungeschütztere Beförderung, durch Leerfahrten von Norderney aus, durch lange Ruhezeiten im Winter der der Dampfer nicht gewachsen. Seit Anfang des 20. Jahrhunderts ist der holländische Beurtschiffer in stärkere Konkurrenz getreten. Dadurch, daß er Frau und Kinder an Bord mitführt, ist er imstande, billiger zu fahren (183).

Zur Erläuterung der wirtschaftlichen Lage der Beurtschiffahrt zu Anfang des Jahrhunderts erscheinen noch einige Hinweise auf die Eigenart des Schiffstyps und des Schiffsrechts zweckmäßig.

Die größere Tiefe der Fahrwege zwischen Insel und Festland (5 bis 10 m) bedingt eine seetüchtigere Einrichtung der Fährschiffe, als sie für Kanal-, Loog- (Dorf) oder Fehnschiffe üblich ist. Sie sind Fahrzeuge in der Art der Tjalken, aber den verschiedenen Zwecken entsprechend verschieden eingerichtet: bei denjenigen, welche zugleich dem Personentransport zu dienen imstande sein sollen, hatte man eine Deckkajüte eingebaut. Das war der Typ der Norderneyer Beurtschiffe von 1800 bis 1870. Sie waren besonders bei schlechter Witterung alles andere als komfortabel. Ein bekannter Ostfriese (184) schreibt vom Anfang seiner Badereise: „Ein kleines Fährschiff, das gegen ungünstige Winde sehr langsam aufkam, nahm uns auf. Bei etwaigem Wenden der Segel mußten die Reisenden sich auf den Boden legen und diese Prozedur wiederholt auf sich nehmen. In der Kajüte unten zu bleiben, war bei der Enge des Raumes nur beim schlechtesten Wetter möglich." — Die alten Schiffsformen haben einfachen Frachtschiffen Platz gemacht. Die heutigen Beurtschiffe haben eine Tragfähigkeit von etwa 10 Tonnen, die größten eine solche von 20 Tonnen oder etwas mehr. Gebaut werden diese Schiffe in den Sieldörfern oder auf den Fehnen.

Was den Beurtschiffer schon seit ältester Zeit von den Kanalschiffern oder von den Küstenschiffern unterscheidet, das ist der Umstand, daß er als Schiffer gilt und als solcher sein Schiff erst leiten darf, wenn er, vom 15. Lebensjahre an gerechnet, mindestens 50 Monate auf Küstenschiffen gefahren hat (185). Je nach der Größe der Schiffe haben die Beurtfahrer 1 bis 2 Gehilfen. Sind 2 Gehilfen notwendig, wie dies auf den größeren Norderneyer und Borkumer Schiffen der Fall ist, so hat der Schiffsführer als ersten Gehilfen einen „Bestmann" zur Seite, d. h. einen erfahrenen Schiffsmann, der imstande ist, Steuermannsdienste zu leisten. Die Mannschaft besteht aus Insulanern; die jüngeren unqualifizierten Gehilfen gehören häufig der Familie des Schiffers an. Heute unterliegen die Gehilfen der Pflicht der An- und Abmusterung vor der zuständigen Behörde. Der Lohn der Schiffsangestellten wird für das ganze Jahr berechnet; er betrug in den Jahren 1900 bis 1914 inkl. Verpflegung auf Norderneyer Schiffen:

    für Bestmänner . . . . 650 bis 700 Mk.
    für erste Matrosen . . . . 550 bis 600 Mk.
    für Leichtmatrosen bzw. Jungen
        (oder Koch genannt) . . . . 300 bis 325 Mk.

Für den wirtschaftlichen Erfolg des Schiffsführers, der auch immer Schiffseigentümer ist, ist die Markt- resp. Konkurrenzlage entscheidend. Der größte Frachtverkehr ist im Frühjahr und während der Saison. Die Frachten werden berechnet nach Stück, Raum oder Gewicht mit Berücksichtigung des

Werts der Güter. Sie sind je nach der Entfernung der Inseln vom Festlande und den Hafenabgaben verschieden, doch sind die Frachten für die näher gelegenen Häfen relativ höher. In bezug auf die Zahlung der Abgaben ist der Beurtschiffer bevorzugt (186). Nach Angabe der Beurtschiffer berechnete sich die Fahrt zwischen Norderney und Norddeich vor 1914 ungefähr wie folgt:

Ausgaben		Einnahmen (brutto)	
1. Löhne für einen Bestmann und Gehilfen	1500,—	100 Fahrten, davon:	
2. deren Verpflegung	750,—	a) 10 Fahrten à 70,—	= 700,—
3. Reparaturen	150,—	b) 30 Fahrten à 60,—	= 3000,—
4. Hafengelder	800,—	c) 10 Fahrten à 55,—	= 550,—
5. Schleppgelder	250,—	d) 30 Fahrten à 50,—	= 1500,—
6. Verzinsung des Anlagekapitals (4000 Mk. zu 4 %)	160,—		
7. 4 % Versicherungsprämie etwa	100,—		
8. 6 % Abschreibung	200,—		
9. Kleinere Ausgaben: Kassenbeiträge pp.	100,—		
10. Reingewinn	1740,—		
	5750,—		5750,—

Die Rentabilität erhöht sich, wenn der Schiffer seine Söhne als Gehilfen an Bord hat und einen Teil der Heuer nicht zu veranschlagen braucht, ferner wenn man berücksichtigt, daß die Schiffer durch Einstellen eines Motors zum Antreiben einer Schraube ohne Hilfe des Schleppers in den Hafen ein- oder ausfahren können. Außerdem betreibt der Inselbeurtschiffer auch Gelegenheitsfischerei, die nach Angaben des Fischereivereins jährlich bis 150,— DM abwirft.

Die Norderneyer Beurtschiffahrt ist für die wenigen noch tätigen Schiffer lohnend, wie obige Rechnung ausweist. Einen verschuldeten Norderneyer Beurtschiffer gibt es nicht, vielmehr hat er neben seinem Fahrzeug noch ein kleines oder mittleres Logierhaus, wie auch meistens ein größeres Gartengrundstück in den Dünen. Die Aussichten der Beurtschiffahrt für die Zukunft sind jedoch durch den steigenden Wettbewerb der Dampfer nicht besonders günstig. Der Beurtschiffahrtverkehr im Norderneyer Hafen bestätigt Euckens Feststellung: „Später hat die technische Entwicklung diese kleinen Schiffe zum guten Teil entwertet und die Seeleute meist in den Dienst der großen Schiffahrtsgesellschaften getrieben" (188).

2. Die Seefischerei in den Jahren 1800 bis 1914

„Der bedeutendste Frischfischfang an der ostfriesischen Küste war der Schellfischfang von Norderney aus", schreibt zu Anfang unseres Jahrhunderts ein Sachverständiger des deutschen Fischereiwesens (189). Untersuchungen über die Blütezeit und über den Niedergang der denkwürdigen Norderneyer Angelfischerei setzen Vertrautheit mit Land und Leuten voraus, wie sie Außenstehenden schwer zugänglich ist. Die Literatur bietet außer volkswirtschaftlichen Studien über ähnliche Sondergebiete (Finkenwärder, Helgoland, Emden, Ostsee) keinerlei Arbeiten über Norderney. Um diese Lücke auszufüllen, ist dem folgenden Kapitel breiterer Raum gelassen.

a) **Die Gründe für eine erfolgreiche Ausbreitung dieses Fischereigewerbes auf der Insel und kurzer geschichtlicher Rückblick**

Nur wenige Insulaner waren bei den günstigen Aussichten, welche die Handelsschiffahrt bot, ihrem alten Fischerberufe treu geblieben. Es wird 1797 von neun Fahrzeugen berichtet, welche die Insel und das benachbarte Festland mit Frischfischen versorgten. Zu Anfang des 19. Jahrhunderts wurden zum ersten Male Versuche mit der Angelfischerei gemacht. Sie waren von Erfolg begleitet. Mit der Änderung der Fangtechnik erfolgte erst allmählich eine Wandlung im Schiffstyp, Fanggerät und Schiffsrecht. Einer Ausbreitung des Gewerbes standen Hindernisse entgegen. Einmal fehlte es an notwendigen Mannschaften, zum andern bedrückten die Verordnungen während der Fremdherrschaft die Gewerbefreiheit. Die einschneidendste Bestimmung aus dem Jahre 1808 lautet ins Deutsche übersetzt: „Die Fischer sollen unter der unmittelbaren Aufsicht der an den Küsten befindlichen bürgerlichen oder Militärbehörden stehen, und diese sind bei eigener Verantwortlichkeit verpflichtet, genau darauf zu sehen, daß alle Gemeinschaft mit dem Feinde und mit anderen Fahrzeugen, welches durch Fischer geschehen könnte, verhindert werde. Um dies zu erreichen, soll, soweit möglich, auf jedes auslaufende Fischerschiff eine Militärperson gesetzt werden, welche bei Zurückkunft des Fischers von dem, was dieser Verordnung zuwider begangen sein möchte, Anzeige tun soll, um gegen die Fischer und die Meerfahrt, nach Beschaffenheit der Umstände, verfahren zu können" (190). Für die festländischen Fischer ergingen derartige Befehle und Vorschriften erst 1813, kurz vor den Befreiungskriegen (191). Als nach dem Sturz Napoleons die französische Besatzung die Insel verließ, konnte nur ein Teil der früheren Kauffahrteifahrer das alte Gewerbe fortsetzen. Dadurch wurden für die Fischerei geeignete Kräfte frei.

Im Jahre 1815 waren von den 24 Vätern der geborenen Kinder (192):

Fischer	Schiffer	Steuerleute	Sonstige	zusammen
11	8	2	3	24

Im Jahre 1820 (193):

Fischer	Schiffer	Steuerleute u. Matrosen	Sonstige	zusammen
10	4	2	5	21

Die Anzahl der Fischereischiffe war von 9 [1797] auf 20 im Jahre 1825 gestiegen (194). Der Aufschwung des Gewerbes war durch ein Prämiensystem der Landesregierung gefördert worden. Diese gewerbepolitischen Maßnah-

Die Wilhelmstraße um 1870, noch ungepflastert
Photo: Privat

men dienten neben der Stärkung der Inselfischer auch der Ausfuhr. Die Hauptartikel dieser Verfügung lauteten:

   a) Jeder Fischer erhält für jeden Monat, währenddessen er auf dem Meere Fischerei betrieben, eine Prämie von 1 Reichstaler Preuß. Courant;

   b) für alle Insulaner wird eine Prämie fixiert von 5 Reichstalern Preuß. Courant, wenn eine Ladung Fische nach Hamburg oder Bremen ausgeführt wird (195).

Ein Bremer Bericht erwähnt bereits 1820 mehrere Norderneyer und Langeooger Fischer, die sich Nachweisungsatteste beim dortigen Zollamt ausbedungen hätten (196).

Durch dieses Prämiensystem, das für die Norderneyer Fischerei Grundlage dafür wurde, daß sie später die erste Stelle der Angelfischerei in Deutschland einnahm, ist die Borkumer Fischerei erst ins Leben gerufen worden. Während hier 1818 noch kein Fahrzeug für den Langleinenfischfang beheimatet war, zählte die Borkumer Flotte im Jahre 1830 bereits 7 Schiffe (197). Norderney war auch als Anlege- und Ausfuhrhafen der Schaluppen durch günstige topographische Verhältnisse vor anderen Inseln und festländischen Hafenplätzen bevorzugt. Die Norderneyer Reede war von See aus leicht zu erreichen. Infolge der relativ geringen Seetüchtigkeit der Schaluppen mußte sich der Fischer in Küstennähe aufhalten; so wurde Norderney auch für andere Fischer sowohl der führende Markt für Frischfische, als auch der Schutzhafen bei gefahrvollem Seegang. Die Norderneyer Schellfischfischerei entwickelte sich kontinuierlich bis zum Jahre 1840. — Durch den Verlust der letzten Handelsschiffe in dieser Zeit lagen die Erwerbsaussichten des Insulaners wieder — wie vor hundert Jahren — ausschließlich im Fischfang; das Fremdengewerbe konnte bei dem damaligen geringen Umfange gut durch Frauen betrieben werden. Der Bedarf des Kontinents an frischen Fischen stieg mit der schnell wachsenden Bevölkerungszahl und versprach dadurch einer zunehmenden Flotte noch immer reichliche Verdienste. „So wandelten sich in dieser Zeit die Schiffer wieder sämtlich in Fischer" (198).

Dadurch erklärt sich die nun folgende rasche Entwicklung (199) (Tabelle 4, Anhang). Die Schiffsanzahl verdoppelte sich innerhalb der 15 Jahre von 1835 bis 1850. Der Höhepunkt wurde im Jahre 1868 mit 76 Schaluppen erreicht. Noch bis zum Beginn der neunziger Jahre hielt sich die Flotte auf etwa 50 Fahrzeugen, dann kam der plötzliche folgenschwere Niedergang. Dreißig Fahrzeuge stellten im Laufe von 15 Jahren (1898—1912) ihre Tätigkeit ein. Das 20. Jahrhundert brachte wieder die Wandlung von der Angel- oder Langleinenfischerei zur Netzfischerei und diese, gelegentlich und durch Geldunterstützungen betrieben, konnte nur durch Abarten der eigentlichen Fischerei erst etwas einträglich gestaltet werden.

So war der älteste und zugleich letzte Zweig des selbständigen insularen Seegewerbes bedeutungslos geworden. Die nachfolgenden Untersuchungen haben nun das Ziel, die nationalökonomisch wichtigsten Fragen dieses Inselgewerbes während des 19. Jahrhunderts, des Schellfischfanges mit Langleinen, zu klären.

b) Die Geschäfts- und Betriebsformen

aa) Die Fahrzeuge

Die bei dieser Fischerei verwendeten Fahrzeuge waren die gleichen, wie sie heute noch nach der erneuten Umstellung auf Netzfischerei verwendet werden, nämlich kleine, halbgedeckte Schaluppen (Slupen) (Tafel VI, Abb. 12). Ihre Länge betrug 10 bis 14 m, ihre Rumpfhöhe höchstens 2 m. Sie führten einen Mast mit Groß- und Focksegel und, für schwachen Wind berechnet, noch Klüver- und Toppsegel. Neben der Steuerpinne stand meist noch ein kleines „Besahn-Segel", um mit Hilfe desselben beim Einziehen der Angelleine besser an den Wind halten zu können. Sie hatten einen relativ schwachen Kiel, dafür zur Seite die sogenannten „Schwerter". Vor dem Stürgatt befand sich die Kajüte. Der Ballast hatte gewöhnlich ein Gewicht von 300 kg, wodurch ein Tiefgang der Fahrzeuge von etwa $^3/_4$ m erzeugt wurde. An den Seiten der Ballastkiste waren die Abteilungen zum Sortieren und Lagern der Fische. Vorn im Schiff war der Raum für Wasserfaß, Brennmaterial, Segel und Tauwerk, sowie das Ankertau. Die unternommenen Fahrten wurden immer nur auf einen Tag berechnet (Tafel VII, Abb. 13). Da die Boote, deren Tragfähigkeit 7 Tonnen nicht überstieg, nicht seetüchtig waren, d. h. nicht bei jedem Wetter die hohe See halten konnten, waren die Fischer gezwungen, äußerst vorsichtig zu verfahren und schon bei einigermaßen starkem Wind den Hafen nicht zu verlassen. Trotzdem ereignete es sich fast alljährlich, daß der Fischer draußen vom Sturm überrascht wurde und sein Schiff an dem vorgelagerten Riff zerschellte. Die Frage, ob nicht die Fischer zur Verringerung solcher Unglücksfälle größere, seetüchtigere Fahrzeuge (z. B. den Dänentyp) benutzen sollten, läßt sich schwer entscheiden. Der Herstellungspreis einer Schaluppe betrug 3500 bis 4500 Mk. Bis in die achtziger Jahre konnten die Schaluppen auf einer Werft in Norderney selbst gebaut werden; seit dieser Zeit wurden sie ausschließlich in benachbarten festländischen Hafenplätzen hergestellt.

bb) Das Fanggerät

Das Fanggerät bestand aus Angelschnüren und Leinen, und trug den Kollektivnamen „Want" (Tafel VIII, Abb. 14). Eine vierhundert Meter lange Leine, woran sich in Entfernungen von je 1 bis $1^1/_4$ m 300 Angeln befanden, hieß ein „Back Want". Jeder Mann der Besatzung („de up't vulle Deel fahrt", denn die Anfänger fahren auch wohl „up't halve Deel", „up een Back") benutzte zum Fischen drei „Back Want" oder drei „Back Angelschnüre". Außerdem wurde gewöhnlich noch ein Extraback mitgenommen, so daß auf einer Schaluppe zu jedem Fischfang 30 Back Want (3000 Angeln) benutzt wurden. Die Gesamtlänge der Fangleine betrug mithin für 10 Back etwa 4000 Meter.

cc) Der Köder und seine Beschaffung

Als Köder dienten Fischersandwürmer, die im Watt gegraben wurden und die etwa $^1/_2$ bis $^3/_4$ Fuß tief im Sande stecken. Man bezeichnete das Würmergraben (Abb. 15) mit „dilven" oder „dulven", und die dreizackige Gabel oder Forke, womit dies geschah, mit „Gräp" oder „Gräpe". Die mit dem Dilven Beschäftigten gehen „up Graft". Das besorgten meistens Frauen und Kinder. Da naturgemäß nur bei Niedrigwasser gegraben werden konnte, war es manchmal notwendig, schon kurz nach Mitternacht „up Graft to gahn". Die Insulanerfrauen schürzten dabei ihre Röcke in einem Wulste über die Hüften zusammen, ihre Beine steckten in hohen, bis über die Knie reichenden Wasserstiefeln (Tafel VIII, Abb. 15). Ein recht mühsames Geschäft! Oft brauchte jede Frau zwei Stunden, um ihre 500 bis 1000 Würmer zusammenzubringen. Vom Würmergraben zurückgekehrt, begann das nicht so mühselige, aber doch langwierige „Aesen", das Befestigen der Würmer an den Angeln. Während der Blütezeit wurden täglich 125 000 bis 200 000 Würmer gebraucht, wodurch über 500 Frauen und Kinder in Tätigkeit und Broterwerb gesetzt wurden.

dd) Die Fangweise

Obgleich gewöhnlich keine Verabredungen unter den Fischern getroffen wurden, erfolgte die Abfahrt von der Insel doch immer gemeinschaftlich, da sie durch Flut und Wind bedingt wird. Erst jenseits des Riffs trennten sich die Schaluppen, um verschiedene Fanggründe aufzusuchen. Erforderlich für einen solchen Platz ist nur, daß das Meer dort etwa 12 bis 15 Fuß tief ist. Die erste Tätigkeit war das Überbordwerfen einer Tonne, „Bake", deren im ganzen vier bestimmt waren, auf der Oberfläche des Wassers schwimmend die Lage der mit ihnen durch lange Taue in Verbindung stehenden Angelleinen auf dem Grunde anzugeben. Mit dem durch einen Backstein beschwerten Ende der Verbindungsleine wurde eine Backleine verknüpft, und nun schleuderte ein Mann mit sicherem Griff, immer eine Windung der Leine und damit eine Angel vom Back aufnehmend, Leinen und Schnüre

Altes Fischerhaus auf Norderney. Postkarte.
Verlag: Julius Simonsen, Oldenburg i. Holstein.

über Bord. Ins Wasser fallend, wurden dann die Schnüre durch den Strom von ihrer Leine abgetrieben und so ein Verwickeln untereinander verhütet. Nach je drei bis vier Back, deren Leinen immer wieder miteinander verknüpft wurden, erfolgte abermals das Auswerfen einer Tonne. Wenn nach reichlich einstündiger Zeit sämtliche zehn Backs versenkt waren, ruhte so ein Tau von einer halben Meile mit 3000 Angeln auf dem Meeresgrunde. Die Schaluppe stand nun mit dem vollständig ausgeworfenen Want nicht mehr in Verbindung und trieb etwa eine halbe Stunde lang in der Gegend der letzten Tonne umher, bis mit dem Einholen des Wants begonnen wurde. Während dieser Zeit stand für die Fischer am meisten auf dem Spiel. Brach jetzt ein Unwetter los, so war es ihnen häufig nicht möglich, das Want noch frühzeitig genug einzuziehen, da hierzu gewöhnlich $1^1/_2$ bis 2 Stunden, und bei schwerem Seegang noch längere Zeit, erforderlich waren. So konnte es kommen, daß sie gezwungen waren, unter Zurücklassung ihrer Fangleinen eiligst den schützenden Hafen aufzusuchen. Sobald der Sturm nachgelassen hatte, fuhren sie wieder hinaus. Meistens gelang es ihnen bei ihrer Kenntnis der heimischen Gewässer, die Tonnen aufzufinden, falls nicht etwa infolge des Wellenschlags deren Haltetaue oder die Wantleinen zerrissen waren. Doch auch dann, wenn der Leinenauslegeplatz wiedergefunden war, konnte bei etwaigem Versanden der Grundleinen das Gerät während des Einziehens sehr leicht zerreißen. Der Verlust des Wants war für die Fischer kein geringer Schlag, da jedes Want einen Wert von etwa 300 Mk. darstellte. Unter normalen Verhältnissen ist das Einnehmen des Wants eine einfache Sache. Ebenso, wie man es während des Fahrens auswarf, wurde es beim etwas langsameren Zurücksegeln Griff für Griff herausgehoben und an Bord genommen. Die Fische wurden beim Abnehmen von der Angel sofort sortiert; die Schellfische wurden in dem vor der Kajüte gelegenen Lagerraum zusammengeworfen, die anderen kamen „in't Want", d. h. sie wurden mit in die Leinen desjenigen Backs gewickelt, an dessen Angeln sie gefangen waren, und fielen als gesonderter Beuteanteil derjenigen Familie zu, welcher das Back gehörte.

ee) Der Fischhandel

Während in früheren Zeiten die Norderneyer Fischer ihren Fang ausschließlich auf der Insel oder in benachbarten Hafenplätzen aushökerten, entstand im Laufe des 19. Jahrhunderts eine eigenartige Wandlung im Fischhandel. Die ursprüngliche Form trat gegenüber neueren Arten zurück, so daß sich zur Blütezeit des Norderneyer Schellfischfanges folgendes Bild ergab:

A. Die Hauptform:
   Der Großhandel durch
   1. Reisekäufer und
   2. Kommissionäre.
B. Der unmittelbare Verkehr zwischen Fischer und Konsumenten:
   1. auf der Insel selbst,
   2. in festländischen Häfen.

Die Hauptverkaufsart war der Ankauf der Fische durch festländische Reisekäufer oder durch Norderneyer Fischhändler in Kommission für andere oder auf eigene Rechnung. Das Gewerbe der Reisekäufer verursachte viel Arbeit und Strapazen. Jeder Händler wollte die besten Fische kaufen und einen möglichst geringen Preis bezahlen. Die Reisekäufer fuhren den heimkehrenden Fischern daher weit entgegen, um die ersten zu sein, die mit ihnen ins Geschäft kamen. Sie waren in ihren kleinen Booten oft tagelang zum Aufkaufen unterwegs; eine wetterfeste Natur war daher Vorbedingung für sie. Die Fischer verkauften naturgemäß nicht an den ersten besten Händler. Manche Seeleute hatten feste Abnehmer, denen sie auf Grund jahrelanger Geschäftsverbindungen das vollste Vertrauen schenkten. Das Geschäft zwischen diesen alten Bekannten regelte sich meistens sehr schnell. Beide Teile betrachteten den Handel als Vertrauensgeschäft und befleißigten sich der strengsten Reellität (200). Daher wurde auch das Angebot der Händler fast immer ohne weiteres angenommen. Diejenigen Fischer, die nicht an einen festen Reisekäufer gebunden waren, suchten zunächst zu sondieren, um eine Übersicht über die Marktlage zu gewinnen. Erst wenn sie von den verschiedensten Seiten Angebote erhalten hatten, ließen sie sich in ernstgemeinte Unterhaltungen ein. Meistens kam das Geschäft erst nach vielem Handeln und Feilschen zustande. Doch derartige kleine Aufregungen verdrossen weder den Verkäufer noch den Reisekäufer; sie gehörten einmal mit zum Geschäft und wurden nach der langen Fahrt gern mit in den Kauf genommen. Das Reisekäufergeschäft war sowohl für die freien Verkäufer wie auch für den Käufer ein recht unangenehmes. Der heimkehrende Fischer kannte schlechterdings die Marktlage nur aus den Mitteilungen der Fischhändler; der Reisekäufer war seinerseits, besonders im Anfang des Geschäfts, nicht darüber orientiert, ob große oder geringe Zufuhren zu erwarten waren. Der eine wollte möglichst viel haben und der andere wollte möglichst wenig geben. So war für beide Teile die Versuchung groß, die Geschäftslage zu verschleiern. Auch die Art und Weise des Verkaufs gab Anlaß zu Differenzen. Der Reisekäufer kaufte nicht nach Gewicht oder nach Stückzahl, sondern er gab für den gesamten Fang eine Pauschalsumme. Wenn der Händler auch auf Grund jahrelanger Erfahrungen ziemlich genau abschätzen konnte, wieviel Fische im Büsen oder im Fischraum lagen, so war er doch auf die Angaben des Fischers angewiesen. Diese beurteilten aber die Mengen und die Qualität ihrer Vorräte oft sehr optimistisch.

Neben den Reisekäufern betreiben noch die Norderneyer Kommisionäre den Fischhandel. Manche Fischer hatten auch hier jahrzehntelang denselben Vermittler, sie hatten Vertrauen zu ihm, daß er sie reell bediente und daß er sich mit einem bescheidenen Verdienst begnügte. Der Verkauf war wenig kaufmännisch: Dem Fischer wurde ohne schriftliche Abrechnung der Betrag für seine Lieferung ausgehändigt. Neben diesen ehrenwerten Verkaufsvermittlern soll es auch solche gegeben haben, die sich die geschäftliche Unerfahrenheit der Fischer in unerlaubter Weise zunutze gemacht haben. Das war um so leichter möglich, als die Konjunktur im Seefischhandel außerordentlichen Schwankungen unterworfen war. Einzelne Fischer standen ferner im Dienste der großen Hotels. Diese Unternehmungen schlossen mit den Fischern Kontrakte ab, worin sie sich verpflichteten, den Fahrensleuten eine bestimmte Menge, meistens aber den Gesamtfang, gegen vereinbarte Jahresdurchschnittspreise abzunehmen. Andere verhökerten ihren Fang auch wohl im Orte oder es schlossen sich mehrere Schaluppen, besonders im Frühjahr, zu einer losen Gemeinschaft zusammen und eine derselben fuhr mit dem gemeinschaftlichen Fang nach Emden, Leer, Norden, Norddeich, Oldersum, Bremen, Hamburg usw., um den Fang dort zu verkaufen (201—202) (Tab. 5, 6, Anhang). Dies geschah nicht schiffslandungsweise, sondern die Fische wurden versteigert, „ausgemint". Je fünf Stück wurden verauktioniert; wer das meiste bot, bekam den Zuschlag.

Die Norderneyer Fischer brachten ihre Fänge nicht umsonst bald hierhin und bald dorthin; die Dezentralisation der Anfuhr war notwendig, weil ein einzelner Platz bei dem damaligen Stande des Seefischhandels nicht in der Lage war, die gesamte Produktion aufzunehmen. Nur infolge der Verteilung der Seefischereiprodukte auf eine ganze Reihe von Bedarfsplätzen war die starke Seglerfischereiflotte der siebziger und achtziger Jahre existenzfähig. Die Fischer empfanden die Notwendigkeit der Dezentralisation der Zufuhren als einen schweren Mißstand; denn einmal brachte das Anlaufen fremder Häfen ganz bedeutende Unkosten und Zeitverlust mit sich, zum andern wurden sie dadurch auf längere Zeit hinaus von ihrer Heimat ferngehalten. Bei der außerordentlichen Heimatliebe der Seefischer rief besonders der zuletzt erwähnte Nachteil mit der Zeit die größte Unzufriedenheit hervor.

ff) Die Fischpreise und die Preisbewegung

Die Beobachtung der Preisbewegung im Fischhandel Norderneys liefert einen interessanten Beitrag zur allgemeinen Lehre von der Preisbildung. Schon die klassische Nationalökonomie bediente sich des Fischpreises als eines typischen Beispiels für Preisbildung (204). Die frischen Schellfische sind aus mehreren Gründen eine besonders eigentümlich geartete Ware. Sie sind zwar ein Lebensmittel weiter Kreise, aber kein notwendiges Volksnahrungsmittel. Sie sind besonders leicht verderblich und müssen daher schnell abgesetzt werden. Sie werden in sehr ungleichen Mengen auf den Markt gebracht, da die Fänge von Tag zu Tag wechseln. Besonders bemerkenswert ist, daß zu den Produktionskosten (205) nicht nur die Aufwendungen gehören, welche der Betrieb der Seefischerei verursacht, sondern auch diejenigen, welche gemacht werden müssen, um den Absatz der Fische zu ermöglichen (206). Der Fischhändler muß bei dem Preise, den er dem Fischer zahlt, berücksichtigen, daß durch den Transport und durch das Risiko bei weiter Versendung die im Inland geltenden Marktpreise nicht überschritten werden. Für den Fischer kommen auch noch die Produktionskosten ausländischer Fänge in Betracht. So waren die holländischen Produktionskosten erheblich niedriger als die der Insulaner, da die Holländer durch größere Seetüchtigkeit ihrer Schiffe länger auf See bleiben und durch mehr Fanggerät einen größeren Fang erzielen konnten.

Die Norderneyer erwehrten sich lange Zeit der drückenden Gegnerschaft auf dem eigenen Markte durch tätliche Gewalt (207). Es erinnert dies an zahlreiche Beispiele aus der Wirtschaftsgeschichte (208): Mit Gewalt wurden die Engländer von den Gewürzinseln vertrieben, die Engländer wurden von den Hansen aus Bergen hinausgeprügelt, nicht minder scharf wandten sich die großen Kompagnien gegen die holländischen Interloper. Der Inlandsmarkt blieb jedoch bis zum Weltkriege durch unzureichende Zollschranken für die ausländische Konkurrenz vorteilhaft (209).

Die Beobachtung der Fischpreise des Norderneyer Marktes zeigt außerordentlich große Schwankungen (210) (Tab. 8, Anhang). Spannungen von 100 % an zwei aufeinanderfolgenden Tagen sind keine Seltenheit. Die größten Unterschiede zeigen die Herbst- und Frühlingspreise. Sie differieren um 200 bis 1700 %. Der Durchschnittspreis für 100 Fische ist für die Zeit von 1840 bis 1890 etwa 12,— Mk. Der relativ geringe Anteil des Norderneyer Fischers an dem im Inlande erzielten Verkaufspreis ergibt sich aus folgender Berechnung für das Jahr 1886 (211):

Nachweisung	Mk.
1. Erlös der Fischer für 1 300 000 Stück Schellfische zu 12 Pfg. das Stück	156 000,—
2. Verdienst der 10 Jager für den Transport von Norderney nach Norddeich	22 000,—
3. Ausgabe für Körbe	24 000,—
4. Lohn der Arbeiter beim Ausladen der Fische in Norddeich, Transport über die Landungsbrücke, Reinigen, Verpacken, Eis	35 000,—
5. Transport zur Bahn	20 000,—
6. Telegrammgebühren	8 000,—
7. Bahnfracht	72 000,—
	337 000,—
8. Händlerverdienst (100 % v. 156 000)	156 000,—
Gesamtverkaufspreis im Inlande	493 000,—

Da man das Stück durchschnittlich zu ³/₄ Pfd. rechnete, entspricht der Fischerpreis von etwa 0,16 Mk. einem Händlerpreis von 0,50 Mk. (1886), das bedeutet, daß dem Urproduzenten nur ¹/₃ des Verkaufspreises zufiel.

gg) **Durchschnittserträge der Fischerei**

Die Hauptunkosten des Fischers bestanden in dem Ankauf des Köders. Hundert Würmer wurden mit 0,20 Mk. bezahlt. Eine Schaluppe gebrauchte für 3000 Angeln somit für 6,— Mk. Köder für jede Fangreise. Man rechnete durchschnittlich 70 Fangreisen. Der Preis ist mit 0,12 Mk. pro Fisch und der jedesmalige Fang mit 400 Stück berechnet. Es ergeben sich danach für ein Schiff

Bruttoeinnahmen . . . . 3 360,— Mk.
Ausgaben für
   a) Würmer   420,— Mk.
   b) Sonstiges 180,— Mk. . . . . . . 600,— Mk.
                                                      2 760,— Mk.

Hiervon erhielt der Schiffsführer die Hälfte = zwei Teile = 1380,— Mk., und jeder der beiden anderen Fischer einen Teil = 690,— Mk. Wenn man berücksichtigt, daß der Fischer gleichzeitig durch sein Gewerbe die für seinen Haushalt wichtigsten Lebensmittel heranschaffte und die Köderbeschaffung durch Familienmitglieder besorgt wurde, so sind die Erträgnisse als ziemlich günstig zu bezeichnen. Sie steigerten sich noch, wenn man die Einnahmen des Schiffes aus dem Lustfahrt-Bootsgewerbe, das er während der Saison betrieb, hinzurechnete. Außerdem kam für ungefähr jede Fischerfamilie das Vermieten an Kurgäste in Betracht, wobei sich durch Verabreichung von Frühstück oder anderen Speisen die Mieteinnahme noch erhöhte. An Hand von Aufzeichnungen und persönlichen Angaben, deren Richtigkeit durch amtliches Material teilweise nachgeprüft werden konnte, dürfte folgende Jahresrechnung für einen Norderneyer Fischer und Schiffsführer als Norm für die achtziger Jahre annähernd richtig sein.

Jahresrechnung für einen Norderneyer Fischer und Schiffsführer (1885)

Einnahmen	Mk.	Ausgaben	Mk.
1. Aus dem Fischereigewerbe	1380,—	1. Für den Fischereibetrieb	400,—
2. Aus dem Fremdengewerbe		2. Für Gebäude und Landw.	140,—
a) durch Lustfahrten Mk. 150,—		3. Wohnung, Haushaltung, Kleidung	1470,—
b) durch Vermieten Mk. 900,—	1050,—	4. Lohn für Personal in der Saison	65,—
3. Durch eigene Gartenbauerträge	70,—	5. Steuern, Abgaben pp.	35,—
4. Aus Kapitalvermögen	200,—	6. persönliche Ausgaben	60,—
		7. Rücklage	530,—
	2700,—		2700,—

Die Einnahmen aus dem Seegewerbe machten ²/₃ der Gesamteinnahmen aus. Ähnliche Verhältnisse waren bei den Partsleuten anzutreffen. Ihre geringeren Einnahmen aus dem Seegewerbe wurden bei gleichen Einnahmen aus dem Vermieten, durch Trinkgelder für Dienstleistungen als Badewärter, Gepäckträger usw. häufig kompensiert. Die Erträgnisse und Ergiebigkeit der gesamten Norderneyer Fischerflotte jener Tage zeigt folgende Berechnung:

65 Schiffe fangen in 70 Fangreisen
1 800 000 Fische im Werte von . . . .   216 000,— Mk.
65 Schiffe gebrauchen 195 000 Würmer
im Werte von . . . .   27 300,— Mk.

Somit verbleibt für die Flotte (ohne besondere
Ausgaben für die Schiffe) . . . .   188 700,— Mk.

Für die damaligen Zeiten ein erheblicher Umsatz!

hh) Das Lohnwesen und das Schiffsrecht

Interessant und eigenartig sind die Formen, in denen das Lohnwesen in der Norderneyer Angelfischerei bis auf die heutige Zeit erscheint (212). Von Löhnen im gewöhnlichen Sinne des Wortes konnte man dabei nicht reden. Es gab weder Zeit- noch Handlöhne. Jede zur Förderung eines Unternehmens geleistete Arbeit wurde durch einen Anteil am Gewinn oder Verlust desselben kompensiert; sogar die Verzinsung und Abtragung eines zum Betriebe des Gewerbes nötigen Kapitals wurde auf diese Weise bewirkt. Die normale Besatzung einer Schellfischschaluppe bestand aus vier Mann: dem Schiffer, zwei anderen Fischern, welche „Partsmänner" genannt wurden, und einem „Jungen". Jeder von ihnen besaß ein eigenes Angelgerät und hatte ein bestimmtes Quantum fertiggemachter Want für jede Ausfahrt an Bord zu liefern; und zwar stellten der Schiffer und jeder Partsmann je drei Back, der Junge, der deshalb „Backsmann" genannt wurde, ein Back. Von dem Fange fielen die „in die Want kommenden Fische" dem Besitzer des betreffenden Backs für den Hausgebrauch zu. Sie wurden entweder frisch gegessen oder getrocknet. Die Schellfische und die hin und wieder mitgefangenen Kabeljaus wurden dagegen gemeinschaftlich, ohne Rücksicht, ob sie an den Angeln des einen oder anderen Partsmannes gefangen wurden, verkauft. Aus dem Verteilungsmodus des Erlöses geht hervor, daß der Backsmann, der als solcher zwei bis drei Jahre fahren mußte, ehe er vollberechtigter Partsmann wurde, nicht regelmäßig mit in Anrechnung gebracht wurde. Der Erlös wurde nämlich in vier gleiche „Parts" geteilt, von denen je einen die drei Fischer, daher „Partsmänner", und einen die Schaluppe, also deren Besitzer, erhielt. Besitzer war meist der Schiffer selbst, dem dann ein doppelter Anteil zufiel. Der Backsmann erhielt nun von jedem Part soviel, daß er, dem Gewinn aus einem Back entsprechend, etwa ein Drittel eines Partsmannsanteils einnahm. Eigentlich müßte er $1/13$ des ganzen Erlöses erhalten, meist wurde aber $1/12$ herausgerechnet. Außer den regelmäßigen 10 Backs wurde nun noch meistens ein überzähliges elftes Back ausgeworfen, das abwechselnd von einem der drei Partsmänner gestellt wurde. Das hierauf fallende Elftel des Gesamterlöses wurde bei der Verrechnung im voraus abgezogen und ohne Berücksichtigung der Schaluppe und des Backsmannes unter die drei Partsmänner verteilt.

Die beiden Partsmänner standen zu dem Schiffer nicht, wie die Matrosen auf Handelsschiffen, in dem Verhältnis von Arbeitnehmern zu Arbeitgebern, sondern bildeten mit ihm eine Erwerbsgenossenschaft. Gehörte, wie es häufig der Fall war, die Besatzung einer Schaluppe ganz oder zum Teil einer Familie an, so übte die Stellung in der Familie einen fördernden Einfluß auf die Autorität des Schiffsführers aus. Anders verhielt es sich, wenn ein Schaluppenbesitzer sich Partsmänner anwerben mußte. Besonders während der Blütezeit reichte die ortsansässige Mannschaft knapp zur Bemannung aus, so daß die Nachfrage das Angebot oft überstieg. Diese günstige Position der Partsleute konnte aber infolge des normierten Teilhabersystems nicht in einer Lohnerhöhung zum Ausdruck kommen, sondern machte sich in der persönlichen Stellung der Partsmänner geltend. Der Schiffer durfte es nicht auf einen Bruch mit seinen Leuten ankommen lassen, da diese jederzeit zu gleichen Bedingungen auf einer anderen Schaluppe unterkommen konnten und imstande waren, ihm durch sofortiges Verlassen seines Bootes sein Gewerbe für einige Zeit brachzulegen. So herrschte denn auf den Schaluppen nicht die auf Handels- oder Fischdampfern übliche Disziplin. So wie der Ministerpräsident unter seinen Kollegen, so konnte der Schiffsführer höchstens die Rolle eines Primus inter pares spielen. Wie dort, modifizierte sich auch hier die Stellung des Führers nach seiner Persönlichkeit, und in Stunden der Gefahr fügte sich ein jeder der Mannschaft stillschweigend seinen Anordnungen.

In den Zeiten des schnellen Aufschwungs der Norderneyer Angelfischerei oder auch im Falle eines Verlustes seines Bootes hatte der Fischer nicht immer die zu dem Neubau einer Schaluppe notwendigen Geldmittel. Hier gelangte er durch folgendes, gleichfalls auf dem Partsmannsystem basierendes Verfahren zu seinem Ziele. Das zum Bau und zur Ausrüstung eines Schiffes erforderliche Kapital wurde durch einen Geldgeber vorgestreckt. Der Fischer übernahm die Führung des fertiggestellten Schiffes und hatte für die fernere Instandhaltung aus eigenen Mitteln zu sorgen. Dafür mußte aber der Schaluppen-Anteil am Verdienst so lange dem Kapitalisten ausbezahlt werden, bis das Boot sich „abverdient" hatte, d. h. bis die Summe dieser Beträge dem zum Schiffbau hergeliehenen Gelde, ohne beiderseitige Zinsenberechnung, gleich war. Meist verstrichen acht bis zehn Jahre, ehe der Ausgleich vollzogen war. Von diesem Zeitpunkt an gehörte dann die Schaluppe zu gleichen Teilen dem Geldgeber und dem Schiffer, wobei letzterer insofern ungünstiger gestellt war, als er für die Führung keine Vergütung erhielt, da die Schaluppenparts gleichmäßig unter den beiden Besitzern verteilt wurden. Man nannte dieses Rechtsverhältnis auch „halvdeel-" oder „halvpartfahren".

c) Die Gründe des Verfalls der Fischerei und die Bedeutung der Schutzmaßnahmen

Die Norderneyer Langleinenfischerei basiert auf dem regelmäßigen Erscheinen des Schellfisches in der östlichen und südöstlichen Nordsee. Ähnlich wie die Zugvögel unternehmen viele Schellfischarten von Zeit zu Zeit große südliche Wanderungen, um Laichplätze und Futterstellen aufzusuchen (213). Erforderlich für solche Plätze ist, daß das Meer dort etwa 15 m tief und der Meeresboden möglichst eben und mit Algen, Seegras usw. bewachsen ist, da der Schellfisch am liebsten in tiefem Wasser streicht und seine Brut innerhalb dieser Meerespflanzen absetzt (214). Diese Vorbedingungen erfüllte das Norderneyer Küstengebiet (215). Durch die extensive Angelfischerei der Schaluppen wurde der Aufenthalt des laichenden Schellfisches nicht nachhaltig gestört. Es mußten erst gewalttätigere und andauernde Eingriffe stattfinden, um den Fisch schließlich völlig aus den alten Fanggründen zu verscheuchen. Mit dem Aufkommen der ersten Fischdampfer und dem damit verbundenen Übergang zur intensiven Bewirtschaftung des Meeres war die Frage der Überfischung der Nordsee, insbesondere der Küstengewässer, akut geworden. Es ist vielfach in wissenschaftlichen Kreisen die Behauptung aufgestellt worden, daß einmal die gesellschaftliche Betriebsform der Fischdampferflotte mit ihren privatwirtschaftlichen Vorteilen zum Niedergang der kleinen Einzelbetriebe der Norderneyer Angelfischerei geführt hätte, daß vor allem aber der Fremdenverkehr die Fischer dem Seegewerbe entfremdet hätte (216). Eine Wandlung der Insulaner in wirtschaftspsychologischer Hinsicht wird vorangestellt. An Hand der nunmehr fast abgeschlossen vorliegenden internationalen Untersuchungen zur Meereskunde sowie des statistischen Materials über die Fischdampferentwicklung aller Staaten und der Jahresberichte der am Fischfange beteiligten Gesellschaften sowie ferner auf Grund der tatsächlichen Verhältnisse zu Beginn des 20. Jahrhunderts wird hervorgehen, daß bei obigen Erwägungen Ursache und Wirkung in bezug auf die Norderneyer Verhältnisse häufig verwechselt worden sind: daß der Verfall der Norderneyer Angelfischerei schlechthin der durch die Dampfkraft verursachten Raubfischerei zuzuschreiben ist.

Die deutsche Dampfschiff-Fischerei hat an der Abnahme des Fischreichtums der Nordsee nur insoweit Anteil, als sie mit der Zahl ihrer Fahrzeuge einen Bruchteil der gesamten Nordseefischerei darstellt (217). Die gesamte deutsche Seefischereiflotte bestand bis zum Jahre 1884 ausschließlich aus Segelschiffen. In den Jahren 1884/85 wurde auf Rechnung der Fischhandlung F. Busse in Geestemünde der erste deutsche Fischdampfer „Sagitta" erbaut (218). Im gleichen Jahre fuhr der erste belgische Dampfer in See (219). Die Engländer besaßen zu dieser Zeit bereits mehrere Dampfschiffe, die Fischerei betrieben. Die allgemeine Erfahrung, daß bei den Fischereiausübenden nicht immer jenes Maß an Einsicht vorhanden ist, welches auch ohne äußeren Zwang den Betrieb der Fischerei nach den Grundsätzen der Nachhaltigkeit gestaltet, sondern vielfach — unbekümmert um die Zukunft — im Augenblick günstige Verhältnisse in rücksichtsloser Weise ausgenutzt zu werden pflegen, bestätigte sich auch bei den Fischdampfergesellschaften (220). Die absolut günstigen ersten Fangresultate spornten die Fischereigesellschaften immer wieder zu jährlichen Neubauten an und riefen nacheinander alle Staaten auf den Plan (221, 222) (Tab. 9 bis 12, Anhang). Die Küstengewässer unserer Insel waren dabei ein beliebter Fangplatz. Mit der

Jahren 1894 bis 1897 begann die **Entwicklung** der internationalen Fischdampferflotte, „vor allem der holländischen und englischen", durch die Erfindung des Scheernetzes oder otter trawl durch den Schotten Scott aus Granton sich noch zu verstärken (223). Die überschnelle Zunahme der Fischdampfer, die von England ausgegangen war, fand hier aber auch ihre ersten scharfen Gegner, welche die Folgen dieser Raubfischerei in bezug auf die Allgemeinheit wie auf die Küstenfischer erkannten. Ebenso wie deren Einsprüche verhallten die Gewerbeschutzgesuche der Norderneyer, Finkenwärder u. a. Kleinfischer (224) gegenüber dem allgemeinen Interesse, welches man der damaligen so kraftvoll aufblühenden Dampferflotte entgegenbrachte, ungehört. Unverdrossen setzten die Norderneyer Fischer durch den Norder Fischereiverein ihre Warnungen fort. Sie bewiesen, daß durch das Trawlnetz die Fischbrut, welche im Wasser schwimmt oder an den Algen sitzt, vernichtet wird, daß mit dem Trawlnetz gleichzeitig der Fang von Hunderttausenden von Jungfischen unvermeidlich ist, d. h. solcher Fische, die im Begriff sind, zur Geschlechtsreife heranzuwachsen, aber noch viel zu klein sind, um als Nahrung Wert für die Menschen zu haben, die infolgedessen nutzlos wieder in das Meer geworfen werden. Sachverständige haben diese Tatsachen wiederholt angeführt und mit Beweisen belegt (225). Wegen der abnehmenden Ergiebigkeit der küstennahen Gebiete an Schellfischen durch den Einfluß der ständig wachsenden Flotte der Schleppnetzfischdampfer wurden zuerst von englischer Seite Gegenmaßregeln in Vorschlag gebracht, die dann von dänischer, holländischer, französischer und deutscher Seite unterstützt und teilweise auch durchgeführt wurden, aber gerade für die Angelfischerei ohne wesentliche Bedeutung blieben (226 a-c). Die wichtigste Maßnahme: Festsetzung eines nur für Küstenfischer erlaubten Fanggebietes blieb bis zum Kriegsausbruch unentschieden. Durch Professor Dr. Heincke, Direktor der biologischen Anstalt auf Helgoland, der in Wort und Schrift seinen Warnungsruf gegen die drohende Überfischung der Nordsee ertönen ließ, und durch Henking (227) wurde der Ruin aller Angelfischerei infolge der Unzulänglichkeiten des internationalen Fischereischutzes von deutscher Seite vorausgesagt.

Für die spezifisch Norderneyer Verhältnisse war die Tätigkeit der Fischdampfer auch unmittelbar schädlich. Das umfangreiche Langleinengerät erfordert ein unbedingt freies und ungestörtes Fanggebiet. Diese Voraussetzung wurde von den Dampfern nicht beachtet. Die Reiseberichte der Fischereikreuzer SMS. „Meteor", „Ziethen" und „Blitz" sowie der Fischereischutz-Torpedoboote erwähnen fast jährlich die durch Fischdampfer verursachten Zerstörungen von Fanggeräten im inselnahen Gebiet (228). Diese oft täglichen Schädigungen brachten manchen Fischer um seine Existenz, da ihm für Wiederanschaffung der Wants, die nicht versicherungsfähig waren, die erforderlichen Mittel fehlten, und er durch diese Übergriffe, denen er wehrlos gegenüberstand, leicht zum Verkauf seines Schiffes schritt, wie auch aus der nachstehenden Zusammenstellung der jährlichen Nachweisungen der Schiffsabgänge hervorgeht:

Jahr	Verkauf	Untergegangen	Abgang (229, 230)
1886	—	3	3
1893	—	2	2
1895	1	1	2
1897	2	1	3
1898	1	—	1
1899	4	—	4
1900	4	—	4
1901	6	—	6
1902	2	1	3
1903	5	—	5
1907	2	—	2
1908	3	—	3
1909	1	—	1
1910	1	—	1
1911	1	—	—
	33	8	41

(Zum Gesamtbestand der Fischerflotte vgl. Tab. 3, Anhang)

Zu diesen Gründen kamen noch die Nachteile, die sich im Fischhandel heranbildeten und den Rückgang des schon im Verfall befindlichen Gewerbes nur noch beschleunigten. Ende der achtziger Jahre begannen bereits die Interessenkämpfe zwischen Fischern und Fischhändlern schärfere Formen anzunehmen. Der strittigste Punkt war der Verkauf nach Stückzahl, der von den Norderneyer Fischern als nachteilig empfunden wurde. Sodann waren die Fischer für freie Auktionen. Ihre Forderungen wurden regierungsseitig anerkannt und im Jahre 1892 unter Gewährung eines Zuschusses aus Reichsfonds eine Auktionshalle auf der Insel errichtet. Diese blieb aber unbenutzt, weil die Fischhändler entweder sämtlich oder doch zum größten Teil ihre Benutzung ablehnten, d. h. in den Käuferstreik traten. Diese auf einsichtsvoller Grundlage basierende Neuerung im Fischhandel war als ein unentbehrlicher Faktor der Weiterbildung und Förderung des Gewerbes von den Norderneyer Fischern anerkannt und in die Tat umgesetzt worden, es konnte jedoch durch die Auktionshalle die Monopolstellung der Fischhändler nicht durchbrochen werden. Unter dem Drucke dieser Verhältnisse schlossen sich die Insulanerfischer zu gemeinsamem Absatz ihrer Ware zusammen. Sie versandten ihre Fische zu vorteilhaften Preisen ins Binnenland und schafften die Reste zur Auktion nach Bremerhaven oder Geestemünde. Die Genossenschaft arbeitete mit ansehnlichem Nutzen, und schon schien sich der Ring der boykottierenden Fischhändler zu lockern, als die Erträgnisse Mitte der neunziger Jahre in solch starkem Maße abnahmen, daß ein Handel mit Frischfischen auf Norderney unrentabel und der Beruf eines Fischhändlers hinfällig wurde. Die Norderneyer Fischer bezogen nun die Konservierung von Garneelen und die Marinierung von Miesmuscheln mit in ihren Geschäftsbereich ein (231). Der Fang von Miesmuscheln war kein eigentliches Fischereigewerbe und wurde auch von Nichtfischern gelegentlich betrieben. Diese Veränderungen im Fischereigewerbe vermochten aber wegen zunehmender Geschäftslosigkeit die Auflösung ihrer Genossenschaft zu Anfang des neuen Jahrhunderts nicht zu verhindern. Die Fischhändler waren inzwischen aufs Festland verzogen oder hatten sich auf der Insel einem anderen Berufe zugewandt. Sie waren Kaufleute oder Wirte geworden. Es war von seiten der Regierung auf Anregung der Fischereiverbände der Versuch gemacht worden, die Norderneyer Fischer durch geldliche Unterstützungen, durch Beihilfen zur Fanggerätsverbesserung oder Anschaffung größerer, seetüchtigerer Schiffe in ihrem Kampf ums Dasein zu helfen (232). Auch wurden seit dem Jahre 1893 Samariterkurse für die Fischer eingerichtet, nachdem bereits im Jahre 1889 der Fortbildungsschule eine Klasse für angehende Seeleute und eine Netzstrickschule angegliedert worden waren. Die Kosten für diese Institute wurden aus der Kasse des Deutschen Seefischerei-Vereins gedeckt (234). Damit waren die Maßnahmen der Regierung und des Deutschen Seefischerei-Vereins zur Förderung oder zum Schutze des Norderneyer Seegewerbes erschöpft. Daß allen diesen Unterstützungsmaßnahmen kein Erfolg beschieden war, lag daran, daß sie den Hauptgrund des Niederganges nicht berührten, nämlich die Raubfischerei durch die in Inselnähe fischenden Dampfer. Außerdem setzten die Maßnahmen erst ein, nachdem der Niedergang schon lange Zeit die gesunden Grundlagen und die notwendigen Voraussetzungen der Angelfischerei gewandelt hatte. Lediglich die Beihilfen zu leistungsfähigeren Schiffen ließen die Fischerei nicht völlig ersterben. Der Schellfisch wurde zur Rarität. Der Fang von Schollen und anderen Plattfischen, die lediglich auf der Insel selbst abgesetzt wurden, zwang zur Umstellung auf Netzfischerei, und als auch diese Fische durch die Raubfischerei der Fischdampfer seltener und kleiner wurden, mußten durch Abarten der Fischerei — Miesmuschel- und Seemoosfang — die notwendigsten Einnahmen erzielt werden. Als der Weltkrieg ausbrach, war das jahrhundertealte Norderneyer Fischereigewerbe an dem Punkt angelangt, wo Sachverständige es bereits als Gelegenheitsfischerei oder Nebengewerbe ansahen (235).

Für die steigende Abnahme der Fischereierträge, für die Wandlung in bezug auf die Fangobjekte und für die völlige Unrentabilität der Fischerei im 20. Jahrhundert bieten uns die Nachweisungen der Fangergebnisse derjenigen Fischer, welche mit Staats- oder Reichsbeihilfen neue Fahrzeuge oder verbesserte Fischereigeräte beschafft hatten, objektive Belege (236 bis 241) (Tab. 13 bis 16, Anhang).

d) Die Seemoosfischerei

aa) Entstehung und Entwicklung

Der Seemoosfang erfordert außer einem voll ausgerüsteten Schiffe auch die notwendigen nautischen Kenntnisse. Dieser Erwerbszweig, der besonders in England, Frankreich und Holland eine bedeutende Rolle im Fischereigewerbe spielt (242), hat durch die Eigenart des Produktes (243), durch seine industrielle Verarbeitung und Eigenschaft als Exportware eine vergleichsweise bedeutende Stellung auch im ostfriesischen insularen Seegewerbe eingenommen.

Die Anfänge der deutschen Seemoosfischerei gehen bis zum Jahre 1896 zurück. Das Moos fand sich damals teils am Strande angetrieben, teils in der Strömung treibend. Im Jahre 1897 waren nach Decker bereits 100 Leute (Männer, Frauen und Kinder) auf den Watten der deutschen Nordseeküste mit dem Sammeln und Fischen des Mooses beschäftigt (244). Trotz des noch sehr extensiven Betriebes wurden nach Ehrenbaum in der zweiten Hälfte des Jahres 1897 bereits für 10 000,— Mk. Seemoos von den Küstenfischern abgeliefert. Als man nun den Wert dieses Fischereiobjektes voll erkannt hatte, wurde

Die Stadt Norden um 1871

vom Sammeln und Auffischen dazu übergegangen, durch besonders konstruierte Geräte das Seemoos direkt vom Meeresboden abzureißen und heraufzuholen. Ein Büsumer Fischer erfand die Seemooskurre, welche bei vielen Fischern bald in Anwendung kam. Nachdem die Büsumer Fischer die in der Nähe liegenden Fangplätze abgeerntet hatten, fanden sie zwischen den Ostfriesischen Inseln und dem Festlande neue Moosbänke in weiter Ausdehnung. Ermutigt durch die Erfolge der Büsumer Fischer und da durch das Ausbleiben des Schellfisches die Angelfischerei nicht mehr betrieben werden konnte, begannen die Inselfischer, sich an dieser Moosfischerei zu beteiligen, so die von Amrum, Sylt, Pellworm, Föhr, Wangerooge, Spiekeroog, Norderney, Juist, ebenso die Fischer der ostfriesischen Küste und der Ems (Tab. 19, Anhang). Aus dem anfänglichen Sammeln entwickelte sich ein bedeutender Fischereibetrieb, an dem sich zur Blütezeit gegen 1905 etwa 100 Fahrzeuge, darunter ein kleiner Dampfer und mehrere Motorfahrzeuge beteiligten. Der finanzielle Ertrag belief sich zu dieser Zeit nach Angabe von Sachverständigen auf 250 000,— Mk. für das Jahr (245) (Tab. 17, Anhang).

bb) Erträgnisse der Seemoosfischerei

Während des Beginns der Hauptfangzeit im Monat Juli wurden gewöhnlich in einer Stunde bei etwa drei Zügen über die ganze Ausdehnung der Bank auf schlechten Stationen etwa 2 Pfd., auf mittleren 5 Pfd. und auf guten Bänken 7 bis 8 Pfd. Seemoos gefischt. Im August steigerte sich das Ergebnis auf 5 bis 20 Pfd. in einer Stunde. Im September wurden an guten Stellen bis zu 70 Pfd. in 2 bis 3 Stunden gefangen. Einer der Hauptfangplätze, die Fischerbalge zwischen Norderney und Borkum, lieferte im Herbst 1910 pro Schiff und Tag 100 Pfd. Seemoos. Motorfahrzeuge und Dampfer fischen etwa das Doppelte. Der Preis für das Moos war zu Beginn der Fischerei gegen Ende des vorigen Jahrhunderts „handtrocken" 0,60 bis 0,80 Mk. und stieg bis auf 2,60 bis 3,— Mk. im Jahre 1907. Im folgenden Jahre ging der Preis bedeutend herunter und betrug Ende 1913 etwa 0,80 bis 1,— Mk. Die Preise richteten sich nach der Qualität der Ware, die hauptsächlich von der Jahreszeit, in der das Seemoos gefischt wurde, abhing. Das aus der Herbstfischerei stammende Produkt war das wertvollste. Das Moos wurde größtenteils von Händlern auf der Insel aufgekauft, teilweise auch direkt an die Fabriken im Binnenlande von Norddeich aus geliefert. Hier wurde es dann präpariert, in jeder beliebigen Farbe gefärbt und zu den mannigfachsten Zwecken in der Zierwarenbranche verarbeitet. Die Hauptverarbeitungs- und Ankaufplätze waren in Erfurt (Blumenfabrik von Schmidt), Reinickendorf (Fabriken von Rappe & Hecht), Weißensee bei Berlin (Seibt & Becker). Während früher das Moos und dessen Fabrikate vielfach von der englischen und holländischen Küste bezogen wurde, wies im Jahre 1911 das Exportgeschäft besonders nach Frankreich eine wesentliche Aktivität auf. In Deutschland selbst schien in den Jahren danach das Moos weniger in Mode gewesen zu sein. Auch waren durch die schonungslose Ausbeute der Fangplätze Schonzeiten gesetzlich eingeführt, so daß der Ertrag in diesen Jahren nachließ.

3. Das Nebengewerbe der Seefischer

Mit dem zunehmenden Fremdenverkehr in der 2. Hälfte des 19. Jahrhunderts erschloß sich für die Norderneyer Fischer eine neue Verdienstmöglichkeit. Die Landungsverhältnisse waren für größere Schiffe und Dampfer sehr ungünstig. Einen Hafen oder Anlegeplatz gab es damals nicht, es mußten daher die Schiffe auf der Reede vor Anker gehen. Während für die kleinen Schiffe hochräderige Wagen zum Befördern der Passagiere ans Land genügten, war für die größeren Schiffe, vor allem für die Dampfschiffe, Ausbooten erforderlich (247) (Tafel IX u. XI, Abb. 16 u. 19). Da das Fischergewerbe der Insulaner im Sommer ruhte, wurde ihnen durch den Fremdenverkehr (Lustfahrten) die Möglichkeit gegeben, das ganze Jahr hindurch Einnahmen durch ihre Schiffe zu haben. Zu diesem Zweck wurde von der Seebadeverwaltung eine Liste über alle in Norderney beheimateten Fischerboote geführt. Von ihnen wurden jährlich einige, gewöhnlich 10 bis 15, der Reihe nach bestimmt, die Gäste und deren Gepäck von den auf der Reede ankernden Dampfern auszubooten. Es bestanden Dampferlinien zwischen Geestemünde, Emden, Leer, Hamburg und Bremen (248). Außer dem Ausbooten bestand für die Fischer die Möglichkeit, in ihrer Freizeit mit ihren Schaluppen Lust- und Jagdfahrten in See zu veranstalten. Um Mißbräuchen vorzubeugen, war die Erlaubnis der Fischer an einige Bedingungen (249) und Taxen gebunden:

1. Wenn ein Mann der Besatzung einer Schaluppe angetrunken oder ungebührlich im Dienst erscheint, muß die Schaluppe sofort aufhören zu fahren und wird, ohne eine Entschädigung zu erhalten, für immer abgedankt.
2. Nur die diensthabenden Schaluppen sind berechtigt, zum Zweck von Spazierfahrten am Strande zu liegen.
3. Jede Schaluppe muß die ihr aufgegebene Nummer, und zwar in Blech, recht deutlich sichtbar führen.

Die für das Ausbooten festgesetzten Preise waren (250):

Bis zum Jahre 1853	Taxen	Bis zum Jahre 1872	Taxen
Für 1 Person	2 ggr.	Für 1 Person	2 ggr.
Für Fracht- und Passagiereffekten, das Stück		Fracht von 1 bis 10 Pfd.	1 ggr.
		Passagiergut:	
von 1 bis 25 Pfd. . . .	2 ggr.	1 bis 10 Pfd.	frei
25 bis 75 Pfd. . . .	5 ggr.	10 bis 25 Pfd.	2 ggr.
über 75 Pfd. . . .	7½ ggr.	25 bis 80 Pfd.	5 ggr.
		über 80 Pfd.	10 ggr.

Die Durchschnittseinnahmen eines Schiffes aus diesen Sonderfahrten betrugen 100 bis 250 Taler im Jahr. Da die Betriebsunkosten sehr geringe waren, konnte dieser Nebenverdienst als sehr beträchtlich angesprochen werden. Mit der topographischen Verbesserung der Landungsverhältnisse durch den Bau eines Hafens im Jahre 1872 wurde das Ausbooten überflüssig; der sommerliche Nebenverdienst des Fischers beschränkte sich in Zukunft auf Vergnügungsfahrten in See. Diese Lustfahrten kamen zu gleicher Zeit mit dem Fremdenverkehr auf. Zuerst nahmen einzelne Kurgäste am Fischfang mit teil. Sie bewogen denjenigen Fischer, bei dem sie in Quartier lagen, sie bei seinen Fahrten mitzunehmen. Auf besonderen Wunsch wurden dann die Reisen wohl bis auf die Nachbarinseln ausgedehnt und unterwegs der Jagd gehuldigt. So berichtet Bismarck als Kurgast des Jahres 1844 (251): „Mit der See habe ich mich überhaupt sehr befreundet; täglich segle ich einige Stunden, um dabei zu fischen und nach Delphinen und Seehunden zu schießen ... Ich selbst habe eine kleine Probe gehabt, wie Sturm aussieht, ich war mit einem fischenden Freunde (Tonke Harms — seinem Logiswirt) in 4 Stunden nach der Insel Wangerooge gefahren..." Ein beliebter Sport ist auch heute noch die Möwen- und Entenjagd vom Schiff aus (252).

Seit dem Verfall der Fischerei in den neunziger Jahren, als die für diese Lustfahrten immerhin unbequemen Fischerschaluppen auf „den Rei", d. h. aufs Trockene gesetzt, verkauft oder abgewrackt wurden, begannen die Fischerleute, sich besondere Lustfahrtboote bauen zu lassen, gewöhnlich halbpart zu 2 Mann, oder der Schiffseigentümer nahm für die Badezeit einen seeerfahrenen Insulaner an, dem dann $1/3$ der Einnahme zufiel. Mit dem raschen Aufschwung des Fremdenverkehrs im Ausgange des 19. Jahrhunderts entwickelte sich das Lustfahrtbootswesen zu einem lohnenden Nebengewerbe. Die Lustfahrten wurden in regelmäßigen Linien nach den Nachbarinseln, vor allem nach Juist, Baltrum und Langeoog ausgedehnt. Ihren damaligen Höhepunkt erreichte die Norderneyer Segelflotte mit 19 Schiffen in den Jahren 1903 bis 1906. Im Jahre 1914 waren noch 13 Schiffe angegeben (253). Das Lustfahrtwesen bestand bis 1914 noch in seiner ursprünglichen Form. Während sich auf den Nachbarinseln Juist und Borkum der Seehundsfang zu einem Hauptsport entwickelte, wurde er von den Norderneyern seltener ausgeübt. Es gab aber trotzdem auf der Insel einige Fischer, deren Jagdbuch mehrere hundert Fänge dieser wegen ihres Fells geschätzten Tiere ausweist (254) (Tafel IX, Abb. 17). Um einen geordneten Betrieb aufrechtzuerhalten und Unterbietungen auszuschalten, schlossen sich die Bootsbesitzer schon in früher Zeit zu einer Gemeinschaft zusammen, in der die Reihenfolge der Boote, die Taxen sowie das Programm für entferntere Lustfahrten geregelt wurden. Als Preisvorschriften galten in den Jahren 1896 bzw. 1914 (255):

	Fahrtdauer	Fahrpreise	
		1896	1914
Für eine Fahrt mit		Mk.	Mk.
12 Personen	1 Stunde	6,—	9,—
jede weitere Person ..	1 Stunde	0,50	0.75
Für eine Fahrt nach: Juist .... Baltrum .... Norddeich	1 Tide	12,—	15,—
jede weitere Tide		6,—	7,—

Die jährlichen Einnahmen stehen im engsten Zusammenhang mit der Frequenz des Fremdenverkehrs und der Witterung. Das Lustfahrtbootsgewerbe ist ein ausgesprochenes Saisongewerbe. Durchschnittliche Berechnungen der Rentabilität haben daher nur relative Bedeutung. Nach Feststellungen bei allen Bootsbesitzern schwankten die Bruttoeinnahmen vor 1914 zwischen 2000,— bis 3000,— Mk. je Saison; als Reingewinn werden für jeden Teilhaber 600,— bis 1000,— Mk. je Saison angegeben. Ist der Schiffsführer alleiniger

Bau der Mole und des Eisenbahnanschlusses in Norddeich (1890 – 1892) mit dem Raddampfer „Norddeich" im Hintergrund

Eigentümer des Bootes, so sind seine Einnahmen entsprechend höher. Es ist dabei noch zu berücksichtigen, daß besonders bei Extrafahrten, die auf besonderen Wunsch einer Badegesellschaft oder einzelner Personen in See, nach den Nachbarinseln oder zu bestimmten Zwecken (Fischerei oder Jagd) stattfanden, fast regelmäßig von den Teilnehmern ein freiwilliges Trinkgeld geleistet wurde, dessen Gesamthöhe sich naturgemäß schwer ermitteln ließ. Wenn dann noch freie Verpflegung, die die Schiffsleute auf den anzulaufenden Inseln erhielten, hinzugerechnet wurde, so kann zusammenfassend gesagt werden, daß die wirtschaftliche Lage der Schiffsleute verhältnismäßig günstig war. Im Jahre 1912 wurde von den Dampfergesellschaften versucht, durch Motorboote ein ergiebiges Konkurrenzunternehmen zu schaffen. Die unbefriedigenden Ergebnisse der folgenden Jahre ließen diese Motorbootfahrten jedoch wieder eingehen.

II. Norderney als Nordseebad

Das Badewesen als solches ist uralt (256). In Deutschland kamen die Bäder zur Zeit der Kreuzzüge in Übung. Den Rittern wurde das Baden vor dem Einholen des Ritterschlages anbefohlen. Später wurden am Sonnabend jeweils die Handwerksgesellen und Lehrlinge mit Beckenmusik zum Baden eingeladen. Durch die Fürsten gelangten die Badestuben zu einträglichen Regalien und wurden an die Städte in Form von Pacht- oder Erblehen verliehen. Schon im Mittelalter kamen einzelne Badeorte im Aargau sowie Karlsbad und Aachen zu großer Berühmtheit. Im Laufe des 18. Jahrhunderts war zu der hygienischen Bewertung der Heilquellenbäder eine solche des Meeres getreten. Zuerst war in England der Wert des Meerwassers und der Meeresluft erkannt worden (257). Während früher selten ein Mensch freiwillig die unwirtlichen Inseln aufgesucht, ja, ähnlich wie vor den Alpen, sogar ein Grauen vor den „öden und furchtbaren Gebieten" hatte, so begann man jetzt Freude an den Schönheiten dieser Natur zu empfinden. Wodurch war diese psychologische Umwandlung im Schönheitsempfinden des Volkes entstanden? Nicht ohne Einfluß war wohl Jean Jaques Rousseau durch seine Schrift „Rückkehr zur Natur" geblieben. Er förderte den Sinn für landschaftliche Schönheiten in weiten Kreisen. „Er hat gewirkt, er hat Feuer in manche Seelen gegossen", trägt Fichte vom Lehrstuhl seinen Hörern vor (258). Die Wirkungen zeigten sich bereits im Ausgange des 18. Jahrhunderts sowohl in den Alpen (259) wie an der Nordsee. So lagen die ersten tieferen Ursachen zur Gründung eines deutschen Nordseebades auf medizinischem und psychologischem Gebiet. Gefördert wurden die Bestrebungen durch die merkantile Verwaltungspolitik der festländischen ostfriesischen Stände unter dem Einfluß des preußischen Staates.

1. Die ostfriesisch-ständische Zeit

Mitte des 18. Jahrhunderts kamen die Seebäder auf. Zuerst hatte in England die methodische Seewasserbehandlung eifrige Vertreter gefunden. Angeregt durch die Schrift eines unbekannten Verfassers: „The family companion" kam als der rechte Mann zur rechten Zeit der englische Arzt Richard Russel (257) [1700 bis 1771] mit der Forderung nach Kuren an der Nordsee und dem Hinweis, daß nur langandauernder Aufenthalt am Meere und ganz besonders im Winter erfolgreich sei. Seine Ideen fielen auf fruchtbaren Boden. Die Ärzte John Coakley Lettsom und John Latham setzten sich für die Gründung von Seehospitälern ein, und nach ihren Vorschlägen wurde am 20. Juli 1796 das erste Seehospital in England und in der ganzen Welt in Margate (Südengland) eröffnet (260). Vermutlich ist auch der Pastor Janus auf Juist, der infolge des lebhaften Seeverkehrs der Ostfriesischen Inseln und Hafenorte mit England Kenntnis von den in diesem Lande gemachten Erfahrungen erhalten hatte, zu einem tatkräftigen Anhänger der Seebadekuren geworden (261). Um seine Ideen auszuführen, richtete er am 17. Juli 1783 an Friedrich den Großen, den damaligen Fürsten von Ostfriesland, eine Eingabe, in der er seine Erfahrungen über den Gebrauch der Seebäder mitteilt. Unmittelbare Folgen hatte dieses Schreiben nicht. Erst nachdem deutsche Gelehrte (262) im Inlande die Heilkraft der See in Wort und Schrift bekannt machten, kamen die Vorbereitungen zur Schaffung eines Badeortes an der See in Gang. Vor allem ist hier des Göttinger Professors Lichtenberg zu gedenken. Er erhob die eindringliche Forderung, eine Seebadeanstalt an der Nordsee ins Leben zu rufen. Der bedeutendste Arzt der damaligen Zeit, Hufeland, unterstützte den Ruf dieses Vorkämpfers durch mehrere Abhandlungen über „diese wichtige Angelegenheit der Nation". Er erklärte das Seebad für eines der kräftigsten Mittel gegen Haut- und Lymphknotenerkrankungen und schrieb über „die Kunst, das menschliche Leben zu verlängern". Als auf Betreiben des Hofrates Vogel im Jahre 1794 in Doberan an der Ostsee die erste Gründung eines Seebades erfolgte, erstrebten nunmehr die ostfriesischen Landstände unter Vorsitz des Freiherrn zu Inn- und Knyphausen, durch den Landsyndikus Dr. von Halem unterstützt, auch die Errichtung einer Seebadeanstalt an der ostfriesischen Küste. Nach der am 3. 10. 1797 erteilten königlichen Genehmigung des ständischen Ausschusses wurden nach langen Verhandlungen und nach Erledigung vieler Formalitäten (263) zwischen den einzelnen Verwaltungsbehörden die Einrichtungen auf Norderney ausgeführt; sie bestanden in „Gestalt eines simplen Hauses mit 2 kleinen Stuben, einer Küche und einem gemeinschaftlichen Gesellschaftszimmer" und „einer Bude, d. h. Holzbau, worin die Gesellschaft sich täglich aufhalten kann", 3 Badekutschen und 4 Wannen, die in Privathäusern untergebracht waren. So waren die ostfriesischen Stände die treibende Kraft zur Badgründung gewesen, gleichzeitig als Eigentümer genannter Badeeinrichtungen an der Weiterentwicklung des Bades interessiert. Zur Zeit der Baderöffnung zählte Norderney 106 Häuser, wovon ungefähr $2/3$ Zimmer zum Vermieten hatten. Die Bauart der Insulanerhäuser gewährte höchstens zwei Gästen Unterkunft. So waren größere Familien gezwungen, in mehreren Häusern Quartier zu nehmen. Um eine einheitliche Mietpreisberechnung zu gewährleisten, wurden seitens der Badeverwaltung Taxen festgesetzt. Es betrug eine wöchentliche Zimmermiete $3^{1}/_{2}$ Taler. Neben der Verbesserung der Anlagen zum Baden und zur Unterhaltung der Gäste war das hauptsächliche Bestreben der Regierung, befriedigende und genügend Unterkunftsverhältnisse zu schaffen, wobei jedoch große Schwierigkeiten zu überwinden waren. Diese lagen in dem Charakter und in den wirtschaftlichen Verhältnissen der Insulaner. „Die Insulaner sahen zwar, daß die Badeanstalt gebaut und erweitert wurde, auch konnten sie sich nicht verhehlen, daß im Verlaufe der immer günstiger wer-

Ansicht vom Hafen aus, um 1850. Kurierarchiv.

denden Saisons das Vermieten ihrer Zimmer einen Verdienst brachte; einen tiefen Eindruck machte das keineswegs auf sie." „Die Gründer der Anstalt hielten sich oft berechtigt, über ihre Gleichgültigkeit und ihre Indolenz, wie sie sich ausdrücken, Klage zu führen" (264). „Sie waren eben Insulaner, die sich mit Neuerungen nicht leicht befreundeten, und wenn wir uns namentlich die ersten Jahre der Badeanstalt vergegenwärtigen, so irren wir schwerlich, wenn wir der Vorstellung Raum geben, daß die Saison für die Einwohner nur eine phantasmagorische Erscheinung war, die plötzlich auftaucht, um dann wieder spurlos zu verschwinden" (265).

Finanziert wurde die Gründung des Bades mit einem Dispositionsfonds von 5000 Talern, wovon jährlich dem Verwalter 500 Taler für Neubauten und Anschaffungen zur Verfügung gestellt werden. Von dem Bau des Konversationshauses im Jahre 1800, der 1394 Taler erforderte, waren die Stände so befriedigt, daß sie für die Errichtung eines kleinen Hauses mit warmen Seewasserbädern noch 690 Taler für das nächste Jahr bewilligten. Im Jahre 1802 wurde der Wirtschaftsbetrieb des Kurhauses in eine jährliche Pacht von 100 Talern gegeben. Der steigende Besuch des Bades (266)

Jahr	Besuchsziffer	Jahr	Besuchsziffer
1798	50	1803	400
1799	70	1804	500
1800	250	1805	460
1801	300	1806	30
1802	340		

hatte der Badekasse Einnahmen gebracht, welche die laufenden Betriebsunkosten überstiegen. Der durchschnittliche jährliche Überschuß wird bis zum Jahre 1806 mit 25 bis 50 Talern angegeben (266). Von der Inselbevölkerung zog der Vogt den größten Verdienst aus dem Badeleben. Neben dem Kurhause bildete sein Haus wegen der Größe und der Einrichtung den Mittelpunkt des Verkehrs. Einen anderen Gasthof als den seinen gab es nicht; er war der einzige, der Pferde und Fuhrwerk (wegen der Strandungen) hielt. Er hatte auch das Privileg, „einen Kram zu halten und Spirituosen auszuschänken" (267). Außer ihm und den Fischern waren ein Zimmermann, ein Bäcker, ein Schuster und ein Schneider auf der Insel. Sie nahmen während der Fischzeit an der Fischerei teil. Die Fischerei war für sie als Erwerbsquelle ebenso wichtig wie das Handwerk. Die Schiffer waren zur Sommerzeit auf See. So fiel das Vermieten den Frauen zu. Besonders für die zahlreichen Witwen wurde das Vermieten eine wichtige Einnahmequelle (268). Die Gesamteinnahmen der Insulaner aus dem Vermietungsgewerbe waren verhältnismäßig gering. Das Vermieten galt als kleiner Nebenerwerb, von dem wenig Aufsehen gemacht wurde und dessen wirtschaftliche Auswertung durch Wohnungsverbesserungen oder Neubauten von seiten der Insulaner kaum in Erwägung gezogen wurde. Der Ständestaat hatte das Bad gegründet, um vor allem den ostfriesischen Landsleuten eine Stätte der Gesundheitsförderung, der Erholung und Unterhaltung bieten zu können, andererseits aber auch, um die wirtschaftliche Lage der Inselbevölkerung insoweit zu heben, als sie durch Bereitstellen eines Zimmers für einige Wochen Einnahmen erhielten. Der Badearzt und Verwalter Dr. Ufen berichtet darüber im Jahre 1805: „Der Zweck dieser glänzenden Badeanstalt ist hauptsächlich wohl der, den Wohlstand dieser Insel und ihrer Einwohner zu fördern, dem Reiselustigen und Erholungsuchenden eine reizende Aussicht und zweckmäßige Gelegenheit dazu zu verschaffen, das bare Geld im Lande zu erhalten und Fremde herbeizuziehen und durch einen abwechselnden Zusammenschluß angesehener und fröhlicher Fremder sowohl als Einheimischer zum Vergnügen, zur Aufheiterung und selbst zur Kur der wirklich Kranken und Kränklichen beizutragen."

2. Die Fremdherrschaft und die Übergangsjahre

Obgleich um diese Zeit schon eine weit verbreitete politische Besorgnis und Unruhe die politische Welt beherrschte, wurden die Vorbereitungen für die Saison 1806 dennoch betrieben, als ob nichts ihren Verlauf trüben könnte. Der Pächter der Kurhauswirtschaft und der Badearzt wurden wieder verpflichtet. Jedoch finden sich in der Antwort des Pächters, der die Pacht für die kommende Saison zuerst abschlägt, bereits Bemerkungen über die „bedrohlichen Zeitumstände". Ebenfalls liegt bei den Akten ein Brief des Vaters eines jungen Mädchens, der seine Tochter nicht als Helferin in die Wirtschaft des Vogtes schicken will, „weil es für ein junges Mädchen in Norderney wegen der Gefahr einer englischen Landung sehr gefährlich sein würde". Die Königliche Domänenkammer bewilligte zwar die für den Arzt, den Apotheker und den Bademeister festgesetzten Gehälter resp. Zuschüsse, fügt aber hinzu: „Sollte jedoch in diesem Jahre bei den jetzigen politischen Conjuncturen und der Unsicherheit zur See das Bad nicht gebraucht werden, so müssen für dieses Jahr die Gehälter ganz wegfallen" (269a). In der Tat blieben Arzt und Apotheker auf dem Festlande, da nur wenige Kurgäste sich einfanden. Fischerei und Schiffahrt waren erschwert oder untersagt. Die bisherigen Hauptnahrungsquellen versiegten, es mußten andere erschlossen werden. Das hatte zur Folge, daß vorläufig Mangel eintrat und daß Ersparnisse früherer Zeiten nach und nach einschmolzen (269b). Mit dem Einzug der französischen Besatzung im Jahre 1811 wurde die allgemeine Lage noch mißlicher. Der Besuch der Insel wurde für Fremde gänzlich verboten. Das Kurhaus diente als Quartier und Küche (270). Erst die Schlacht bei Leipzig befreite die darbende Inselbevölkerung von dem französischen Joche, so daß im Jahre 1814 das Bad wieder eröffnet werden konnte.

Wieder war es Dr. von Halem, der sich mit lebhaftem Eifer der Anstalt annahm und die Stände bewog, die durch die französische Besatzung schwer beschädigten Gebäude der Anstalt in brauchbaren Zustand zu versetzen (271). Die Stände erklärten aber, sie seien nach den großen Verlusten und Schäden, welche die Fremdherrschaft über Ostfriesland gebracht hatte, außerstande, neue Geldopfer für die Seebadeanstalt zu beschaffen. Ostfriesland hatte 1814 von Preußen an das neugegründete Königreich Hannover abgetreten werden müssen. Die Stände wandten sich daher an die neue Staatsregierung um Hilfe für das Seebad. Diese wurde auch bereitwillig gewährt, als die Stände sich geneigt erklärten, die Anstalt der Königlichen Regierung zu überlassen. Der Wunsch auf Rückerstattung der für das Seebad gemachten Ausgaben wurde zwar nicht erfüllt, allein es scheint fast, als ob die Stände sehr befriedigt gewesen waren, daß ihnen die Sorge für das Seebad abgenommen wurde. Sie kommen auf ihre Ansprüche nicht mehr zurück, und die Badeanstalt blieb von diesem Zeitpunkte an bis 1866 im Besitz und in der Verwaltung der Königlich Hannoverschen Regierung.

3. Die hannoversche Zeit

Dieser Wechsel war von großem Vorteil für die Entwicklung Norderneys. Bis dahin war es im wesentlichen doch ein ostfriesisches Seebad für Ostfriesen gewesen, jetzt aber wurde es ein Königliches Bad. Bis dahin hatten die beschränkten Mittel der Stände nur die allernotwendigsten Aufwendungen gestattet, jetzt floß sofort eine reichliche Quelle für die Bedürfnisse der Anstalt. Versucht man, sich diese über ein halbes Jahrhundert dauernde Zeit in einem Gesamtbilde zu vergegenwärtigen, so ergeben sich für die Tätigkeit der hannoverschen Verwaltung einige Hauptgesichtspunkte, die während der ganzen Zeit die vorherrschenden waren. Norderney war Herrenland, daher hatte der hannoversche König nach englischem Vorbilde (Margate, White) ein Interesse daran, die Insel als Sommersitz des Hofes und als einen Treffpunkt der politischen und gelehrten Welt und der Finanzkreise auszubauen. Dazu bedurfte es neben Neubauten und Verbesserungen an stattlichen Badeeinrichtungen einer Förderung, Leitung und Beaufsichtigung der ortsansässigen Bewohner im Badgewerbe. Die wirtschaftlichen Verhältnisse der Insulaner waren durch die vielen Jahre der Besetzung und durch den allmählichen Niedergang der Schiffahrt sehr ungünstig. Nach Ansicht der hannoverschen Behörden hieß es, zunächst die allgemeine Lage zu bessern und dann die besonders für die Entwicklung des Fremdenverkehrs geeigneten Maßnahmen zu treffen. Die Regierung muße bei allen Anordnungen und Plänen auf die Eigenart der Insulaner Bedacht nehmen und durch verständnisvolle Belehrung und entgegenkommende Behandlung das Vertrauen der Bewohner der Insel zu erwerben suchen, um damit den für den Fremdenverkehr notwendigen wirtschaftlichen Geist bei den Insulanern zu wecken (272). Eine günstige Entwicklung des Seebades setzte Heranziehung geeigneter Handwerker, Kaufleute und Konzessionierung einwandfreier Wirte voraus; wobei immer das Interesse der ortsanwesenden Bevölkerung berücksichtigt werden mußte (273).

a) Die staatlichen Anstalten und Einrichtungen zur Förderung des Fremdenverkehrs

Bald nach Übernahme des Bades durch die hannoversche Regierung wurde ein Badekommissar angestellt. Während der Saison übte er auch die Polizeigewalt auf der Insel aus (274). Das Kurhaus wurde wieder instandgesetzt und bedeutend vergrößert, das Badehaus ausgebaut, neue Badekutschen angeschafft, Wege und Gebüsche angelegt. Die im Kurhaus betriebene Wirtschaft wurde bis zum Jahre 1871 für Rechnung der Verwaltung geführt. 1844 wurde das alte Badehaus durch ein neues ersetzt. Um dem Mangel an besseren Wohnungen abzuhelfen, wurde 1818 das Kleine und 1838 das Große Kgl. Logierhaus gebaut (275) (Tafel XI u. XIII, Abb. 19 u. 21). Die

Marienhöhe um 1850. Kurierarchiv.

Einrichtung der Zimmer und das Essen im Kurhause wurden stets von allen Gästen gelobt (276).

Von großer Wichtigkeit war die Fürsorge für gute Verbindungen mit dem Festlande. Der erste Versuch einer verbesserten Verbindung wurde 1835 von Hamburg aus unternommen (277). 1834 wird der Raddampfer „Elbe" erwähnt, auch der „Patriot" kommt schon hin und wieder; in festem Fahrplan läuft er 1835. Der Dampferfahrpreis betrug 21 Mark Hamb. Courant für die 1. und 18 Mark für die 2. Klasse, für Kinder und Domestiken die Hälfte. Der Bremer Dampfer „Roland" (Tafel XI, Abb. 19) verfügte über eine vortreffliche Restauration. Sie entsprach allen Anforderungen des Magens und selbst der Zunge. Die elegant dekorierte Kajüte und das Oberdeck boten einen angenehmen Aufenthalt, der mehr den Eindruck eines glänzend besuchten Kaffeehauses machte, als den eines auf einer Seereise befindlichen Schiffes. Das Dampfschiff faßte 200 Personen. Pferde und Wagen wurden nicht aufgenommen. Das Bade-Commissariat für Norderney empfiehlt, die Pferde am besten zu Lande — bei Ebbe übers Watt — und die Wagen mit einem Segelschiffe zu befördern. Dampfschiffe, die ihren Weg über Helgoland nahmen, blieben über Nacht auf der Helgoländer Reede vor Anker liegen. Am frühen Morgen erfolgte dann die etwa sechsstündige Weiterfahrt nach Norderney. In Norderney wurden die Gäste durch Schaluppen vom Dampfschiff abgeholt und aus diesen in bereitstehenden Wagen in das Dorf gebracht, an dessen Eingang die Badegesellschaft und das Musikkorps die neuen Ankömmlinge freudig begrüßten (Tafel XII, Abb. 20). Im Jahre

Die Raddampfer „Ostfriesland" und „Norderney" im Stillager Papenburg, 1913

1837 taucht auf Norderney auch ein englisches Dampfboot von Bremen auf, dessen Name nicht bekannt ist. Im Sommer 1838 kam sonntags der bremische Dampfer „Bremen". Zwei Jahre später lief der „Telegraph" aus Bremen regelmäßig und neben diesem ab 1844 auch hin und wieder das bremische Dampfschiff „Koenig Willem II" die Insel an. Über eine Seereise mit dem „Telegraph", verbunden mit Festsitzen auf einer Sandbank, heftigsten Nahgewittern, Einschlägen auf dem Dampfschiff, ohnmächtigen Passagieren, betenden Bremer Kaufleuten u. a., berichtet Bismarck anschaulich und amüsant in einem Brief an seinen Vater vom 8. 8. 1844 (251). Im Jahre 1848 wird vom Badecommissair geklagt, daß die direkte Dampfschiffsverbindung zwischen Hamburg und Norderney fehlte. Am 4. 10. 1849 wird berichtet, daß die Dampfschiffe von Emden, Leer und Bremen die meisten Gäste mitbringen. Nach Gründung der Hapag verhandelte der Badecommissair mit dem Hauptagenten Godeffroy in Hamburg, um die Hamburger Gesellschaft für den Bau und die regelmäßige Fahrt eines Dampfschiffes von Hamburg nach Norderney zu gewinnen. Die Bemühungen scheiterten schließlich an den „exorbitanten" Forderungen der Hapag. In der Badezeit 1861 bestanden folgende Verbindungen zwischen Norderney und dem Festlande:

1. Von Bremen mit dem Dampfschiff „Roland" des Norddeutschen Lloyd vom 3. 7. bis 21. 9. zweimal wöchentlich,

2. von Emden mit dem Dampfschiff „Kronprinzessin Marie", Eigentümer Reemtsma in Emden, vom 1. 7. bis 28. 9., in den ersten und letzten Wochen der Saison 1- bis 2mal wöchentlich, in der Hauptsaison täglich,

3. von Leer und Emden mit dem der Leer-Delfzyler Gesellschaft gehörenden Dampfboot „Kronprinz von Hannover" vom 16. 6. bis 30. 9., wie zu 2 angeführt in der Weise, daß den einen Tag das Schiff von Emden, am folgenden Tag das Schiff von Leer — Emden die Fahrt machte.

4. von Norddeich verkehrten das von der Administration angemietete Fährschiff und das kleine Inselfährschiff vom 15. 6. bis 7. 10. täglich regelmäßig nach festgelegtem Fahrplan,

5. von Hilgenriedersiel ging täglich vom 15. 6. bis 7. 10 die Personenpost durchs Watt mit wenigen durch die Wasserverhältnisse bedingten Ausnahmen.

Als erheblichster Fortschritt erwies sich die im Jahre 1856, also vor nunmehr genau 100 Jahren, dem Betrieb übergebene Eisenbahn Rheine—Emden und die dadurch veranlaßte Dampfschiffsverbindung zwischen Leer, Emden und Norderney.

Im Jahre 1858 wurde zum Schutze der Insel die große Strandmauer gebaut, bei deren Errichtung besondere Rücksicht auf die Benutzung als Strandpromenade genommen wurde. Zur Erhaltung eines breiten Badestrandes wurden Buhnen erbaut, die über 100 m ins Meer reichten (278).

Eine Einrichtung von besonderer Zugkraft war die Gründung einer Spielbank. Die Wiedereinführung des Spiels wird heute von vielen Bädern angestrebt. Es scheint daher ein Rückblick auf die Stellung der Bank im damaligen Wirtschaftsleben der Insel nicht ohne Bedeutung. — Urkundlich ist nicht ersichtlich, ob das Spiel bereits zur ostfriesisch-ständischen Zeit öffentlich betrieben worden ist. In einer Bekanntmachung vom Jahre 1820 heißt es: „Es wird dafür gesorgt, daß die Teilnehmer nicht befürchten brauchen, unrechtlich behandelt zu werden" (279). Worin lag der Grund der bisherigen Ausnahmestellung dieser Spielbanken? Wie entstanden sie? Die Ursache der Entstehung war eine doppelte, eine subjektive und eine objektive, sie liegt auf Seiten der Kurgäste, wie der Kurverwaltung. Einmal war das Glücksspiel zu Anfang des 19. Jahrhunderts sozusagen zum Lebensbedürfnis der höheren Stände geworden, die sich seit dieser Zeit immer zahlreicher in den deutschen Bädern einfanden. „Sie spielten Hazard, fein parfumiert, die Maitressen um sie herum" (280). Diese Charakteristik der alten Römer seitens eines Zeitgenossen paßte auch für das lockere, im Fahrwasser französischer Hyperkultur schwimmende Sittenleben der höheren Stände jener Zeit (281). Brachten also die Badegäste die Spielgewohnheit mit, so verwies sie gerade der Mangel an Unterhaltung und Abwechslung auf der Insel darauf, sich durch das Spiel die Zeit zu vertreiben. Man überließ es in der damaligen Zeit den Kurgästen, sich selbst Spaziergänge zu wählen und Zerstreuungen zu verschaffen (282). Die Behörde duldete das Spiel mit Rücksicht auf die Sitten und Gewohnheiten der Fremden aus höheren Ständen. Um das Spiel beaufsichtigen zu können und am Gewinn beteiligt zu sein, hielt es die hannoversche Verwaltung für vorteilhafter, verborgene Hausspiele zu bekämpfen und dafür das Spiel zu zentralisieren, zu monopolisieren und ihm volle Publizität zu verleihen. Durch das Recht der Konzessionserteilung hatte sich die Badeverwaltung eine Einnahmequelle erschlossen, die sich in der Folgezeit als recht ergiebig erwies. Es betrugen die Pacht- und Privilegsummen (283):

Jahr	Pachtsumme in Talern	Bankhalter
1820	600	Gutsbesitzer Danielis aus Leer
1821	1200	Graf v. Bohlen, Rittmeister aus Aurich
1822—24	1000	Danielis
1825—27	600	"
1828	800	"
1829	600	"
1830	800	"
1831—32	1000	
1833—34	1200	Hartog, Particulier aus Hamburg
1835	1500	„ (dieser hatte früher bereits
1836—38	1600	„ Banken in Holstein und
1839—41	2200	„ Schweden gehalten)
1842—45	2200	„
1846—49	2200	„

Zu diesem großen jährlichen finanziellen Nutzen kam noch der gewiß nicht geringe allgemeine wirtschaftliche Vorteil, der darin lag, daß ein Teil des Kur- und Fremdenverkehrs auf der Anziehungskraft des Spiels beruhte, wodurch das Interesse der Gemeinde mit dem der Badeverwaltung und des Bankpächters noch enger verknüpft wurde. Für die Spielbanken war im Kurhaus ein besonderes „unverschlossenes" Zimmer bestimmt, in dem Pharao und Roulette erlaubt waren. Jeder Teilnehmer am Spiel mußte nach dem Verlust einer behördlich festgesetzten Höchstsumme ausscheiden. Den In-

Die alte Giftbude (hier vor 1900) lag vor dem Herrenstrand. Abends fanden hier häufig Konzerte von der Wilhelmshavener Kapelle des Seebataillons statt, das seinerzeit an den Kämpfen in Tsingtau/China teilgenommen hatte. Die Giftbude beherbergte ausschließlich ein Restaurant, geführt von Kohlstedt und Gramberg, die auch als Inhaber des Hotels „Kaiserhof" verantwortlich zeichneten. Photo: Privat

sulanern und Personen in abhängiger Stellung war das Spiel nicht erlaubt. Allein die privat- und volkswirtschaftlichen Nachteile der Hasardspiele waren zu offenkundig, an finanziell und sittlich ruinierten Opfern gab es zu viele, als daß nicht schon frühzeitig viele Stimmen die Beseitigung desselben verlangt hätten (284). Zwar hatte schon Württemberg 1844 die Beseitigung der Spielbanken beim Bundestag beantragt, auf der Nationalversammlung zu Frankfurt wurde sie am 8. Januar 1849 beschlossen. Nur Norderney kam diesem Verbote umgehend nach, alle anderen Bäder kümmerten sich nicht darum. Das Spielen in Privathäusern konnte nicht immer so bekämpft werden, daß es völlig unterblieb. In den Geschäftsberichten der Badeärzte und Kommissare wird bis zum Jahre 1856 das Bestehen von geheimen Spielbanken erwähnt, trotz des in Kraft getretenen hann. Polizeigesetzes vom 25. 5. 1847. Das Fehlen der Spielbank hatte jedoch auf die Gestaltung der Saison wenig Einfluß. Die Behörde suchte durch Erweiterung und Vermehrung der Segelboot- und Jagdfahrten, durch Konzerte und Theaterveranstaltungen einen Ausgleich zu schaffen (285) (Tafel XIV, Abb. 22).

b) Staatliche Bemühungen zur Hebung der wirtschaftlichen Gesamtlage der Inselbevölkerung

Neben der bereits erwähnten Unterstützung des Fischereigewerbes durch das Prämiensystem suchte die hannoversche Regierung das Interesse der Bevölkerung für Landwirtschaft und Viehzucht zu heben, um die Insulaner unabhängiger vom Festlande zu machen und die vermehrten Bedürfnisse im Sommer besser zu befriedigen. Schon die Not der Fremdherrschaft hatte die auf der Insel festgehaltenen Seeleute gezwungen, zum Spaten zu greifen. Zur Hebung der Bodenbebauung wurden nun bei Landausweisungen günstige Bedingungen für die Antragsteller gewährt. Die bereits vorhandenen Ländereien (vgl. Seite 13) blieben den augenblicklichen Besitzern als domino privatorum ohne jegliche Verpflichtung überlassen (Tafel XV, Abb. 23). Für das Jahr 1815 ergibt sich folgende Verteilung des landwirtschaftlich genutzten Bodens (286):

Nr.	1815 Zahl der Besitzer	Lage und Bezeichnung
1	6	West-Gärten und Ackerland
2	19	Büthemshelmsgärten
3	14	Nord-Gärten und Ackerland
4	16	Nordhümgerland
5	13	Nordhelm
6	5	Oster-Acker und Garten
7	4	Süder-Acker und Gartenland
	77	

Den neuausgewiesenen Ländern oder Gärten wurden Erbpachtbriefe zugrundegelegt mit folgenden Bestimmungen (287):

§ 1. Es wird zwar ein Kanon festgesetzt, die Gebühren sollen jedoch vorläufig nicht eingefordert werden.

§ 2. Die Urbarmachung und Kultivierung ist sofort in Angriff zu nehmen. Abzahlungen werden geregelt.

§ 3. Wege und Abwässerungsanlagen sind auf eigene Kosten anzulegen.

§ 4. Alle vom Badeinspektor gemachten Anweisungen müssen befolgt werden.

§ 5. Das Land ist gegen Entschädigung (unparteiliche Schätzung) ev. wieder an die Seebadeverwaltung abzutreten.

§ 6. In Jahresfrist muß das neuangewiesene Grundstück in Kultur gesetzt und müssen obige Bedingungen erfüllt sein.

Die Erbpachtsummen wurden für das ganze Bodenstück nach Lage, Größe und Beschaffenheit festgesetzt. Die Designationen schwankten zwischen 2, 3, 5, $7^{1/2}$ und 15 Talern, die nach 3, 4 oder 10 Freijahren fällig wurden (288).

Von diesem günstigen Angebot machten die Insulaner reichlichen Gebrauch. In den 60 Jahren von 1815 bis 1875 hatte sich die Zahl der Landbesitzer von 77 auf 113 vermehrt (289):

Nr.	1875 Zahl der Besitzer	Lage und Bezeichnung
1	22	West-Gärten und Ackerland
2	19	Büthemshelmsgärten
3	34	Norder-Garten und Ackerland
4	10	Nordhümgerland
5	13	Nordhelm
6	8	Oster-Acker und Garten
7	7	Süder-Acker und Garten
	113	

In der darauffolgenden Zeit trat die Zunahme des Bodenbaues hinter der des Hausbaues zurück.

Die Entwicklung der Fischerei beanspruchte besonders zur Zeit der Bodenbestellung die notwendigen Kräfte, und die Vorbereitungen für die Badesaison hielten die weibliche Bevölkerung von intensiver Landwirtschaft ab. Große Sturmfluten und Sandwehen hatten zudem im Laufe der Zeit bedeutende Teile des kultivierten Bodens zerstört (290). Im Frühjahr 1858 werden „infolge der in den letzten Jahren so erheblich gestiegenen Frequenz des Seebades und des dadurch vermehrten Wohlstandes der Inselbewohner" die seit 1815 stipulierten Renten für die in Erbpacht ausgegebenen Grundstücke in Hebung gebracht. Sie ergab eine Gesamtsumme von über 100 Talern. Daraufhin wurden im Jahre 1866 die Besitztitel ins Grundbuch eingetragen.

Mit dem Jahre 1814 war die Bestellung der Ländereien mit Gerste und seit 1816 mit Hafer eingeführt worden (291). Die relativ geringe Fläche, die wegen der Düngerknappheit für die Landwirtschaft in Betracht kam, zog dem Getreideanbau enge Grenzen, so daß auch in Zukunft Kartoffeln und Gemüse die Haupterzeugnisse bildeten.

Besonders während der Fremdherrschaft war die Schafzucht ein Hauptzweig der Ernährungswirtschaft auf den Inseln geworden (292). Die Schafmilch war auch für den Fremdenverkehr sehr wichtig, da infolge der ungünstigen Verkehrsverbindungen der Transport festländischer Frischmilch schwierig war. Die Wolle wurde größtenteils zu Strümpfen und anderen einfachen Kleidungsstücken verarbeitet; dies war für die zahlreichen Witwen eine lohnende Erwerbsquelle. Durch die Förderung der Schafzucht kam die vermehrte Düngermenge dem Bodenbau sehr zugute. Aus diesen Gründen wies die hannov. Landbaukommission durch die Viehsteuerkasse den Insulanern unentgeltlich Schafe zu, vor allem Zuchthammel, an denen es sehr mangelte (293). Die Anzahl der Schafe war jedoch begrenzt infolge der Schwierigkeiten, welche die Stallfütterung im Winter mit sich brachte. Zur Beaufsichtigung der in den Dünen frei weidenden Schafe wurde ein Hirte bestellt, dessen Lohn (25 Taler jährlich) aus der Seebadekasse bestritten wurde. Es wurde ihm auch ein neues Haus für den niedrigen Preis von 69 Talern gebaut, das er in vier Jahren (in Raten von 15, 15, 20 und 19 Talern jährlich) abzahlen mußte (294).

1882 nahm der Hofphotograph Edmund Risse aus Berlin, Unter den Linden, diese Aufnahme des Damenpfades auf, wie er schon vor 1870 aussah.

c) Die Förderung des Fremdengewerbes
aa) Die Ausweisung von Bauflächen

Die hannoversche Verwaltung übernahm die alte Inselgerechtsame, wonach die Ausweisung der Hausstellen ohne weitere Abgaben durch den Inselvogt, unter Bestätigung des Berumer Amts, erfolgte (295). Der zunehmende Fremdenverkehr erforderte eine starke Vermehrung oder Vergrößerungen der Häuser. Der Bodenpreis im Orte steigerte sich, und um eine planmäßige Anlage der zu bauenden Häuser und Häusergruppen zu gewährleisten, um ferner auswärtige Spekulanten fernzuhalten, den Insulaner aber auf die Vorteile eines Neubaues aufmerksam und die finanziellen Kosten möglichst gering und tragbar zu machen, wurden jede Neuausweisung und jeder Neubau von der Genehmigung der Kgl. Landdrostei in Aurich abhängig gemacht. Diese beauftragte den Badeinspektor mit den Neuausweisungen, die dieser „nach dem allgemeinen Grundsatz, daß bei allen Landausweisungen das Interesse der Badeanstalt in Beziehung auf künftige Vergrößerung der Anlagen sorgfältig zu berücksichtigen sei", zu begutachten und nach erteilter Genehmigung mit Beistand des Vogts durchzuführen hatte (296). Die Erbpacht für die Grundstücke schwankte zwischen 8 ggr. und 2 Talern jährlich (297).

bb) Die Neubauten und Verbesserung der Wohnungseinrichtungen

Die Neubauten wurden durch Bauprämien und Zuschüsse ermöglicht (298). Diese neuen Häuser, die nicht mehr in dem früheren Baustil gebaut wurden, kamen den Bedürfnissen und Wünschen der Badegäste mehr nach. Durch das Reskript vom 1. 4. 1819 wurden zuerst 30 Prämien im Gesamtbetrage von 2400 Talern bewilligt. Die Kosten trug die Seebadekasse aus den Überschüssen, die nach Abzug der laufenden Betriebsunkosten und der Aufwendungen für eigene Neubauten, Verbesserungen und Instandhaltung der staatlichen Anstalten verblieben. Die Zuschüsse kamen vor allem für diejenigen in Betracht, die ein neues Haus bauen lassen oder „eine Stube mit Kammer und einem lit de champ" anlegen wollten. Für kleinere Anlagen wurden nach Maßgabe der darauf verwandten Kosten kleinere entsprechende Summen vergütet. Die Insulaner erhielten außerdem noch die notwendigen Baumaterialien, wie Steine, Kalk, Dachziegel usw., zu mäßigen Preisen. Die Bemühungen der Verwaltung blieben nicht ohne Erfolg. „Die Insulaner wetteifern, durch Verbesserung und Vermehrung der Logis-Zimmer den Bedürfnissen der Gäste immer mehr zu begegnen" (299, 300) (Tafel XV, Abb. 24 u. 25; Tab. 18, Anhang).

Von gleich großer Bedeutung war auf Grund einer Verordnung die Bewilligung von Vorschüssen „zur Aufmunterung der Insulaner zwecks Anschaffung von Möbeln". Besonders war der Mangel an freien Bettstellen, Pferdehaarmatratzen, Leinenzeug, Decken und Kissen, Stühlen, Kommoden und Kleiderschränken von den Gästen empfunden worden. Dazu kam noch das notwendige „Vermalen und Tapezieren der Wände". Die wichtigsten Bestimmungen dieser Verordnung, die im Jahre 1836 in Kraft trat, sind kurz folgende (301):

Zeit der Anmeldung: Jährlich, sogleich nach beendeter Badezeit, ergeht an sämtliche Insulaner die Aufforderung, die erbetene Summe und die beabsichtigte Verwendung der Badeverwaltung mitzuteilen.

Prüfung: Der Badekommissar und der Badeverwalter prüfen die Zulässigkeit der Gesuche im einzelnen und leiten sie an die Landdrostei zu Aurich weiter.

Sicherheiten: Stellung eines solventen, selbstschuldigen Bürgen und Vorhypothekierung der Immobilien des Debenten unter ausdrücklich vorgesehener, jedoch einstweilen noch ausgesetzter Eintragung. Es wird eine Schuld- und Bürgverschreibung aufgenommen und durch das Amt Berum nach Aurich geschickt.

Rückzahlung: Der Betrag ist innerhalb 5 Jahren in gleichmäßigen Teilzahlungen bei der Seebadekasse abzuliefern.

Allgemeine Bedingungen: Die Anschaffungen und Verwendungen dürfen nur unter Aufsicht und nach Vorschrift der Seebadekasse geschehen.

Die größten Schwierigkeiten bestanden darin, die Insulaner zu veranlassen, anstelle der überlieferten Wandbetten (Butzen) bewegliche Bettstellen einzuführen. „Wenn die Neuanschaffung auch in bedeutender Menge geschehen ist, so tun sie es doch mit Widerwillen, und ich bin versichert, daß sich keiner je dieser Betten zum eigenen Gebrauch bedienen werde, aus Furcht, mit den Seefahrts-Angelegenheiten außer Rapport zu kommen" (302), berichtet von Halem, dessen Liebe zu Land und Volk der Insel viele verständnisvolle und wohlstandsfördernde Maßregeln der hannoverschen Regierung zu verdanken sind.

Die Höhe der Summen, die ausschließlich aus den Überschüssen der Seebadekassen flossen, schwanken zwischen 145 bis 600 Talern (303) (Tab. 19, Anhang).

Im Jahre 1860 werden die zinslosen Vorschüsse an Insulaner nicht mehr bewilligt, teils wegen „des Zustandes der Seebadekasse", teils aber auch, weil „ein Mangel an gut ausgestatteten Wohnungen nicht mehr vorhanden ist" (301). Es war häufig vorgekommen, daß die Insulaner infolge schlechten Saisonausfalles oder durch Unglücksfälle nicht in der Lage waren, die eingegangenen Bedingungen zu erfüllen. In allen Fällen ist ihnen die Zahlung der Teilbeträge bis zu 10 und noch mehr Jahren gestundet, einigen — durch den Verlust ihres Mannes in Not geratenen Fischerfrauen — gänzlich erlassen worden.

cc) Preisbestimmungen

Durch diese finanziellen Beihilfen hatte die Verwaltung fast auf jeden Haushalt einen starken Einfluß gewonnen. Es lag ihr aber nun daran, die mit dem Beherbergungsgewerbe noch nicht genügend vertrauten Insulaner vor Übervorteilung durch die Badegäste zu schützen. Deshalb wurden Taxen eingeführt, die als Höchstsatz galten und für jedes Haus und jedes Zimmer besonders aufgestellt wurden. Es wurde dadurch auch der Ausnutzung einer Zimmerknappheit bei guter Saison durch die Inselbevölkerung vorgebeugt; wenn dieses überhaupt wahrscheinlich gewesen wäre: „nach der Menge der Fremden aber und anderen Verhältnissen lassen sich die Vermieter gerne auf weniger accordieren" (304). Die ersten Taxen, die im Jahre 1821 in Kraft traten, betrugen für 1 Zimmer mit 1 Bett: 2, 2,12, 3, 4, 4,12 und 5 Taler, für ein Zimmer mit 2 Betten: 3,12, 4, 4,12, 5, 5,12, 6 und 6,12 Taler wöchentlich, je nachdem, ob Wandbetten, bewegliche Betten, hölzerne Fußböden, Feuerherd, die Nähe des Strandes usw. in Bewertung zu ziehen war. Außerdem waren noch folgende Bestimmungen zu beachten (305):
1. Die gewöhnliche Aufwartung wird unentgeltlich geleistet.
2. Verlangt ein Vermieter zuviel, so muß er das Zuviele an den Mieter abgeben und das Fünffache an die Armenkasse zahlen.
3. Bei Strafe von 1 Taler muß jeder Quartierwirt die Aufnahme und den Abgang eines Gastes (Namen, Stand und Wohnort) angeben.
4. Die Quartier- und Taxliste wird am Konversationshaus angeschlagen.

Für die Innehaltung dieser Verordnung war ein Quartiermeister angestellt. Durch ihn konnten sich die Gäste auch gegen mäßige Vergütung, die sich nach der Anzahl der Zimmer und der Länge des Aufenthalts richtete, eine Wohnung nachweisen lassen.

Um einem Mangel an besseren Möbeln auch bei relativ großer Fremdenzahl vorzubeugen, stellte die Verwaltung zu mäßigen Preisen eigene Ausrüstungsgegenstände zur Verfügung, so z. B. für ein „Sopha" 8 bis 12, eine Pferdehaarmatratze 8, ein Kopfkissen 4 und ein Kinderbett 16 Taler (306).

Das Damenbad am Weststrand (hier um 1880) lag am Ende des Damenpfades vor dem „Europäischen Hof" an der Kaiserstraße. Es wurde jeden Mittag um 14.00 Uhr geschlossen, und kurz darauf flatterten dann, für jeden sichtbar, die schicken Badeanzüge im Winde. Während der Badezeit war das Damenbad für Herren gesperrt, wie große Schilder deutlich sagten. Photo: Edmund Risse, Berlin

d) Die Förderung des Handels, Handwerks und Verkehrs in besonderer Hinsicht auf den Fremdenverkehr

Durch den Fremdenverkehr waren die materiellen Bedürfnisse vor allem während der Saison gewachsen. Neben dem Vogt, der bis zum Jahre 1806 das alleinige Recht zur Führung eines Kramladens hatte, wurden nach Aufhebung der Fremdherrschaft zwei andere Kaufleute konzessioniert (307). Mit der Steigerung des Fremdenverkehrs und dem Niedergang der Schiffahrt mehren sich die Gesuche ehemaliger Schiffsführer und Steuerleute um Zulassung zum Handel. Die Verwaltung gab nur in den seltensten Fällen die Erlaubnis. Im Jahre 1822 wird ein dritter Bäcker zugelassen unter der Bedingung, daß er ein vollgewichtiges Brot im Interesse der ärmeren Bevölkerung eine Stüber billiger als bisher backt. Den großen Unkosten, mit denen ein Jahresgeschäft bei der kaum sechswöchigen geschäftsflotten Zeit arbeiten muß, suchten die drei Krämer durch entsprechende Erhöhung der Preise zu begegnen. Aus einem Gesuch eines invalide gewordenen Steuermannes geht hervor, daß die Inselpreise bedeutend höher waren als die der benachbarten Stadt Norden (308). Dadurch wurden viele Insulaner veranlaßt, auf dem Festlande zu kaufen oder Waren auf Kredit zu beziehen. Eine entsprechende Konkurrenz wirkte preissenkend. So wurden 1834 bereits vier Krämer gezählt, darunter ehemalige Seeleute und eine Schifferwitwe. Durch besondere Erlaubnis des Königs erhielt im Jahre 1845 ein seeunfähig gewordener Fischer die Erlaubnis zum Handel mit Lebensmitteln. Es wurden bis zum Ende der hannoverschen Zeit noch zwei Schifferwitwen konzessioniert (1846 und 1860). Im Jahre 1864 erhält ein Fischhändler die Erlaubnis, Delikatessen zu verkaufen. Wegen der besonderen Saisonbedürfnisse herrschte während der Sommermonate Gewerbefreiheit. Diejenigen, welche auch vor und nach der Saison die Insel beliefern wollten, waren gegen entsprechende Pachtsummen zur Haltung eines Ladengeschäfts oder zum Hausieren zugelassen. Es waren dies zuerst auswärtige Gewerbetreibende Viele von ihnen oder ihre Nachkommen ließen sich in der späteren preußischen Zeit für ständig auf der Insel nieder. Sie stellten einen großen Teil der Zugewanderten, deren Einfluß auf das Wirtschafts- und Geistesleben der Insel von großer Bedeutung war und noch heute ist. Die wichtigsten Saisonhandelsartikel waren Manufakturwaren. Im Jahre 1820 wurde der Handel mit „Laken und bunten Zeugen", der bereits vor 1806 für die Summe von 16 Talern verpachtet worden war, wieder mit Geldabgaben, die als Hoheitseinnahmen an die Kgl. Landdrostei abzuliefern waren, belegt. Die Pachtbedingungen waren folgende (309):

1. Die Pachtsumme beträgt jährlich 62 Taler,
2. die Pacht dauert 3 oder 6 Jahre,
3. nur Ostfriesen werden zugelassen,
4. während der Saison herrscht Gewerbefreiheit,
5. die Preise des festen Landes dürfen nicht überschritten werden,
6. es ist Bürgenstellung als Selbstschuldner erforderlich.

Infolge des ungleichen Saisonausfalles war die Festsetzung einer stabilen Pacht eine Gefahr für den Verpflichteten. Es wurde daher in den nachfolgenden Jahren die jedesmalige Festsetzung der Summe der freien Preisregelung zwischen der Landdrostei und dem Reflektanten überlassen. Die Pachten schwankten zwischen 22 und 45 Talern (310). Mit der Steigerung des Fremdenverkehrs traten auch Norderneyer Schiffer, die wegen eines körperlichen Mißgeschicks ihr Seegewerbe nicht mehr ausüben konnten, in die Reihe der Pächter. Bis dahin (1845) war der Handel mit Woll- und Kurzwaren immer in den Händen ostfriesischer Juden gewesen. Sie behaupteten auch bis in die preußische Zeit hinein ihre Vormachtstellung. Obgleich das Judengesetz aus den Jahren 1848 und 1856 in § 9 ff bestimmte, daß an Orten, an denen noch keine jüdische Detailhandlung sich befindet, eine solche in der Regel nicht und nie ohne Vernehmung der Gemeinde zugelassen werden sollte, entschieden sich die Badeverwaltung und die 8 Norderneyer Landsmänner für jüdische Mitpächter (311), da „ihnen aus dem bisherigen Verkehre der Juden nach Norderney die Güte, reiche Auswahl und Billigkeit und reelle Handlungsweise rühmlichst bekannt geworden sei, und man allgemein weiß, daß sie sich in sehr guten Vermögensumständen befinden, bei denen alle Gefahr, daß sie verarmen, oder den Handel nicht mit Energie und gehörigem Betriebskapital führen, durchaus entfernt bleiben" (312). So hatten die Insulaner für dieses Gewerbe gute Lehrmeister gefunden, so daß Sombarts Worte hier vielleicht nicht ganz unpassend wären: Si le juif n'existait pas, il faudrait l'inventer" (313). — Als man den Israeliten die notwendigen warenkundlichen und verkaufstechnischen Kenntnisse abgesehen hatte, hielt man eine weitere Berücksichtigung der jüdischen Kaufleute für überflüssig. — Im Jahre 1848 erhält der erste christliche Manufakturwarenhändler — ein Insulaner — die Konzession für ein Jahresgeschäft in diesen Artikeln. Einen wichtigen Handelsartikel bildete der Segeltuchstoff, der sowohl für den Schiffsbedarf wie als Verandaüberdachungen, Sommerzelte usw. gebraucht wurde.

Eine für die Insel eigentümliche Behandlung hatten von jeher der Handel und der Ausschank von geistigen Getränken gefunden. Ist der Ursprung des von der Landesherrschaft ausgeübten Bierzwanges nicht klar, so ergeben doch die älteren Rentei-Register des Amtes Berum die Ausübung dieses Rechts durch Verpachtung an Lieferanten aus Norden in fortschreitender Dauer von dem Jahre 1711 an, in denen eine Verpachtung von 30 Jahren nachgewiesen wird. Das Recht des alleinigen Ausschanks auf der Insel war ein altes Vogtrecht, das aber durch den eigenen Wirtschaftsbetrieb des Staates im Kurhaus im Sommer durchbrochen wurde. Der Vogt blieb zwar im Sommer neben dem Kurhaus und im Winter der alleinige Schankwirt auf der Insel, bis die Fremdherrschaft mit diesem alten Gebrauch wie mit dem Lieferantenprivileg brach. Die hannoversche Verwaltung führte das alte Gesetz wieder ein mit der Modifikation, daß während der Badezeit freier Handel gestattet war. Das zunehmende Bedürfnis an Schankstuben veranlaßte die Behörde, einige Insulaner, in der Mehrzahl invalide Schiffer, zum Handel und Ausschank mit geistigen Getränken zuzulassen (314). Das Belieferungsvorrecht bestand bis zum Jahre 1842 und brachte der Landesherrschaft jährlich 15 bis 36 Taler ein (315). Die nunmehr ausfallende Einnahme wurde durch das Kruggeld, eine in ganz Ostfriesland damals übliche Schanksteuer, abgelöst. Es betrug für jede Wirtschaft jährlich gut 2 Taler (316).

Für die Führung einer Gastwirtschaft neben dem Kurhause und dem Vogt war bis zum Jahre 1819 einem früheren Norderneyer Schiffer das Patent verliehen worden (317). Infolge der Lieferungsbedingungen — Bier mußte von einer Norder Brauerei, Wein vom Kurhaus, Branntwein konnte von beliebigen Firmen bezogen werden —, die mit aller Schärfe überwacht wurden, konnte sich das Gastwirtsgewerbe nicht entwickeln (318). Erst nachdem die Regierung im Jahre 1855 das Wein-Debit und 1842 den Bierzwang aufhob, kamen Auswärtige und Einheimische um Zulassung zum Restaurationsbetrieb ein. Unter ihnen befinden sich Fischer und Schiffer, die nebenbei noch ihren Fischerberuf und z. T. im Sommer den Beruf eines Badewärters ausüben. Die große Anzahl der Wirtschaften und der Schankstuben („Maatjeschänken") blieben auf das Inselleben nicht ohne Einfluß. Der Umsatz an geistigen Getränken, der im Jahre 1835 fast ausschließlich in Bier (und Wein für Kurgäste) bestand, hatte sich von 3000 Talern im Jahre 1843 auf fast das Doppelte im Jahre 1835 gesteigert. Neben das Bier war der Branntwein getreten und gewann nach und nach die Oberhand. Das beim Fischhandelsabschluß üblich gewordene Trinken war zeitweise bedrohlich geworden (319), und die Gründung von Mäßigkeitsvereinigungen brachte die Abkehr vom Branntweintrinken. Die Behörde beschied alle neuen Konzessionsgesuche trotz steigender Einwohner- und Fremdenzahl abschlägig. Dadurch wurde zwar der Verdienst der zugelassenen Wirte gesichert, durch strenge Verbote übermäßigen Ausschenkens an einzelne Personen wurde aber, durch obige Bestrebungen unterstützt, der Konsum eingedämmt.

Für die Verteilung der Handeltreibenden ergibt sich am Ende der hannoverschen Zeit folgendes Bild (320):

Gewerbe	Sommergeschäft	Jahresgeschäft
Krämer	—	6
Putzgeschäfte	3	—
Manufakturwaren	1	1
Weißwaren	1	—
Kleiderhandlung	1	—
Hutgeschäft	1	—
Handschuhgeschäft	1	—
Buchhandlung	1	—
Antiquitätenhandlung	1	—
Muschelwaren	1	—
Juwelier	1	—
Elfenbeinschnitzerei	1	—
Porzellanmalerei	1	—
Photograph	1	—
Gastwirte	—	3
Restaurants	1	—
Konditoreien	2	—

Ein eigentlicher Handwerkerstand hatte sich in der Zeit vor der Badgründung nicht entwickeln können. Es gab zwar Personen, die neben der Fischerei noch das Schumacher- oder Kleidermacherhandwerk betrieben, allein der Verbrauch war sehr gering und feiner gearbeitete Kleidungs- oder Haushaltungsgegenstände brachten die Schiffer von ihren Fahrten mit. Das änderte sich mit dem aufkommenden Fremdenverkehr, dem Niedergang der Schiffahrt und dem Aufblühen der Fischerei. Für die Herstellung und Reparatur von Segelleinen und Verandamarkisen wurden Seiler- und Segelmacher notwendig. In den Jahren 1823 und 1826 wanderten von Helgoland zwei „Reepschläger" ein, deren Ausübung ihres Gewerbes an die Verpflichtung geknüpft wird, ein Haus mit vermietbaren Zimmern zu bauen. Sie erhielten auch die Erlaubnis, Lehrlinge anzunehmen, wodurch für einen befähigten Nachwuchs aus Insulanerkreisen gesorgt wurde. Mit der regen Bautätigkeit, die im Jahre 1819 eintrat, siedelten einige Tischlermeister, ein Maler und ein Schmied aus den benachbarten Sielen nach der Insel über. Sie besorgten nebenbei auch Schiffsreparaturen. Im Fischereigewerbe wurden vor allem zum Würmergraben lange, wasserdichte Stiefel benötigt, so war für die Entwicklung des Schuhmacherhandwerks ein günstiges Feld vorhanden. Ihm widmeten sich vorzugsweise weniger kräftige Söhne der Seeleute oder invalide gewordene Insulaner. Der Badeverkehr machte die Konzessionierung eines Uhrmachers (1844) (321) und eines Barbiers (1846) erforderlich. Im Jahre 1862 wurde einem Müller Land angewiesen zur Erbauung einer Windmühle und eines Wohnhauses. — Am Ende der hannoverschen Zeit zählte die Insel folgende Handwerker (322):

Tischler und Maurer	10	Tauschläger	2
Schuster	7	Müller	1
Schneider	4	Segelmacher	1
Maler	3	Uhrmacher	1
Schmiede	2	Barbier	1

Durch die Eröffnung der Seebadeanstalt fand ein großer Teil der Insulaner Anstellung als Badewärter, Bade- oder Strandaufseher. Je nachdem, ob es sich um das Damenbad oder das Herrenbad handelte, wurden weibliche oder männliche Kräfte angestellt. Ihre Entlohnung richtete sich im Anfang nach Arbeitszeit und Arbeitstagen. Bis zum Jahre 1848 war der Tagelohn etwa 4 ggr. Von da an wurden feste Gehälter für die ganze Badezeit eingeführt. Sie betrugen 30 Taler. Dazu kamen noch die allgemein üblichen Trinkgelder (323). Es wurden gewöhnlich für die Saison 20 bis 25 männliche und 10 bis 15 weibliche Insulaner angestellt. Sie waren zum größten Teil Fischerleute und Fischerfrauen, die mit den Strömungsverhältnissen vertraut waren und im Gefahrfalle das Rettungsboot bedienen konnten. Die Aufseherposten wurden meistens von solchen Handwerksmeistern (Tischler, Maler) bekleidet, deren Gewerbe im Sommer ruhte. — Der Badewärterberuf verlangt gesunde Natur und gute Augen; denn es ist erforderlich, während des langen Dienstes von 6 bis 2 Uhr ununterbrochen im Wasser zu stehen und jeden Badenden durch Flaggensignale oder Hornrufe von gefahrvollen Stellen fernzuhalten sowie das zu weite Schwimmen ins Meer hinaus zu verhindern. Für diese Saisonberufe sind die Insulaner besonders qualifiziert, und ihre Tüchtigkeit wird von hochstehenden Gästen des öfteren gelobt.

Infolge der großen Entfernung der Reede vom Ort hatte schon zur Zeit der Baderöffnung das Bedürfnis nach einem geregelten Fuhrwesen vorgelegen. Um die Insulaner für dieses Gewerbe zu interessieren und mit ihm vertraut zu machen, baute die Badeverwaltung für eigene Rechnung Wagen und größere Omnibusse. Als bald nach Aufhören der Fremdherrschaft der Fremdenverkehr zunahm, widmeten sich auch einige Insulaner dem Fuhrmannsberufe, zumal durch die zahlreichen Bauten ein reger Verkehr zwischen Reede und Ort entstand (324). Im Jahre 1846 schied die Badeverwaltung als Fuhrunternehmer aus diesem Gewerbe ganz aus und überließ die Fahrten ausschließlich den Norderneyern. Im Generalbericht des Badekommissars heißt es zu diesem Punkt (325): „Wie es bei öffentlichen Anstalten nur dann empfehlenswert sein dürfte, sich mit derartigen Gewerbebetrieben, wie das Lohnfuhrwesen, auf Kosten der Verwaltung zu befassen, wenn es das öffentliche Interesse notwendig erfordert, so dürfte jenes dringende Bedürfnis aufgehört haben. Daher sind wir einverstanden, daß, nachdem die Einrichtung regelmäßiger Fahrten mit dem Omnibus pp. der Anstalt den Norderneyer Eingesessenen bekannt geworden, die Fahrten nach den Schiffen zur Abholung des Gepäcks der Reisenden bislang schon durch die Fuhrleute der Insel ordnungsmäßig erfolgt sind, gegenwärtig ohne Furcht vor Unordnungen dieses Gewerbes denselben künftighin allein zu überlassen sein dürfte. Durch ein gehöriges Reglement würde die ordnungsmäßige Betreibung dieses Gewerbes leicht zu sichern sein und durch den Ankauf der Wagen der Anstalt ist vorerst jedenfalls der sichere und an-

1882 war vor den Häusern auf der Friedrichstraße noch nicht gepflastert.
Photo: Herzog/Bremen, Kunstverlag Hermann Braams, Norden/Norderney.

ständige Transport der Reisenden garantiert". Die Taxen für das Fuhrwesen traten im Jahre 1847 in Kraft und betrugen (326):

für den Ortsverkehr		für den Fernverkehr	
1 Person	2 ggr.	1 zweispänniger Wagen nach	
Koffer bis 75 Pfd.	2 ggr.	Hilgenriedersiel	3 Taler
Koffer über 75 Pfd.	4 ggr.	Hage	6 Taler
Pakete, Mäntel und Nacht-		Lütetsburg	6 Taler
säcke	1 ggr.	Norden	6 Taler
		Aurich	8 Taler 12½ ggr.
		Esens	8 Taler
		Emden	12 Taler 12 ggr.

Im Laufe der Jahre wurden die Taxen erhöht, da durch die Zunahme der Fuhrunternehmer die Einnahmen der einzelnen geringer wurden und die Kosten der Unterhaltung der Pferde erheblich gestiegen waren, so daß der Verdienst der Fuhrleute kaum ausreichte, um Futter zu kaufen. Während die Fahrpreise im Personenortsverkehr unverändert blieben, wurden die Frachtsätze verdoppelt.

Die Reglementierung des Verkehrsgewerbes hatte von Anfang an für die spezifisch insularen Verhältnisse gewisse Nachteile, deren Abstellung in den späteren Zeiten viele Schwierigkeiten verursachte. Es sind vor allem drei Hauptpunkte, durch welche die Taxierung entwicklungserschwerend auf das Fuhrwesen einwirkte (327):

1. Der Wechsel der Ebbestunden machte im Fernverkehr ein Übernachten der Fuhrleute in festländischen Gasthöfen unvermeidlich.
2. Die Verschiedenheit der Wagen und des Gepäcks war nicht genügend berücksichtigt.
3. Die Fuhrleute hatten nicht das Recht, eine übermäßige Ladung abzulehnen.

e) Schlußbetrachtung über die hannoversche Zeit

Zusammenfassend kann das halbe Jahrhundert der hannoverschen Verwaltung als eine Zeit der stetigen Entwicklung des Fremdenverkehrs bezeichnet werden. Die hannoversche Regierung schuf die Grundlagen für das

Die Norderneyer Friedrichstraße, das weiße Haus rechts stammt aus der Zeit um 1870, hieß zunächst Villa Luise, später Haus „Hohenzollern", weil hier der Deutsche Kaiser einst wohnte, als er noch Prinz von Preußen hieß.   Postkarte

Badgewerbe sowohl im Interesse des Eigenunternehmens wie auch für das Gemeinwohl der Insulaner. Durch das gebundene Preissystem sorgte sie für Ordnung, Geschäftsmoral und Solidität in den einzelnen Wirtschaftsbetrieben. Aus einem kleinen, teilweise armseligen Fischerdorf und einer Schiffersiedlung schuf sie einen planvoll angelegten Badeort mit sauberen Straßen. Bedeutende Summen wurden alljährlich zur Hebung des Fischereigewerbes und zur Förderung des Fremdenverkehrs zur Verfügung gestellt. Durch erfahrene Beamte, die keine Mühe scheuten, um die besonderen Wünsche der Eingesessenen zu berücksichtigen, wurde die Insel zum Wohle der Insulaner verwaltet. Der enge Verkehr der Norderneyer mit dem hannoverschen Hofe brachte ihnen wesentliche wirtschaftliche und soziale Verbesserungen. Aus der im Jahre 1824 auf der Insel von Kurgästen gegründeten Friedrich-Wilhelm-Stiftung erhielten die wenig Bemittelten jährlich 100 bis 150 Taler (328). Im letzten Jahre der hannoverschen Regierung wurden 136 Taler auf 15 Personen verteilt, darunter befanden sich 10 Schiffer- und Fischerwitwen (329). Auf Veranlassung der Landesregierung wurden tüchtige Berufspastoren und Lehrer für die Insel verpflichtet. Durch Zuschüsse wurde einem Arzt und einem Apotheker der Jahresaufenthalt auf der Insel ermöglicht. Die Besserung der sanitären Verhältnisse war besonders für ansteckende Krankheits- und Geburtsfälle segensreich. Die Heranziehung oder Zulassung einer begrenzten Anzahl von Handel- und Handwerktreibenden, deren Konzessionierung von einwandfreiem Lebenswandel und guten Vermögensverhältnissen abhängig gemacht wurde, sicherte den Ortsansässigen ihren Verdienst, machte die Insulaner vom Festlande unabhängig, erhöhte ihre Geschicklichkeit und Selbständigkeit bei vorkommenden Verbesserungs- und Ausbesserungsarbeiten im eigenen Haushalte und zeigte den heranwachsenden Söhnen neue Berufe. Dadurch war auch seeunfähig gewordenen Schiffern und Fischern die Möglichkeit eines Berufswechsels gegeben, wobei sie regierungsseitig stets bevorzugt und unterstützt wurden. Besonderen Anteil nahm die Verwaltung an dem Schicksal der Seemannswitwen. Durch wesentliche Vergünstigungen wurde ihnen ein Neubau oder die Anschaffung von Einrichtungsgegenständen erleichtert. Es werden Fälle belegt, in denen der König ihnen die Zahlung des Bau- oder Anschaffungspreises erließ, oder die Regierung ihnen Gewerbesteuern stundete oder nicht einforderte (330).

Die Größe des Dorfes war von 106 Häusern im Jahre 1814 auf 252 im Jahre 1866 gestiegen (331). Die Gebäude stellten einen Wert von 277 580 Talern dar. Die zum Vermieten angegebenen Zimmer betrugen 620 gegenüber 70 bei der Übernahme der Verwaltung. Die Gesamtjahreseinnahme aus dem Vermietungsgewerbe wird auf 22 750 Taler [1863] angegeben gegenüber 4200 Talern im Jahre 1813. Das bedeutet etwa die Hälfte der Summe, die das Fischereigewerbe auf der Insel einbrachte (41 730 Taler). Die absolute Zunahme der Bevölkerung und des Fremdenverkehrs, die steigenden Umsätze, sowie die außerordentlichen Aufwendungen der Seebadekasse in den Jahren 1814 bis 1866 zeigen die Tabellen 20 und 21 (332—334).

Den veränderten wirtschaftlichen Interessen und den Maßnahmen der hannoverschen Regierung entsprechend, wandelte sich die bürgerliche Stellung der Insulaner innerhalb der Gemeinde (335). Die Stellung des Vogtes war durch den Badekommissar während dessen Aufenthalts auf der Insel eine untergeordnete geworden. Sie verlor immer mehr ihre Bedeutung und sank auf die Stellung eines Strand- oder Strandungsvogtes herab. In die Reihe der 8 Landsmänner wurde im Jahre 1843 zum ersten Male der Badeverwalter (der dauernd auf der Insel ansässige Vertreter des Badekommissars) gewählt. Dieser setzte sich für die Einführung der hannoverschen Gemeindeordnung ein. Im Jahre 1857 wurde den eigentümlichen Verhältnissen entsprechend in Anlehnung an die hannoverschen Gesetze (336) ein Gemeinderegulativ mit folgenden Hauptpunkten statuiert:

   I. Anstellung eines Gemeindevorstehers, zweier Beigeordneter, eines Gemeindedieners und eines Nachtwächters.
  II. Wahl eines Gemeindeausschusses von 8 Mitgliedern und 4 Ersatzmännern.
 III. Jeder Insulaner mit eigenem Haushalt hat 1 Stimme in der Gemeindeversammlung.
  IV. Übertragung der Polizeigewalt während der Badezeit auf den Badekommissar.
   V. Die Ausschußmitglieder müssen bei Strandungsfällen Hilfe leisten.
  VI. Einberufung der Gemeindeversammlung durch Vorsteher oder Vogt.

4. Die preußische Zeit

Im Jahre 1866 war das Königreich Hannover und damit auch Ostfriesland einschließlich Norderney mit dem Königreich Preußen vereinigt worden. Die administrativen Einrichtungen blieben auf der Insel ziemlich dieselben, nur wurde die Seebadeanstalt als Domäne der Königlichen Finanz-Direktion in Hannover resp. dem Königlichen Finanz-Ministerium in Berlin unterstellt. Der nach dem Kriege 1871 folgende starke Besuch der deutschen Bäder, ferner der Aufschwung, den das gesamte Wirtschaftsleben nach dem vorteilhaft beendeten Kriege nahm, brachte vor allem den Nordseeinseln, unter ihnen besonders Norderney, eine glänzende Epoche (337) (Tab. 22, Anhang).

Für die allgemeine Entwicklung des Fremdengewerbes sorgte die neue Regierung nicht nur durch Erhaltung der bereits bestehenden Einrichtungen und Bauten, sondern sie ließ auch den vermehrten Anforderungen gemäß auf eigene Kosten Neubauten ausführen. Erst im Laufe der neunziger Jahre überließ die Verwaltung den privaten Kräften den Hauptanteil an der weiteren Entwicklung. Die Förderung durch die großen staatlichen Aufwendungen während der ersten 20 Jahre der Übernahme machte einer passiven Badepolitik Platz, so daß seit dieser Zeit im Ausbau der Seebadeanstalt ein gewisser Stillstand eintrat; dadurch wurden Organisationen der Bürgerschaft wie der Kurgäste auf den Plan gerufen. Nur noch stark gedrängt entsprach die Regierung in einzelnen Fällen den steigenden Bedürfnissen des Weltbades und der wachsenden Konkurrenz anderer See- und Heilquellenbäder (337) durch Ausbauten und Neubauten.

Diese Ansicht bot sich 1893 von der Lesehalle aus über den Damenstrand.

Photo: Edmund Risse

a) Die staatlichen Aufwendungen

Zu den wichtigsten Einrichtungen, die Preußen zur Förderung des Fremdenverkehrs schuf, gehören (338):

Jahr	Art der Anlage	Baukosten
1870	Giftbude — Restaurant	51 500,—
1871	Badehaus	270 510,—
1872	Strandhallen	193 700,—
1872	Polderdeich	16 056,—
1872—83	Badekutschenschuppen	22 720,—
1873	Viktoriahalle — Restaurant	24 900,—
	Badehaus	122 500,—
1874	Fahrdamm zum Hafen	171 636,—
1876	Landungsbrücke	60 000,—
1878	Schießhaus und Schießstand	9 280,—
1881—82	Umbau des Kurhauses	47 138,—
1886	Elektrische Anlagen	70 000,—
1888	Umbau des Kleinen Logierhauses	35 000,—
1895	Seesteg	126 000,—
1909	Badehausanbau	44 000,—

(Tafel XVI, Abb. 26 u. 27; Tafel XVII, Abb. 28 u. 29; Tafel XVIII, Abb. 30 u. 31; Tafel XIX, Abb. 32.)

Die jährlichen Gesamtausgaben der Regierung für fiskalische Neu- und Umbauten sowie für bauliche Instandsetzungen der Badeeinrichtungen waren in den einzelnen Jahren von 1867 bis 1914 zwar unterschiedlich, aber oft sehr erheblich, im Höchstfall bis zu fast 300 000,— Mk. (339) (Tab. 23, Anhang).

Seitdem Norderney preußische Domäne wurde, ist auch hier der Grundsatz maßgebend, daß es einer geregelten Staatswirtschaft widerstrebe, sich auf wirtschaftliche Unternehmungen einzulassen. Obwohl in den ersten Jahren der Übernahme durch die preußische Regierung die Badeverwaltung sehr bedeutende Überschüsse erzielte, wurden doch die wirtschaftlichen Angelegenheiten der Restauration usw. in beiden Konversationshäusern verpachtet. Dadurch war der Staat nur noch durch den Eigenbetrieb der Königl. Logierhäuser am Beherbergungsgewerbe beteiligt. Durch Verfügung des Finanzministeriums wurden im Jahre 1872 fiskalische Grundstücke an Private verkauft mit der Verpflichtung, innerhalb drei Jahren ein Haus darauf zu errichten. Die Bauplatzpreise waren verhältnismäßig hoch, so daß fast nur auswärtige Interessenten in der Lage waren, von dieser „Vergünstigung" Gebrauch zu machen. Im Jahre 1872 wurden 44 Grundstücke zum Gesamtpreise von annähernd 13 800 Talern verkauft (340). Der Gemeindevorsteher rügte diese Politik mit folgenden Worten: „Der früher bestandene in der Billigkeit und Zweckmäßigkeit liegende Brauch, daß Teile des fiskalischen Grundes und Bodens gegen mäßige Vergütung (Erbpacht) an hiesige Einwohner zur Kultivierung und Bebauung überwiesen wurden, hat gänzlich aufgehört. Öde Sandplätze sind für über 100 000 Mark verkauft, so z. B. ist Schlachtern für Schlachthausplätze $1/4$ Stunde vom Ort entfernt 30 Mark pro qm abgefordert worden" ... (341).

Außer einigen wohlhabenden Norderneyer Fischern, die durch das Beispiel der im Jahre 1873 erbauten „Bremer Häuser" (342) zum Übergang auf ein intensives Vermietungsgewerbe ermutigt wurden, bauten fast nur festländische Kaufleute, Wirte und Handwerker auf den neuen Bauplätzen größere Logierhäuser. Norder Juden hatten einen großen Teil der ausgebotenen Grundstücke in ihre Hand gebracht, warteten die günstige Weiterentwicklung des Bades ab und trieben mit Grundstücken oder Häusern einen lebhaften Spekulationshandel, wobei sie die Käufer vorzugsweise auf dem Festlande suchten. Bereits im Jahre 1873 wurden 60 bis 70 Zugewanderte gezählt (343). Die durch die preußische Regierung eingeführte allgemeine Gewerbefreiheit, die von Jahr zu Jahr steigenden Besucherziffern, der gute Verdienst aus dem Fischereigewerbe trugen zur Zuwanderung bei.

b) Die privaten Organisationen

Da der preußische Staat sich von Anfang an nicht unmittelbar in die wirtschaftlichen Verhältnisse der Inselbewohner einmischte, so waren diese darauf angewiesen, durch die Gemeindevertretung wie durch freie Organisationen das Wirtschaftsleben durch eigene Kraft zu sichern, durch Werbung zu fördern und überhaupt den wachsenden Bedürfnissen entsprechend

Bevor es seit 1908 ein Familienbad in Norderney gab, hatten Damen und Herren von 1797 bis 1908 getrennt zu baden. Alle drei Bäder bestanden noch bis 1920 nebeneinander. So sah das Herrenbad vor der Georgshöhe aus. Bis hierher führte auch die Straße Herrenpfad. Ihr letztes Stück heißt heute Bismarckstraße.   Photo: Privat

zu begegnen. So wurde zur Förderung der Interessen des Seebades Norderney und zur Hebung des Badegewerbes im Jahre 1884 der Verkehrsverein gegründet (344).

Er bezweckt in der Hauptsache:

1. Verbesserungen resp. Verschönerungen, welche im Interesse der Insel Norderney liegen, entweder selbständig zu schaffen oder durch Einwirkung auf die maßgebenden Personen und Behörden zu veranlassen.
2. Durch Mitteilungen an die Presse, durch Inserate und andere öffentliche Kundgebungen darauf hinzuwirken, daß die Vorzüge von Norderney möglichst weiten Kreisen bekannt und irrtümliche Auffassungen einer Berichtigung zuteil werden.

Durch die Initiative der Insulaner und der Zugewanderten, zu denen noch im gleichen Jahre das Kurparlament — eine freie Organisation aus Kurgästen — kam, wurde einem Stillstand in der Entwicklung des Badeortes vorgebeugt und die Gefahr, daß Norderney anderen Badeorten gegenüber nicht konkurrenzfähig blieb, vermieden. Ein Gewerbeverein, der im Jahre 1892 gegründet wurde und dem ein Wirteverein im Jahre 1894 folgte, unterstützten den Ortsverein in seinen Bestrebungen (345).

Mit der Übernahme der Insel durch die preußische Verwaltung wurde Norderney den festländischen Landgemeinden völlig gleichgestellt. Die alten Abgaben an die herrschaftliche Kasse wurden durch gesetzliche Gemeinde- und Staatssteuern abgelöst, zu denen auch die Seebadekasse entsprechend ihren Einnahmen und ihrem Gebäudebesitz beitrug. Nach den §§ 8 bis 16 und 65 der preußischen Landgemeindeordnung wurde das Vierklassenwahlrecht eingeführt, mit der Einwohner- und Besuchsziffernzunahme erhöhten sich die Steuereinnahmen. Von 107 Gewerbetreibenden betrug im Jahre 1870 das Gewerbesteueraufkommen 280 Taler (346):

```
16 Personen mit einfachem    Stimmrecht . . . . . . . . . . . . .   15 Taler
50 Personen mit doppeltem    Stimmrecht . . . . . . . . . . . . .   45 Taler
30 Personen mit dreifachem   Stimmrecht . . . . . . . . . . . . .  101 Taler
11 Personen mit vierfachem   Stimmrecht . . . . . . . . . . . . .  119 Taler
                                                                   280 Taler
```

Das Einkommensteuersoll betrug im Jahre 1874 (346):

```
264 Personen mit einfachem    Stimmrecht (2²/₃ Taler) . . . . . . . .  750 Taler
121 Personen mit doppeltem    Stimmrecht (2³/₄ Taler) . . . . . . . .  897 Taler
 50 Personen mit dreifachem   Stimmrecht (4     Taler) . . . . . . . .  597 Taler
 11 Personen mit vierfachem   Stimmrecht (8     Taler) . . . . . . . .  348 Taler
                                                                      2592 Taler
```

Seit dem Jahre 1880 werden die auswärtigen Gewerbetreibenden zu den Gemeindesteuern mit herangezogen. Die Wandlung der steuerlichen Verhältnisse während der preußischen Zeit wird durch die seit 1900 vorliegenden Gemeinde-Etats charakterisiert (348—351) (Tab. 24, 26, Anhang).

5. Die Lage des Fremdenverkehrs und der durch ihn bedingten und beeinflußten Gewerbe vor Ausbruch des ersten Weltkrieges

a) Der finanzielle Ertrag des Fremdenverkehrs

Bei der Berechnung des Ertrages des Fremdenverkehrs muß naturgemäß neben der Quantität des Verkehrs auch die Qualität berücksichtigt werden.

Neben der Anzahl der Besucher sind also:

1. ihre Nationalität
2. ihr Beruf
3. die Aufenthaltsdauer
4. die Länge der Badezeit

der Berechnung zugrunde zu legen, wenn auch nicht alle als gleichberechtigte Faktoren. Die Berufsstatistik ist schon brauchbarer als die der Nationalitäten, und die Aufenthaltsdauer wie die Badezeit sind zweifellos für unseren Zweck von ausschlaggebender Bedeutung. Zur Ergänzung ihrer Resultate bedürfen sie aber der Berücksichtigung der beiden anderen Momente. Es bleibt dabei zu beachten, daß wir uns hier mit Annäherungswerten begnügen müssen, die für eine wissenschaftliche Untersuchung gerechtfertigt erscheinen, wenn das zugrunde gelegte Urmaterial nicht sehr fehlerhaft ist.

Die Nationalitätenstatistik, die gebräuchlichste von allen, bietet nur einige Anhaltspunkte. Ausschlaggebend ist weniger die Gesamtzahl der ausländischen Besucher als der Anteil der wohlhabenderen Gäste, also im allgemeinen Engländer, Holländer, Russen usw. Gerade diese wohlhabenden Gäste stellten den Hauptanteil der ausländischen Besucher Norderneys. Sie bilden ein relativ geringes Kontingent. Ihre Zahl betrug (352):

Jahr	in v H der Gesamtbesucherzahl
1867	8,50
1880	7,40
1890	7,20
1900	6,10
1913	3

Hinsichtlich des Berufs der Norderneyer Kurgäste ist zu sagen, daß die meisten Gäste — im Zeitraum der Untersuchung von 1867 bis 1913 — den ersten Gesellschaftsschichten angehörten. Das Kontingent stellten Mitglieder fürstlicher oder adliger Häuser, Gelehrte, Staatsbeamte, Künstler, Kaufleute, Gutsbesitzer, Militärs, Leute mit meistens gutem Einkommen und Vermögen, bei denen die Wertschätzung des Geldes eine geringere ist als bei weniger Bemittelten, Leute ferner mit gehobenem Lebensstandard, die daheim meist das Wohlleben gewohnt sind. Sie kommen zur Insel mit einer allgemein wenig lebensabgewandten Weltanschauung, um hier in sorglos heiteren Tagen ihre Gesundheit zu stärken oder wiederzuerlangen, wofür ihnen häufig kein Mittel zu kostspielig ist. Es ist dies für die Herausbildung hoher Tagespreise von großer Bedeutung („Kurgastpreise").

Die Frequenz der Norderneyer Kurgäste im Jahre 1913 nach den Berufen (352)

	in vH	
Mitglieder fürstlicher oder adliger Häuser	3	
Land- und Forstwirtschaft	2	
Industrie und Gewerbe	8	
Handel, Banken	28	
Verkehrsunternehmer, Ingenieure, Architekten	1	
Ärzte	2	
Rechtsanwälte, Notare	1	
Rentner, Hausbesitzer	8	53
Beamte	12	
Militärs	1	
Professoren, Lehrer, Studierende	4	
Pastoren, Schwesternschaften	1	18
Personen ohne Berufsangabe, dazu Diener, Reisebegleiter, Erzieher usw.	29	29
		100

Wichtiger und entscheidender als die nationalen und sozialen Momente ist die Frage der Aufenthalts- und der Saisondauer. Die offizielle Badezeit beginnt am 1. Juni und endigt am 10. Oktober. Die Insulaner rechnen im allgemeinen mit 6 Wochen Hochsaison, d. h. mit der Zeit, in der die Insel voll besetzt ist. Bei der Aufenthaltsdauer ist noch der elementare Unterschied zwischen Kurgästen und Passanten zu machen.

Der Anteil der Kurgäste und Passanten an der Gesamtbesucherzahl

Jahr	Besucher insgesamt	wirkliche Kurgäste	davon		
			vH	Passanten	vH
1890	17 214	11 849	68	5 365	32
1895	24 092	14 686	64	9 406	36
1900	25 927	13 960	54	11 967	46
1905	37 874	19 995	52	17 879	48
1910	42 590	22 418	52	20 172	48
1912	35 831	15 560	43	20 271	57

Über die Aufenthaltsdauer liegen keinerlei Angaben vor. Aus den Fremdenlisten zahlreicher Hotels, Pensionen und Logierhäuser ist ersichtlich, daß die durchschnittliche Dauer der Badezeit für den einzelnen Kurkarteninhaber 15 bis 30 Tage, für den Passanten 1 bis 3 Tage betrug. Als Berechnungsgröße sind daher für die durchschnittliche Aufenthaltsdauer eines Kurgastes 21 Tage, für einen Passanten 2 Tage zu bewerten.

Mit Rücksicht darauf, daß sowohl unter den Nationen wie besonders unter den Berufen die Wohlhabenderen stark vertreten sind (354), ist für die täglichen Ausgaben der zu veranschlagende Satz mit 10 Mk. zu bemessen. Ist er für die früheren Jahrzehnte vielleicht etwas zu hoch, so gleicht sich vielleicht dadurch bis zu einem gewissen Grade die Fehlerquelle aus. Bestätigt wird dieser Tagessatz durch die Untersuchungen der sog. Badekontos, die die Kurgäste sich gewöhnlich bei den hiesigen Banken für die Zeit ihres Aufenthaltes einzurichten pflegten. Es ergaben sich danach etwas höhere Sätze, doch waren gewöhnlich auch besonders Begüterte (Bankdirektoren, Fabrikbesitzer, Gutsbesitzer, Fürstlichkeiten usw.) Kontoinhaber (355).

Für die Passanten ist der etwas höhere Satz von 11 Mk. anzusetzen, da sie häufig den Sonnabend und Sonntag auf der Insel verbringen und in stärkerem Maße die Gaststätten und Vergnügungslokale aufsuchen.

Es beträgt sodann der finanzielle Ertrag des Fremdenverkehrs (356):

Jahr	Kurgäste	Passanten	Ertrag in Mk.
1867	3 262	503	696.086
1890	11 849	5 365	2 606.320
1900	13 960	11 967	3 194.874
1913	15 660	20 271	3 734.562

b) Das Badegewerbe

aa) Die staatlichen Betriebe

Die Einnahmen und Ausgaben der Badeverwaltung waren also ganz bedeutend (357—360) (Tab. 27 und 28, Anhang). Während die durchschnittlichen Jahresüberschüsse in den Jahren 1869—1905 = 3754,— Mk. ergaben, betrugen sie in den 6 Jahren vor dem Weltkriege 129 954,— Mk. Diese Beträge stellten einen wesentlichen Anteil des gesamten finanziellen Ertrages des Fremdenverkehrs dar. Während einerseits die staatlichen Anstalten und Veranstaltungen die Grundbedingungen für ein erfolgreiches Gedeihen des Badegewerbes bilden, entziehen sie andererseits durch Eigenunternehmungen im Vermietungsgewerbe und durch die in Pacht gegebenen Wirtschaften, Restaurants und Läden den ansässigen privaten Gewerbetreibenden erhebliche Einnahmen, was sich besonders in Zeiten weniger lebhaften Verkehrs bemerkbar macht. Eine prinzipielle Frage, ob privaten, staatlichen, kommunalen oder gemischtwirtschaftlichen Badebetrieben der Vorzug größerer ökonomischer Zweckmäßigkeit gebührt, ist mit Rücksicht auf die historische Gestaltung der konkreten Verhältnisse in den einzelnen Badeorten von nur geringer praktischer Bedeutung (361). Auch den staatlichen und kommunalen Anstalten darf als Badeerwerbsunternehmungen ein Nutzen nach einer angemessenen Verzinsung der investierten Kapitalien innewohnen. Bei entsprechend freier und kaufmännischer Verwaltung kann sich der öffentliche Betrieb, wie das Beispiel Norderneys zeigt, technisch und wirtschaftlich vollkommen rationell gestalten. Der Staat kann dabei auch die allgemeine sozialpolitische Bedeutung des Bades als Heilstätte für Erholungsbedürftige in allen Vermögensverhältnissen mit Erfolg verwerten und in die Tat umsetzen.

bb) Das Hotelwesen

Die eigentlich führende Rolle im Erwerbsleben bis zum ersten Weltkriege hatten die Hoteliers, die das Beherbergungs- und Verpflegungsgewerbe in Verbindung mit dem Schankbetrieb ausübten.

Das Hotelwesen ist mehr qualitativ zur Entwicklung gelangt. Die steigenden materiellen Bedürfnisse nach 1871 bis zum Weltkriege, die erleichterte Konzessionserteilung während der preußischen Zeit, der rasche Aufschwung des Fremdenverkehrs trugen zur Wandlung vom einfachsten Gasthof zum modernen Hotel bei (Tafel XX, Abb. 33). Mit Ausnahme einiger

Das Norderneyer Herrenbad um 1890.

Photo: Privat

größerer Strandhotels herrscht auch bis zum Jahre 1914 noch der Mittelbetrieb vor. Fast alle gewähren gute, vielseitige und abwechslungsreiche Verpflegung. Die Preisfixierungen der Speisekarten besagen, daß die Verabreichung von Mahlzeiten denen eines mittleren Hotels in den Städten entspricht. Die Preise schwanken zwischen 1,25 bis 2,25 Mk. Die Preise für Getränke entsprechen ebenfalls denen in den Städten. Eine Ausnahme machen die Zimmerpreise, deren Verschiedenheit zahlreiche Gründe hat. Einmal ist die Qualität der Zimmer selbst sowie ihre Lage zum Meere entscheidend, andererseits die Wahl der Kurzeit, ob in der Vor-, Hoch- oder Nachsaison ein Zimmer verlangt wird und wie sich im allgemeinen die Saison gestaltet; der Zimmerpreis richtet sich dann also nach Angebot und Nachfrage. Im allgemeinen dürfte folgende Zusammenstellung die Preislage kurz vor dem Weltkriege charakterisieren (362):

Wohnungen für 1 Person mit Verpflegung (pro Woche)	Preise in Mk.
1. Vornehm eingerichtete Wohnungen, mit Aussicht auf die See (Wohn- und Schlafzimmer)	125 bis 175
2. Ebensolche, abseits vom Strande	60 bis 100
3. Weniger gut eingerichtete Zimmer	45 bis 60
4. Ganz einfach möblierte Zimmer	42 bis 45

Die Preise zeigen gegenüber städtischen Verhältnissen eine nicht unerhebliche Höhe. Es ist dabei zu berücksichtigen, daß die Nordseebäder von allen Bädern Deutschlands die kürzeste Saison haben und somit in offiziell vier Monaten, tatsächlich aber in kaum acht Wochen soviel aufbringen müssen, wie andere Kurorte in doppelter oder dreifacher Zeit und städtische Betriebe in 12 Monaten. Daher sind der Verdienstmöglichkeit des Hoteliers wie aller anderen insularen Gewerbetreibenden nach oben hin Schranken gezogen. Die für die Badezeit relativ nicht übergroße Anzahl der Hotels, fast alle in Familienbesitz, ist im Winter nicht existenzfähig. Die meisten Hotels schließen daher in den Wintermonaten den Betrieb. Nur einige betreiben ein Jahresgeschäft. Die allgemeine Lage des Hotelgewerbes ist als lebensfähig zu beurteilen, nur ein größeres und drei mittlere Hotels sind stärker belastet. Die Überschuldung ist in allen Fällen dadurch verursacht, daß während der letzten Jahre vor dem Kriege durch größere Anbauten oder Umbauten größere fremde Kapitalien in Anspruch genommen werden mußten (363).

Größenverteilung und Belastung der Norderneyer Hotels

Betten	Anzahl der Hotels 1870	1900	1914	Schätzungswert in Mk.	Belastung in Mk.
10 bis 40	4	10	7	770 000	355 250
40 bis 80	—	6	10	1 805 000	2 031 500
80 bis 120	—	3	2	} 1 357 000	} 1 435 000
120 bis 275	—	3	3		
	4	22	22	3 932 000	3 821 750

cc) Die Pensionshäuser

Für die Pensionshäuser gilt in vieler Beziehung das für die Hotels Gesagte. Im allgemeinen sind die Pensionspreise niedriger und reichen an die der kleinen Hotels heran. Ihre Anzahl nahm erst im Laufe des neuen Jahrhunderts erheblich zu. Die Insulaner gewöhnen sich schwer an das kauf-

So sah das heutige Hotel „Friese" in der Friedrichstraße um 1880 aus, als die Straßen noch nicht gepflastert waren. Das Pflastern begann erst wenige Jahre später.

Photo: Edmund Risse, Berlin

männische und küchentechnisch höhere Anforderungen stellende Gewerbe. Im Laufe der letzten Jahre vor dem Kriege wurden die Pensionshäuser vorzugsweise von Stammgästen, alleinreisenden Personen oder kinderlosen Ehepaaren aufgesucht. Von Familien wurden die Logierhäuser bevorzugt. Im insularen Wirtschaftsleben haben die Pensionshäuser bis zum Jahre 1914 eine untergeordnete Bedeutung.

Größenverteilung und finanzielle Lage der Pensionshäuser (364)

Betten	Anzahl der Pensionshäuser			Schätzungswert in Mk.	Belastung in Mk.
	1870	1900	1914		
10 bis 20	2	2	6	78 000	60 950
20 bis 40	1	9	17	468 000	463 000
40 bis 60	—	1	6	128 000	122 600
60 bis 90	—	1	3	—	—
	3	13	32	674 000	646 550

dd) Die Logierhäuser

Die einfache Vermietung wird in größerem oder geringerem Maße von allen Insulanern betrieben. Es soll deshalb die Organisation und die Wirtschaftlichkeit dieses allgemeinen Inselgewerbes eingehender dargestellt werden.

Die übliche Form der Norderneyer Mietverhältnisse ist die, daß die Gäste in Logierhäusern oder Villen zu wohnen pflegen, während in den Hotels und Restaurants die Hauptmahlzeiten eingenommen werden. Bei allen Privatlogis ist Morgenkaffee einbegriffen, und nicht selten wird auch von den Gästen hier das Abendbrot, das keine großen Anforderungen an das Küchentalent der Hausfrau stellt, eingenommen (Tafel XX, Abb. 34).

Es sind zwei Kategorien dieser Erwerbsbetriebe vorhanden. Die erstere besitzt eigens dazu eingerichtete Logierhäuser mit 20 bis 50, im Winter völlig leerstehenden Zimmern. Der Besitzer lebt größtenteils von dem Mietertrage, während zur zweiten Kategorie solche Vermieter gehören, die das Vermieten der eben verfügbaren Zimmer nur als Nebenerwerb betreiben und ihre Haupteinnahme in der Regel aus einem anderen Gewerbe beziehen. Genaue Grenzen lassen sich bezüglich des haupt- oder nebengewerblichen Charakters nicht ziehen, da die Einnahmen aus dem Logiergewerbe je nach Ausfall der Saison oft über, oft unter dem Niveau der aus anderen Erwerbsarten fließenden Erträge sich bewegen. Dem Logiergewerbe liegen fast alle Familien ob (Tafel XXI, Abb 35). Es sind vor allem die Frauen, die hier die Arbeit verrichten. Ihnen ist durch die Organisation der insularen Arbeitsteilung ein ihrer Individualität entsprechendes Arbeitsfeld zugewiesen. Der Schwerpunkt der jetzigen Arbeit liegt besonders in der Sorgfalt und Aufmerksamkeit, mit der sie Gäste betreuen, sie erfordert nicht mehr die körperlichen Anstrengungen und Strapazen, wie sie das frühere Erwerbsleben mit sich brachte.

Ein konkretes, typisches Beispiel möge eine Vorstellung von der Rentabilität dieses Gewerbes und seiner Abstufungen geben. Dazu bedarf es einer Unterrichtung über die Preisverhältnisse der Wohnungen im allgemeinen.

Die Zimmermieten sind natürlich, je nach der Lage des Hauses und seinem Komfort sehr verschieden; im allgemeinen gilt auch hier der bei Hotels und Pensionen übliche Maßstab: „Je näher dem Strande, desto höher die Preise." Am Strande haben die Bauplätze einen hohen Lagewert und kosten bis zu hundert Mark pro Quadratmeter, so daß die Häuser mit den höheren Mieten eine Art Vorzugsrente abwerfen, entsprechend den Abstufungen der Bodenwerte mit der Entfernung der Häuser vom Strande nimmt die Rente ab.

Folgende Zusammenstellung dürfte die Preislage charakterisieren (365):

Wohnung für 1 Person für eine Woche (ohne Verpflegung)	Preise in Mk.
1. Vornehm eingerichtete Wohnung, mit Aussicht auf See, bestehend aus Wohn- und Schlafzimmer	80 bis 120
2. Ebensolche, abseits vom Strande	40 bis 80
3. Weniger vornehm eingerichtete Zimmer	20 bis 40
4. Ganz einfache Zimmer	10 bis 20

Von diesen Klassen ist die dritte am meisten vertreten und wird von den Sommergästen am meisten beansprucht. Bezüglich der Zimmerzahl ist der hauptsächlichste Typus das Logierhaus mit 14 bis 30 Zimmern. Die Herstellungskosten (366) eines derartigen Hauses in mittlerer Lage mit einer Front von etwa 18 m und einer Tiefe von etwa 25 m wurde vor dem Kriege auf ungefähr 40 000,— Mk. taxiert, die Inventarkosten für 25 Zimmer auf 20 000,— Mk. Die Gesamtkosten beliefen sich demnach auf 60 000,— Mk. Alle 25 Zimmer, von denen 15 zu 25,— Mk. und 10 zu 20,— Mk. pro Woche vermietet sein mögen, bringen nun 15mal 25,— = 375,— Mk., dazu 10mal 20,— = 200,— Mk. insgesamt 575,— Mk. pro Woche an Miete ein. Berücksichtigt man die kurze Dauer der Hochsaison, so ist durchschnittlich mit einer siebenwöchigen Besetzung zu rechnen. Die Gesamteinnahmen der Besitzer belaufen sich demnach auf 7mal 575,— = 4025,— Mk. an Miete. Davon gehen ab an Zinsen für aufgenommene Kapitalien (von 12 000,— Mk. unter Zugrundelegung eines Zinsfußes von 4 % = 480,— Mk., so daß nach Abzug der Betriebsunkosten (Lohn für Personal, Reparaturen, Wasser- und Lichtgeld pp.) im Betrage von 500,— Mk. insgesamt 3045,— Mk. als Reinertrag verbleiben. Dazu kommen noch für evtl. verabreichte Kost entsprechende Zuschläge.

Das Einkommen aus diesem Gewerbe gestaltet sich je nach der Größe des Logierhauses äußerst differenziert. Einem Logierhause mit etwa 60 Zimmern mit einem Maximalerlös von über 9000,— Mk. steht der Minimalbetrag von 200,— bis 300,— Mk. gegenüber, die der Besitzer eines sehr kleinen Hauses erzielt, wenn er seine noch eben verfügbaren Räume den Gästen überläßt (367). Im ersteren Falle ist jener große Unternehmer im Winter jeglicher Tätigkeit, die auch im Sommer nur dispositiver Natur ist, enthoben. Der finanzielle Ertrag ist in hohem Grade von der Gunst des Wetters und den festländischen volkswirtschaftlichen und politischen Verhältnissen abhängig. Der Beruf eines Logierhausbesitzers entbehrt daher des spekulativen Charakters nicht. Der kleine und mittlere Unternehmer, der das ganze Jahr hindurch noch eine andere Haupt- oder Nebenbeschäftigung ausübt, lebt dagegen bei zwar gewöhnlich kleineren Einkommen in desto gesicherteten Verhältnissen, indem er in kritischen Zeiten in dem Ertrage seines Handwerks oder seiner Lohnarbeit einen Rückhalt findet.

Die allgemeine wirtschaftliche Lage im Vermietungsgewerbe i. w. S. ist vergleichsweise günstiger als die des Hotel- und Pensionshausgewerbes für sich genommen. Die Vorteile liegen in dem Haupteinkommen, welches fast alle Hausbesitzer aus dem Beruf als Kaufmann, Beamter, Handwerker, Arbeiter ziehen. Der finanzielle Wert der für das Vermieten in Betracht kommenden Gebäude (außer Hotels und Pensionen) ergibt sich für 1914 aus dem Schätzungswert von 20 394 000,— Mk., dem als Belastung nur 13 531 700,— Mk. entgegenstehen (368).

c) Handel und Handwerk

Mit der Darstellung des Fremdengewerbes ist der spezifisch hervortretende Gewerbezweig gezeichnet. Daneben haben sich ein rühriger Handel und ein ausgedehntes Handwerkswesen entwickelt; beide dienen den mannigfachsten Bedürfnissen des Fremdenverkehrs und den Ansprüchen der Badegäste. Durch die Freizügigkeit der kaufmännischen und gewerblichen Geschäftsgründungen und Betriebsführungen seit Beginn der preußischen Zeit war die Zahl der Ladenbesitzer wie die der Handwerker 1913 stark angewachsen (369) (Tab. 29, Anhang).

In den Läden Norderneys bieten sich branchenreiche Verkaufsstätten aller zum täglichen Leben erforderlichen Nahrungsmittel und Bedarfsartikel; ebenso haben mehrere Luxusgeschäfte hier ihre Existenz gefunden, in denen man alles beieinander findet, was Toilette, Schmuck, Sport, Spiel, Kunstbedürfnis verlangen. Sehr zahlreich ist die Lebensmittelbranche vertreten, unter ihnen treten wieder die Feinkosthandlungen, einzelne auf großstädtischer Höhe, hervor. Auch gibt es verhältnismäßig viele Bäckereien und Konditoreien. Die Zahl der in der Nahrungsmittelbranche tätigen Kaufleute ist gegenüber der der Manufakturwaren-, Strandartikel-, Eisenwaren- und Genußmittelhändler geringer. Das liegt vor allem an den spezifisch insularen Verkaufsgegenständen: Bade- und Strandartikel, Muscheln, Seehundsfellartikel, Seevogelfabrikate, präparierte Seetiere usw. Verhältnismäßig stark vertreten sind auch Zigarren- und Photoartikelgeschäfte, letztere als spezifische Begleiterscheinung des Fremdenverkehrs, wie sie in allen Bädern und Ausflugsorten in Erscheinung tritt (Tafel XXI, Abb. 36).

Die Handeltreibenden stellen die breite Schicht der Inselbevölkerung dar; sie steht wirtschaftlich an führender Stelle. Sie ist zu trennen in dauernd ansässige Kaufleute und solche, die nur im Sommer ein Ladengeschäft betreiben. Zu den ersteren zählen fast ausnahmslos die Vertreter des Nahrungsmittelzweiges, deren Feinkosthandel naturgemäß in den langen Wintermonaten wegen der Anspruchslosigkeit der Insulaner fast völlig ruht. Die

„Schuchardts Hotel" 1869. Heute liegt es am Kurplatz/Ecke Poststraße und heißt nach seinem Besitzer „Hotel König". Photo: Privat

"Saisonkaufleute", wie die nur zur Saison anwesenden Kaufleute im Insulanermunde heißen, verkaufen Putz- und Modeartikel, Schmuckwaren, Gemälde, Antiquitäten usw. Zu unterscheiden sind zwei Gruppen von Saisonkaufleuten. Unter der ersteren befinden sich zahlreiche Angestellte führender festländischer Firmen, die zu Werbezwecken in den Nordseebädern Filialen für Rechnung des Hauptgeschäfts führen.

Die andere Gruppe der Saisonkaufleute besteht aus fast jährlich wechselnden Geschäftsleuten. Sie kommen gewöhnlich mit großen Hoffnungen, aber meist unrichtigen Kalkulationen, weil ohne genaue Kenntnis der spezifischen Norderneyer Saisonverhältnisse. Sie mieten für die Zeit der offiziellen Saison, also vom 1. Juni bis 10. Oktober, und sind sich selten bewußt, daß die tatsächliche Badezeit nur 6 bis 7 Wochen währt. Die Generalunkosten für die kurze Geschäftszeit, Hintransport, Ladenmiete, Steuern, Rücktransport, lassen selten einen Verdienst übrig. Im allgemeinen sind sie am Ende der Badezeit zufrieden, wenn es ihnen möglich war, die Badezeit auf Norderney aus den Erträgnissen ihres Geschäfts ohne große Unkosten mitgemacht zu haben. Trotzdem ist die Nachfrage nach Läden jedes Jahr sehr groß, jede neue Saison bringt neue Branchen und neue Glücksritter, von den Insulanern "Einjährige" genannt. Wenn auch die Ladenmieter selbst dauernd wechseln, so bildet doch die Tatsache, daß alle Läden zur Saison besetzt sind, für die ansässigen Kaufleute eine stete Konkurrenz, und gerade durch den steten Wechsel bildet sich ein vergleichsweise scharfer Wettbewerb heraus.

Während so der Handel in der Badezeit seine meisten und größten Verkäufe tätigt, tritt das Handwerk während der Sommermonate fast ganz zurück. Die Haupttätigkeit der Handwerks- und sonstigen werktätigen Bevölkerung liegt im Frühjahr und Herbst, wenn die Vorbereitungs- resp. Räumungs- und Instandsetzungsarbeiten auszuführen sind. In diesen Zeiten sind die Handwerker meistens stark beschäftigt. Sehr stark ist auch das Baugewerbe vertreten, das selbst in Jahren, in denen Neubauten fehlen, wegen der durch die klimatischen Verhältnisse besonders stark leidenden und daher laufend reparaturbedürftigen Gebäude immer Beschäftigung findet. Es folgen nach der Zahl der Berufstätigen: Schuhmacher, Schneider, Maler, Tischler, Sattler.

Diejenigen Handwerker, deren Gewerbe einen Handel mit entsprechenden Fertigwaren begünstigt, betreiben im Sommer gewöhnlich nebenbei ein Ladengeschäft, so Schuhmacher mit Schuhwaren, Strandschuhen, Schuhpflegeartikeln, Schneider mit Anzügen, Anzugsstoffen und Badeartikeln, Sattler mit Lederwaren, Geschenk- und Reiseartikeln. Sie suchen häufig dann noch die kurze aber günstige Badekonjunktur durch Aufstellen einer Personenwaage an hervortretender Stelle ihrer Veranda oder im Laden intensiver auszunutzen. Der andere Teil der Handwerker oder Arbeiter findet als Angestellter der Badeanstalt, als Hilfskraft (Billeteur) der Reedereien, Theater oder Vergnügungslokale oder als Gepäckträger seinen Verdienst.

d) Die gebundenen Berufe

aa) Staatliche Angestellte

Die wichtigste Beschäftigungsart bildet der Dienst in der Badeverwaltung. Sie erforderte 1914 außer drei Berufsbeamten und zwei durch Renu-

Diese Badefrau ließ sich in jungen Jahren beim Photographen Sasse vor dessen schön gemaltem Hintergrund vor der Jahrhundertwende aufnehmen. Lange vor 1900 photographiert.

Hier ein Bild einer älteren Badefrau. Ebenfalls aufgenommen beim Photographen Sasse.

merationen begünstigte Badeärzte je nach Ausfall der Saison 140 bis 160 Hilfskräfte. Den Hauptteil stellen die Badewärter und Badefrauen. Diese sind in annähernd gleicher Anzahl vertreten. Ihre Anstellung erfolgt nach Bedarf und ihre Entlohnung wird nach den Tagen ihrer Dienstzeit berechnet. Der Tagelohn stieg von 3 Mk. im Jahre 1900 auf 5 Mk. 1914 für die männlichen Angestellten und von 2 Mk. auf 2.50 Mk. für die weiblichen Angestellten. Einen etwas höheren Lohn bekamen die älteren Badewärter und die qualifizierten, d. s. Badeaufseher, Kartenverkäufer, Strandaufseher und Schwimmer mit 5,50 Mk. pro Tag (Tafel XXII, Abb. 37 u. 38).

Wesentlich erhöht werden die Löhne noch durch Trinkgelder, die auf typisch insulare-solidarische Weise der gesamten Badebedienung und letztlich wieder dem einzelnen zugute kommen. Jeder Badeangestellte, der in unmittelbare Berührung mit dem badenden Publikum kommt, erhält fast ausnahmslos durch das schnelle Besorgen einer freien Kabine oder Badekutsche, durch das Aufbewahren von Wertgegenständen, durch Nachspülen mit Seewasser, Abreibungen und andere Gefälligkeiten ein Entgelt. Nun besteht unter der gesamten Badedienerschaft das Übereinkommen, dieses Trinkgeld sofort in eine verschlossene Büchse zu werfen. Der Gesamtertrag aller Trinkgelder wird am Ende der Saison zu gleichen Anteilen an alle männlichen und weiblichen Angestellten verteilt. Über die Höhe des auf den einzelnen fallenden Ertrages wird strengstes Stillschweigen bewahrt. Nach persönlicher Ansicht des Leiters der Seebadekasse erreicht die Trinkgeldhöhe mindestens die Summe des ganzen Gehalts, d. h. für 1913 den Gesamtbetrag von 46 684,— Mk. So stellt sich der Verdienst eines Badewärters während durchschnittlich achtwöchiger Tätigkeit auf etwa 700,— Mk., die Einnahme der Badefrauen auf 600,— Mk., oder für den Tag 13,— resp. 10,— Mk. Doch sind diese Größen, wie erwähnt, nur als Minimum zu bewerten. Der Andrang zu diesen Stellungen ist daher ein sehr großer, und es gibt Badewärter und Badewärterinnen, die trotz der Schwere des Berufs bereits 25 bis 40 Jahre regelmäßig im Sommer ihrer Tätigkeit wieder nachgehen. Es sind ausschließlich Insulaner, zum großen Teile aus Fischerkreisen, denen ihre kräftige Statur und gewohnheitsmäßige Übung gestattet, den langen täglichen Dienst (von 6 bis 2) — viele Badewärter und Schwimmer fast immer im Wasser stehend — zu verrichten (370) (Tab. 30, Anhang).

bb) **In öffentlichen und privaten Diensten**
sind etwa 1000 Personen beschäftigt, darunter 350 Arbeiter und Arbeiterinnen. Ein großer Teil der Arbeiter lebt von dem Verdienst, den der Hafenverkehr mit sich bringt. Auch das Fuhrwesen (Gepäckträger) und Baugewerbe beschäftigt zahlreiche Männer. — Außerdem werden jährlich etwa 1200 bis 1500 Angestellte verpflichtet, die als Kellner, Hausdiener, Handlungsgehilfen, Büropersonal, Musiker, Friseure und häusliche Dienstkräfte wie Verwalterinnen, Köchinnen, Zimmermädchen für die Bedürfnisse des Fremdenverkehrs unentbehrlich sind (371, 372). Die für häusliche Zwecke engagierten weiblichen Kräfte beginnen gewöhnlich am 1. Mai ihren Dienst, und von diesem Zeitpunkt an beginnt dann das große Reinemachen, „Schummeln" auf der Insel genannt. Die Möbel werden aufgestellt, Betten und Teppiche geklopft, Fußböden geputzt, Fenster gereinigt, kurzum alles wird zum Empfang der Gäste eingerichtet.

In ähnlicher Weise wird nach beendigter Saison wieder abgerüstet. Nach geschehener Arbeit verlassen die Zimmermädchen als letztes Personal die Insel. Nur wenige von ihnen nehmen für den Winter Stellung in Insulanerfamilien an, da es auf der Insel zu den Ausnahmen gehört, sich ein Dienstmädchen zu halten. Über die Bewegung des Saisonpersonals unterrichten die Tabellen 31 und 32 (371, 372).

6. Wandlungen im kirchlich-sozialen Leben der Inselbevölkerung

Während bis zum Jahre 1864 der Gemeinde ein Pastor überwiesen wurde, bekam durch die Einführung der Synodalverordnung die Insel das Recht, sich einen Seelsorger selbst zu wählen. Bis 1864 waren in häufigem Wechsel zumeist junge Pastoren, die gerade die Staatsprüfung gemacht hatten, für den Inseldienst bestimmt worden. Jetzt bleibt im allgemeinen der Geistliche lebenslang auf der Insel. Das war von großer Bedeutung für das soziale und religiös-sittliche Leben der Bevölkerung. Außer dem Pastoren gab es außer der Saison kaum einen Menschen auf der Insel, der die Insulaner an Bildung überragte. Er war in den langen Wintermonaten mit ihnen auf das engste verbunden, und da die Behörden selbst um das soziale Wohl und Wehe der Inselbevölkerung fast unbekümmert blieben, so war der Einfluß des Seelsorgers um so bedeutender. Bis zur preußischen Zeit war die Störung durch die Badesaison noch sehr gering, da nur eine kleine Schar von Kurgästen während des Sommers die Insel besuchte, in der Hauptsache die hannoversche Königsfamilie (Tafel XXIII, Abb. 39) mit vielen Gliedern des hannoverschen Hofadels, die durchaus kein schlechtes Beispiel nach kirchlicher Richtung hin gaben; mit Stolz erzählten noch die alten Insulaner, daß der König Georg jeden Sonntag die Kirche besuchte (373). Diesen Gemeindeverhältnissen entsprechend hat der Kirchenvorstand in den Jahren nach Einführung der Kirchenvorstands- und Synodalordnung wohl zunächst seine Tätigkeit auf die äußere Ordnung beschränkt. So sorgte der Kirchenvorstand für den Bau einer Lehrerwohnung und der Anlegung eines neuen Friedhofes. Selbst die Arbeiten, welche die Fischerei notwendig erforderte, mußten während der Zeit des sonntäglichen Gottesdienstes ruhen. „Betreffend Heilighaltung des Sonntags wurde beschlossen, daß das sog. ‚auf Graft gehen' und das Tragen der Angelschnüre nach den Schiffen während der genannten Zeit inhibiert werde, eingeschlossen das Arbeiten der Handwerker" (374).

Die Jahre nach den Ereignissen von 1866, „die die Gemeinde infolge ihrer Beziehungen zu dem hannoverschen Königshofe etwas bewegt und erschüttert haben" (375), veränderten indessen das Gemeindebild, indem es eine bedeutende Zunahme der Bevölkerung aufwies. Während im Jahre 1867 noch 1417 Seelen gezählt wurden, hatte man 1871 eine Einwohnerschaft von 1785, und die Zahl der Geburten war gegenüber 1864 um 20 % gestiegen (376). Während im Jahre 1864 ein Lehrer mit einem Gehilfen („lüttje Mester") den Schuldienst bewältigen konnte, erteilten im Jahre 1875 vier Lehrer und eine Lehrerin den Unterricht (377). Das Gemeindeinteresse an der Schule schien in dieser Zeit nicht allzu groß gewesen zu sein. In einer mehrfach angekündigten Gemeindeversammlung, in der über die Einteilung in mehrere Wahlbezirke beraten werden sollte, erschienen nur 7 Personen einschl. Pastor und Kirchenvorsteher, auch bei der bald darauf vorgenommenen Kirchenvorsteherwahl wurden im ersten Bezirk nur 9 Stimmen, im zweiten Bezirk 10 Stimmen abgegeben (378). Das deutet nicht gerade auf ein reges Gemeindeleben hin. Aber trotzdem waren fremde Einflüsse wohl noch nicht in die Gemeinde eingedrungen. Es wird besonders betont, daß auf Norderney politischer Burgfrieden herrschte (379). Zur Charakterisierung der Macht kirchlicher Sitte und ausgeprägten Anstands- und Schamgefühls sei auf eine Notiz Berenbergs (380) verwiesen. Es heißt dort bezüglich der „Marienhöhe": „Diese Düne darf jedoch während der Badestunden von Herren nicht betreten werden, da fast unmittelbar unterhalb derselben der Badestrand der Damen sich findet".

Auch die Stürme des Kulturkampfes haben keinen Luftzug über die Insel gebracht. „Die in den fünfziger und sechziger Jahren an allen Orten unseres deutschen Vaterlandes herrschende Duldung und das gute Einvernehmen zwischen Evangelischen und Katholiken blieb hier auch in den Kulturkampfzeiten bestehen" (381). Dann kam in den achtziger Jahren die ungeahnte Entwicklungsperiode des Seebades. Zwei große Einnahme- und Wohlstandsquellen flossen nun den Einwohnern zu, einerseits aus dem Meere mit seinem immer noch großen Fischreichtum im Bereich der Küstenfischerei, andererseits aus dem gewaltig wachsenden Fremdenverkehr. Im Jahre 1885 werden 2842, und 1890 3615 Einwohner gezählt. Die Zahl der Taufen hatte im gleichen Jahre 120 erreicht; sie hatte sich innerhalb eines Zeitraumes von 10 Jahren fast verdoppelt. Kein Wunder, daß durch das gesteigerte Einkommen und durch „die modernen Propheten, deren Eindringen mit der fortwährenden Zunahme des Fremdenverkehrs nicht ausbleiben konnte", die einfachen und anspruchslosen Bedürfnisse der Insulaner sich wandelten.

Wir sahen früher schon, wie bei besonders einträglichen Strandungen die Zufriedenheit und Freude der Insulaner zum „Maatje" (Genever) greifen ließ. So auch jetzt wieder. Das Überhandnehmen des Genusses geistiger Getränke ist bereits erwähnt worden. Von Seiten der Regierung wurde dem so bitternötigen Kampfe gegen den Alkohol herzlich wenig Verständnis entgegengebracht. Wohl wurde auf verschiedene Eingaben hin eine Beschränkung der Erlaubnis, Schnaps auszuschenken, erreicht (382). Dieser behördlichen Maßnahmen haben wir bereits an anderer Stelle gedacht. Dagegen mußte leider der Versuch des Pastors, eine Kaffeeschänke zu errichten, daran scheitern, daß ein fiskalisches Häuschen zu dem Zweck nicht überlassen wurde (383). Zum Glück war diese Zeit der wenig maßvollen Lebensweise nur von kurzer Dauer. Den Bemühungen des Pastors und der Kirchenvorsteher gelang es in einigen Jahren, die Insulaner durch die sog. Hausindustrie, durch den Blaukreuzverein, durch den Bau eines stattlichen Gemeindehauses, aus den sozialen Gefahren herauszubringen. Aus der Mitte der Inselbevölkerung entstanden der Verein für „Innere Mission", der Evang. Arbeiterverein, die Kleinkinderschule, der Sittlichkeitsverein, gefördert und gestützt durch die kirchlichen Vertreter.

So hat die Bedeutung der Kirche mit dem Anfang des 19. Jahrhunderts von Jahr zu Jahr zugenommen. Bereits Heine hatte in seinem Kapitel „Norderney" die wichtige Stellung der Kirche als „geistige Schutzwache"

Um 1900 bedienten diese Badefrauen am Damenstrand (von links nach rechts): Thalina Raß geb. Hedemann, Antje Hauens geb. Extra, Maria Janssen geb. Kulper, Tätje Remmers geb. Dorenbusch, Gerhardine Raß geb. Harms, Gerhardine Lührs, Heina Rieka Jürgens. Mit den Wasserbütten wurde der Sand nach dem Baden abgespült. Verlag: W. Lubinus, Norderney.

charakterisiert (384). Seine soziologischen Studien gelten besonders dem sittlichen Einfluß des Badelebens auf die „alte Sittenreinheit" und die „altertümliche Lebensweise" der Insulaner. Die schlimmen Folgen, die er für unvermeidlich hielt, trafen nur teilweise ein; sie hatten auch wesentlich andere Gründe. Insonderheit haben die späteren Jahre die Erfüllung jenes naturalistisch-mystischen Geistes, die Goethe in den „Wahlverwandtschaften" so schön entwickelt, welche Heine für die Tugend der Insulanerinnen befürchtete, keineswegs gebracht, die Schutzwehr der Kirche erwies auch in dieser Hinsicht ihre Kraft des erfolgreichen Widerstandes. Heine selbst hatte die Bedeutung der Kirche wohl erkannt, bei seinen festen Vorurteilen aber nicht gewürdigt: „Ich weiß es wohl, es ist ein Vorurteil, allein es ist mir mal zuwider."

Rückblickend können wir zusammenfassen, daß die Gefahren sozialer sittlicher Mißstände durch die Tatkraft und Umsicht der Kirchenhüter sehr schnell behoben wurden. Neben religiösen Aufgaben hatte die Kirche fördernd und helfend in das Wirtschaftsleben eingegriffen, in den kritischen Zeiten des Niederganges der Fischerei durch die Hausindustrie den Arbeitslosen Arbeit verschafft, die Müßiggänger zur Arbeit herangezogen und erzogen (385). So wurde das Interesse der Inselbevölkerung an religiös-sittlichen Aufgaben geweckt und gefördert, ein wirklich lebendiges Glaubensleben setzte ein, und heute zeigen die Insulaner ein immer größeres Verständnis für die Notwendigkeit lebendigen sozialen Gemeindelebens (386).

7. Die veränderten soziologischen Verhältnisse

Die tiefgreifenden Wandlungen in der Schiffahrt Ende des 19. und Anfang des 20. Jahrhunderts sowie der Niedergang des Fischereikleinbetriebes haben das besondere Interesse weiter Kreise auf dieses Gebiet gelenkt. Bei dem anscheinenden Schwinden des seemännischen Geistes unserer Küstenbevölkerung und dem seit einem Menschenalter hervorgetretenen Mangel an Seeleuten hat sich die Aufmerksamkeit besonders auf die Notwendigkeit der Besserung dieses Zustandes gerichtet. Soweit dabei in der volkswirtschaftlichen Literatur insulare Verhältnisse berücksichtigt werden, ist dem Badeleben der Hauptteil der Schuld an dem Rückgang der Seegewerbetreibenden zugeschrieben worden. Die Lösung dieser Frage ist entscheidend für das Verständnis der soziologischen Verhältnisse. Daneben ist zu untersuchen, welchen Einfluß die Zugewanderten auf die Urbevölkerung hatten und welche Wechselbeziehungen zwischen beiden bestehen:

Im heutigen Wirtschaftsleben sind diejenigen Inselbewohner, deren berufliche Tätigkeit in keinem direkten Zusammenhange mit der See steht, mit dem Anfange des 20. Jahrhunderts im Übergewicht.

Es ist bereits an einschlägiger Stelle dargelegt worden, daß die eigentlichen Insulaner kapitalistisch-organisatorischer Eigenschaften ermangelten. Während ihnen gewisse Händlereigenschaften im Blute stecken — die selbständige Schiffahrt und die Fischerei schließt ja ein Verhandeln, Handeln oder Unterhandeln ein —, fehlt ihnen häufig die Idee und die Initiative für weitergehende ökonomische Tätigkeiten. Zu den Zeiten, da Schiffahrt oder Fischerei blühten, da für den Absatz reichlicher und begehrter Erträgnisse der Urproduktion nicht gesorgt zu werden brauchte, trat der Mangel an privatwirtschaftlicher Eignung weniger in Erscheinung. In den Fällen, in denen Absatzstockungen oder Störungen eintraten, sahen wir die festländischen Händler den Insulanern überlegen, ja, erstere nutzten ihre Überlegenheit den Fischern gegenüber — nicht immer im Einklang mit der üblichen Geschäftsmoral — aus. Durch den infolge kontinentaler Konstellationen verursachten Niedergang der Schiffahrt wandten sich die Insulaner fast ausnahmslos der Fischerei zu. Durch das Ausbleiben oder, genauer gesagt, durch die Vertreibung der Fische aus den küstennahen Gebieten wurden dem Fischereigewerbe die Grundlagen entzogen. Es ergeben sich für Norderney dieselben Erscheinungen wie für alle anderen nord- (387), ost- und westfriesischen Inseln, ja wie auch für Ostseefischerorte (388) und Küstenplätze (389). Entscheidend war aber, daß durch neue Fangweisen und durch großbetriebliche Organisationen mit stark zunehmendem Fischdampferpark das kleingewerbliche Segelfischereigewerbe unmittelbar geschädigt wurde, und — wie die finanziellen Untersuchungen gezeigt haben — die Rentabilität derart abnahm, daß eine evtl. Aufrechterhaltung, selbst wenn sie durch Staatsbeihilfen unterstützt war, nur mit Verlusten abschloß. Daher begann mit dem Ende der achtziger Jahre an allen Nordseeplätzen die zunehmende Aufgabe des Fischereibetriebes (390). Die soziologische Folgeerscheinung war eine absolute Abnahme der seetreibenden Bevölkerung. Es ist bereits in den einschlägigen Kapiteln dargelegt worden, wie der Insulaner auch heute noch jede Gelegenheit zur maritimen Beschäftigung vorzieht (Fischer, Schiffer, Bootsfahrer, Reedereipersonal, Badewärter, Schwimmer), so daß behauptet werden kann, daß entgegen dem tatsächlichen Rückgang des Seegewerbes der seemännische Geist und damit die insulare Eigenart keineswegs in gleicher Weise geschwunden sind (Tafel XXIV, Abb. 40, 41 und Tafel XXV, Abb. 43).

Die Annahme, daß das hochentwickelte Badegewerbe den Seemann überhaupt oder wenigstens teilweise und früher zum Berufswechsel veranlaßte, als wenn es nicht vorhanden gewesen wäre, liegt nahe, läßt sich aber durch Tatsachen nicht belegen. Mancher Schiffer hat nach Aufgabe seiner Fahrten auf der Insel ein direkt oder indirekt mit dem Badeleben zusammenhängendes Gewerbe ergriffen. Wie an früherer Stelle beschrieben worden ist, haben zahlreiche Insulaner ihr Schiff verloren oder, gezwungen durch die unglücklichen Schiffahrts- und Fischereiverhältnisse, verkauft, zum Teil mit großem Schaden. Der Berufswechsel der Seeleute ist demnach keine Folge des Badelebens, sondern das Ergebnis der Wandlungen im Seegewerbe, es war ein Gebot des Selbsterhaltungstriebes, der die Schiffsführer zwang, eine ihrer früheren Berufstätigkeit vielfach nicht gleichwertige Tätigkeit auf der Insel zu beginnen (392). Als ein relativ günstiges Zusammentreffen ist es dabei zu betrachten, daß der Badeverkehr soweit gediehen war, daß er Seeleuten die Möglichkeit ausreichenden Erwerbs auf der Heimatinsel geben konnte. Daß es hierzu einer Übergangszeit bedurfte, während welcher der Insulaner den Sieg der maritimen Großbetriebe miterlebte, daß während dieser Zeit sozialpolitische Mißstände eintraten, ist bereits dargelegt worden. Wäre Norderney kein Badeort geworden, so wäre die Fischerbevölkerung dem Orte verlorengegangen; so aber finden wir keine nennenswerte Abwanderung verzeichnet. Für diejenigen Fischer, die ihren Seeberuf trotz aller Widerwärtigkeiten fortsetzten, blieb die Badesaison wie in der früheren günstigen

Fischereiperiode ein wichtiger, preistreibender Faktor bei der Fischpreisbemessung (393). Hat sich nun mit der absoluten Abnahme der aktiven maritimen Bevölkerung auch deren seemännische Eignung gemindert, ist der seemännische Geist derjenigen, die ihren Beruf wechseln mußten, noch erkennbar und wie tritt er in Erscheinung?

Selbst in den Zeiten, als die Erträgnisse der Fischerei katastrophal abnahmen, erhofften die Insulaner immer wieder einen Aufschwung der Fischerei! Zu uralt war das Gewerbe gewesen, als daß man diesen schnellen und heftigen Niedergang für unabwendbar und dauernd hielt (Tafel XXV, Abb. 44). Noch bestand die Hoffnung auf tatkräftigen, ausreichenden behördlichen Schutz. Es lag nun die Annahme nahe, daß die Eingeborenen ihre heranwachsenden Söhne aus Sicherheitsgründen in die Lehre eines Handwerksmeisters oder eines Handeltreibenden gaben. Das Gegenteil war der Fall. Die Anzahl derjenigen Fischersöhne, die des Vaters Gewerbe erlernten, nahm seit Mitte der achtziger Jahre noch zu und erreichte im Jahre 1895 mit 27 den Höhepunkt (394). Auf Betreiben der älteren Fischer wurde der Fortbildungsschule im Jahre 1889 eine besondere „Fischerklasse" angegliedert (395) (Tafel XXV, Abb. 43). In der Nautik ausgebildete Lehrer unterrichteten in den wichtigen Fächern der Seemannskunde. „Die Schule hat, wie die mehrmals abgehaltenen öffentlichen und privaten Prüfungen ergeben haben, ganz vorzügliche Erfolge gezeigt" (396). Der langjährige Leiter der Klasse berichtet nach zehnjähriger Erfahrung: „Mit wahrem Eifer geben sich die Schüler der Sache hin" (397). Das folgende Jahr, der Anfang des neuen Jahrhunderts, steht in der Wirtschaftsgeschichte Norderneys in

So sah die Giftbude vor 1860 aus. Photo: Privat

trauriger Erinnerung: Trotz angestrengter Versuche wurde nicht ein einziger Schellfisch gefangen! Der Verfall der Norderneyer Segelfischereikleinbetriebe war besiegelt, die Fischereiklasse wurde aufgehoben. Die gelernten Seeleute nahmen Stellung auf Fischdampfern oder Handelsschiffen (vorzugsweise Segelschiffen) an. In den vierzehn Jahren des 20. Jahrhunderts wandten sich jährlich bis zu 10 schulentlassene Knaben dem Seeberufe zu. Auf auswärtigen Schiffen fuhren 1914 insgesamt 34 Insulaner, in heimischen Reedereidiensten waren 48 und in Kleinbetrieben (Fischerschaluppen, Beurtschiffe) etwa 30 Eingeborene beschäftigt. Es sind dann noch diejenigen Insulaner zu erwähnen, die im Lustfahrtbootsgewerbe, als Badewärter oder Rettungsbootsmannschaften usw. einen gewissen rekurrenten Anschluß an die frühere, aktive maritime Tätigkeit bekunden. Ihre Anzahl betrug 1914 rund 150. Wohl brachte ihnen der Fremdenverkehr die Möglichkeit einer weniger gefährlichen, sicheren, teilweise sogar beliebten maritimen Tätigkeit. Naturgemäß mußte eine Anzahl ehemaliger Fischer oder Schiffer ihren Beruf gänzlich wechseln. Darüber wird uns 1889 berichtet (398): „Die Fischer sind, wie wiederholt berichtet, durch den Rückgang der Angelfischerei so sehr entmutigt, daß nur vereinzelte Fischer in den letzten Jahren ihre confirmierten Söhne die Fischerei betreiben lassen, während die große Mehrzahl notgedrungen und gegen ihr eigenes Gefühl und ihre eigene Überzeugung, ihre Söhne irgendein Handwerk erlernen lassen. Wir wissen mit Bestimmtheit, daß eine Seefischereischule in Norderney mehr als irgendwo anders einen dankbaren Boden finden würde, wenn und sobald nur die geringste Hoffnung vorhanden ist, daß die Angelfischerei wieder betrieben werden kann."

Der Teil der Bevölkerung, der auch heute noch als Seemann in der Heimat oder auf fremden Schiffen dem alten Seegewerbe nachgeht, steht an seemännischer Eignung und nautischen Kenntnissen mit an führender Stelle. „In dem kleinen Rest von Seeleuten, der von den Nordseeinseln stammt, ist die alte Tüchtigkeit und Tradition noch erhalten" (399), und es ist gewiß bezeichnend, daß Anfang des Jahrhunderts die beiden größten Segelschiffe der Welt, die „Preußen" und der „Potosi" von inselfriesischen Kapitänen geführt wurden (400). Es gelten auch heute noch die Worte, die vor fast dreiviertel Jahrhunderten Friedrich List im „Hymnus auf die See" von Bremen aus für die seemännische Ehre der ihm eng vertrauten und befreundeten Küsten- und Inselbewohner schrieb (401)!

Die andere Hauptgruppe der Inselbevölkerung bilden die Zugewanderten. Ihre Bedeutung für das Wirtschafts- und Geistesleben der Insel begann mit dem Entstehen des Badeortes, entwickelte sich aber erst mehr, nachdem Hannover preußische Provinz wurde. Die Ursachen des geringen Zuzuges während der hannoverschen Zeit sind teils wirtschaftlicher, teils rechtlicher Natur. Die Mobilisierung der Bevölkerung stand noch immer in ihren Anfängen. Verkehrswesen und Kapitalbesitz waren ungleich geringer entwickelt als heute (402). Sodann bestanden im Königreich Hannover wie in den meisten deutschen Staaten gesetzliche Erschwerungen der Niederlassung. Die Freizügigkeitsbeschränkungen, eine Teilerscheinung der damals noch in großer Anzahl bestehenden rechtlichen Verkehrsschranken, bezweckten, einen leicht verarmenden Bevölkerungszuwachs von außen fernzuhalten. Um ein Handwerk oder Gewerbe auf der Insel zu betreiben, kurz, um

Von den ersten Jahrzehnten des vorigen Jahrhunderts an, als das Baden auf Norderney in Mode kam, rollten die Badefrauen die Karre ins Wasser, wo die badelustigen Damen dann vorsichtig die Treppe hinunter ins Wasser stiegen. Die Karren wurden noch bis zum ersten Weltkrieg benutzt. Ein Muster steht noch im Fischermuseum Norderney. Die Bademode auf dieser Karte um 1900 präsentiert sich dreiviertellang. Die hier abgebildeten Badefrauen sind von links nach rechts: Maria Janssen, Tomma Akkermann (Seilerstraße), Gesina Wiechmann. Postkarte, Cramers Kunstanstalt Dortmund.

Bürger der Gemeinde Norderney zu werden, hatte der Zuziehende zunächst ein „Gesuch zum Aufenthalt während der Saison" oder um „temporalen Aufenthalt" an die Badeverwaltung zu richten. Dies wurde mit oder ohne **Anhörung der Landmänner** abgelehnt oder nur bedingungsweise genehmigt, wenn keine Garantien vorlagen, daß der Fremde die Steuern und Abgaben pünktlich bezahlen konnte oder wenn kein wirtschaftliches Bedürfnis vorlag. Im Falle der Genehmigung des Gesuches durfte der „temporär" in dem Ort Wohnende nach einem Jahr „Wohlverhalten" ein zweites Gesuch an die Gemeinde richten um Aufnahme als Bürger der Gemeinde. Zweifellos haben diese rechtlichen Hemmnisse manchen vom Zuzug abgeschreckt. Infolge des später zum Reichsgesetz gewordenen Gesetzes des Norddeutschen Bundes vom 1. November 1867 über die Freizügigkeit (403) wurde zu der bisher bestehenden interterritorialen nun auch die interkommunale Niederlassungsfreiheit eingeführt.

Diese Wandlung in den rechtlichen Zuzugsbestimmungen bedeutete für Norderney den Anfang der raschen Entwicklung zum Weltbade. Die Bevölkerung wuchs von 1867 bis 1871 um 27,5 %, bis 1885 um 90 %, bis 1890 um 154 %. Uns interessieren hier diejenigen Zugewanderten, an die sich eine Förderung des wirtschaftspolitischen Geistes knüpft, wie wir sie namentlich dann vermuten dürfen, wenn wir die Einwanderer als Träger einer höheren Form des Wirtschaftsverkehrs oder als Begründer neuer Erwerbszweige antreffen. Soziologisch sind dabei die älteren, die ostfriesischen Zuwanderer, von den späteren, den städtischen, vornehmlich großstädtischen, zu trennen.

Wir sahen bereits, wie schon zur hannoverschen Zeit die ostfriesischen Juden den relativ stärksten Anteil an Gründungen handels- und gewerbsmäßiger Art hatten. Viehhändler, Fleischer, Bankhalter, Manufakturwarenhändler, Zuckerbäcker waren die Hauptberufe. Jedoch handelte es sich hier nicht um Dauerniederlassungen (404), sondern um Gelegenheitsgründungen, um spezifisch fremdenindustrielle Unternehmungen. Ihr Einfluß auf die Insulaner ist bereits dargelegt worden.

Die Vorzüge der Freizügigkeit mit dem Beginn der preußischen Verwaltung machten sich die Juden zuerst zunutze; jedoch nur in relativ geringer Anzahl. 1871 werden 9, 1880 17, 1895 35 und 1900 39 Juden gezählt (405), das entspricht etwa 1 % der Gesamtbevölkerung. Der Jude trat im Wirtschaftsleben zurück.

Von größerer Bedeutung wurden als eine Gruppe die ostfriesischen Stammesbrüder. Schon durch äußerliche Merkmale — Sprache und Sitten — sind sie dem Insulaner verwandt, wenn auch hervorgehoben werden muß, daß die Sprache der Norderneyer einen typisch Norderneyer Dialekt hat und auch die Sitten typisch insulare sind. Der Niedergang von Ostfrieslands Handel und Industrie machte sich außer in Emden vor allem an den ostfriesischen Küstenhafenplätzen und an den Sielen bemerkbar. Für die heranwachsenden Söhne der Handwerker und Kaufleute fehlte es an geeigneten Plätzen, an denen sie sich selbständig machen konnten. Es fehlten in Ostfriesland größere Städte. So hieß denn damals der allgemeine Ruf: Nach Amerika oder nach den Inseln. Bis zum Jahre 1895 stammten 80 % aller Zugewanderten aus ostfriesischen Kleinstädten (Emden, Norden, Leer, Aurich, Wittmund), vor allem aber aus Küstendörfern (Greetsiel, Oldersum, Pewsum, Ostermarsch, Westermarsch usw.) (406). Es ist bezeichnend, daß von den nach Norderney Ausgewanderten die Mehrzahl Brüder, Schwestern oder nähere Verwandte in Amerika hat. Naturgemäß entschieden die in der Landwirtschaft Aufgewachsenen sich gewöhnlich für die Neue Welt jenseits des Ozeans. Aber diejenigen, die ein Handwerk oder Gewerbe gelernt hatten, wählten die Ostfriesischen Inseln, deren Entwicklung ihnen durch die enge Berührung mit der Küstenschiffahrt und Fischerei nicht unbekannt geblieben war. Es waren die unternehmungs- und tatenfroheren Elemente, die sich über die abschließenden Deiche des ostfriesischen Festlandes hinwegwagten und sich ihre Existenz auf den Eilanden zu schaffen versuchten. Es kamen ihnen dabei mehrere Umstände zugute. Die günstige Entwicklung der Norderneyer Angelfischerei verband alle lokalen Kräfte beiderlei Geschlechts. Daher unterblieb von seiten der Insulaner eine gewerbliche Ausnutzung der Möglichkeiten, die der zunehmende Fremdenverkehr mit sich brachte. So boten sich für den vom Festland Zugewanderten im Warenhandel, im Baugewerbe, im Maler-, Schneider-, Schuhmacherhandwerk u. a. sehr günstige Aussichten.

Die eigenartigen Verhältnisse, die der Einwandernde antraf, bestimmten seine Wirtschaftsführung sowohl wie seinen Lebenswandel. Die Entscheidung, ob er zum „Hammer oder Amboß" in dem ihm fremden Wirtschaftsorganismus werden sollte, lag darin, ob einer und in welcher Weise er es verstand, sein technisches Können und seine ökonomischen Veranlagungen zur Entfaltung und zur Steigerung zu bringen. Daß die Zugewanderten in überwiegender Mehrheit die fremdengewerblichen und kommerziellen Führer wurden, der Sauerteig, durch den die Entwicklung zum Weltbad erst voll ermöglicht werden konnte, hatte Ursachen verschiedener Art. Im allgemeinen bedeutete die Niederlassung auf der Insel eine Abwendung von den meisten alten Lebensgewohnheiten und Lebensbeziehungen. Die Hemmungen persönlicher Rücksichtnahme und sachlicher Natur wurden dadurch geringer. Keine Tradition! Kein altes Geschäft! Alles mußte neu geschaffen werden! Dadurch gewannen die Erwerbsinteressen, das Rechenmäßige, das Geld den Primat. Der Wille zur Wirtschaft drängte den Zugewanderten zum Gelderwerb, mit dessen Hilfe allein er sich seine Zukunft erbauen konnte. Geld erwerben konnte er nur durch Ausdehnung seiner Tätigkeit, durch Rationalisierung seiner Wirtschaftsführung. So verband sich mit dem Willen zum Wirtschaften die Idee des rastlosen Sparens. Es ergaben sich daraus als Charakternotwendigkeiten und -eigenschaften: Mäßigkeit, Ordnung, Fleiß, Reinlichkeit, Entschlossenheit, Geschäftsmoral, ökonomisches Rechnen.

Die andere Gruppe der Zugewanderten hatte städtischen Typ. Ähnlich den ostfriesischen Zugezogenen haben sie sich die badegewerbliche Entwicklung zunutze gemacht. Sie haben den Hauptanteil an dem Entstehen und der Entwicklung des Hotelgewerbes, also derjenigen Industrie und derjenigen Betriebe, die eine besondere fachliche und kaufmännische Fähigkeit erfordern. Für die Gründer der Norderneyer Hotels gilt in noch stärkerem Maße das für die ostfriesischen Zugewanderten Gesagte. Sie kamen ohne Ausnahme als Unbemittelte oder wenig Bemittelte auf die Insel. Gewöhnlich als Angestellte in den staatlichen Betrieben, etwa als Kellner verpflichtet, machten sie Ersparnisse und waren nach einigen Jahren in der Lage, besonders in den guten Saisons nach 1871 — häufig im Verein mit einem Kompagnon —, ein eigenes Unternehmen zu gründen. Entgegenkommen des Staates durch Überlassung billiger Grundstücke, Kredite festländischer Brauereien oder Weinhandlungen ermöglichten größere, den gesteigerten Bedürfnissen des Badepublikums entsprechende Gebäude. Andere festländische Zugewanderte fanden als Kaufleute vorzugsweise im Handel mit Manufakturwaren, Lederartikeln, Kunst- und Schmucksachen und Schreib- und Lesewaren ihren Unterhalt. Für die zugewanderten Handwerker boten Uhrmacher- und Kunstgewerbe, Handelsgärtnerei, Korbmacher-, Mechaniker-, Installateur-, Sattler-, Polsterer- und Konditorgewerbe günstige Aussichten. Die Entwicklung war zwar 1914 noch nicht abgeschlossen, aber seit der Jahrhundertwende zu einem gewissen Stillstande gekommen. In neuerer Zeit ist das Pensionshausgewerbe als Beruf entstanden. Es wird mit wenigen Ausnahmen von Rentnern oder Witwen ausgeübt.

So gegensätzlich die soziologischen Verhältnisse auf der Insel zu sein scheinen, so viele Umstände führten doch zu einem Ausgleich, zu einer Insel-

Der Damenpfad hatte bis um 1885 vor der Einmündung zur Kaiserstraße dieses Gesicht. Postkarte, Diedrich Soltau's Buchhandlung, Norderney.

gemeinschaft, deren tiefere innere Verschiedenheiten erst bei genauerer Untersuchung auffallen. Der Träger des Ausgleichs wurde vor allem der ostfriesische Zugewanderte. Er beherrscht die platt- und hochdeutsche Sprache, er ist mit dem Insulaner wesensverwandt, er versteht sich aber auch auf die städtischen Umgangsformen. Durch Heiraten gleichen sich die Unterschiede aus. Der ostfriesische Zugewanderte entwickelte ein vielseitiges Vereinsleben, von dem sich der Insulaner und der Städter im allgemeinen fernhalten. Während die Insulaner hierin den städtischen Eingewanderten gleichen, trennen sie sich in der politischen Betätigung. Der Insulaner ist hierin ziemlich tolerant, oft passiv, der Städter häufig rührig. Der ostfriesische Zugewanderte hält sich politisch mehr zurück wegen seiner geschäftlichen Abhängigkeit. Die enge Abgeschlossenheit während der längsten Zeit des Jahres führt wiederum alle miteinander zusammen. Das Ergebnis einer abgelaufenen Saison und die Vorbereitungen und Aussichten der kommenden Badezeit bilden den täglichen Gesprächsstoff zwischen Männern und Frauen aller Kreise. Sie alle sind daran mitinteressiert, sie alle leben davon. Der eine nimmt Anteil am Schicksal des andern. So bunt und bewegt das Leben sich im Sommer dem Besucher zeigt, so ruhig, friedlich und abgeschlossen verlebt die Inselbevölkerung die langen Wintermonate. Das Salzwasser bildet hier immer wieder eine längst erprobte Panazee, ein Allheil-, ein Wundermittel, so daß noch heute der tiefe Sinn der Inschrift auf dem ältesten der Inselkirchenbücher (407) zu Recht besteht:

„Mediis tranquillus in undis."

8. „Der schwarze Sonntag"

Der Norderneyer Fischeraufstand am 28. Oktober 1877

Richtet nicht, auf daß Ihr nicht gerichtet werdet!
Matthäus 7, 1 (Lukas 6, 37, Römer 2, 3)

Die Geschichte unseres Eilandes hat manche denkwürdigen Ereignisse und manchen unvergeßlichen Tag zu verzeichnen. Oft haben die Fischer ihr Leben eingesetzt, wenn es galt, Schiffbrüchigen, die mit ihren Fahrzeugen vor den Sandbänken strandeten, Rettung zu bringen. Da gab es für die Besatzungen der Rettungsboote kein Zagen und Zaudern. Wind, Wellen und oft auch der Dunkelheit trotzend und nicht achtend der Gefahr ging es hinein ins schwankende Boot und hinaus auf die tobende See, wenn das Horn ertönte: Skipp up Strand! So manchen Fahrensmann, der klamm vor Kälte und Nässe in den Wanten der sinkenden Brigg hing, brachten die Tapferen rettend ans Ufer und bewahrten ihn vor dem schweren Tod. Mancher der heldenmütigen Retter wurde dabei von den vom Nordwest aufgepeitschten Wellen verschlungen — das hoffnungsvolle „Er blieb . . ."

Selten starb ein Mann unter festem Dach. Und Frenssen beschreibt die Inselfriesen: „Da fand gar mancher in dem grauen Salzwasser den bitteren, harten Wellentod, der Körper wurde gegen die Dünen geworfen, und das donnernde Brausen der erzürnten Wasser überschrie das Weinen der Menschen. Und da fühlten sie, daß ihr Klagen und Weinen doch von dem wilden Wasser übertönt wurde. Da gaben sie es auf, zu weinen, und wurden ein hartes Geschlecht von wenig Worten, von tiefen, stillen Gedanken, von trotzigem Gesicht, von aufbrausendem Zorn; sie wurden wie das Meer tief, dauernd, aufbrausend, gewaltig . . ."

Als unsere Insel Nordseebad wurde, kamen für die Insulaner neue Gefahrenquellen durch das Baden in der offenen See hinzu. Es sei jenes 10. August 1861 gedacht, als der Norderneyer Schwimmer Gerrelt Janßen den einzigen Sohn des blinden Königs Georg V. von Hannover, den 17jährigen Kronprinzen Ernst August, unter Einsatz seines Lebens vor dem sicheren Ertrinkungstode bewahrte. Der König sprach in seinem Dankschreiben der Gemeinde die „innigste Anerkennung dafür aus, daß sie in gläubigem Bewußtsein frommen Dankes gegen den Herrn und im Geiste treuer Anhänglichkeit an das angestammte Herrscherhaus der Erinnerung an den Segenstag ein Denkmal weihen wolle, wo der Kronprinz am Gestade der geliebten Insel uns als ein Neugeschenk zurückgegeben wurde."

Außer mehreren silbernen Gedenkmünzen, die Gerrelt Janßen erhielt und die noch heute im Besitz der Nachkommen sind, verfügte der König, „daß bei der für den Schwimmer und Badeknecht Gerrelt Janßen errichteten Stiftung bei dem etwaigen Erlöschen des eheleiblichen Mannesstammes des Janßen das Capital den Armen zu Norderney überwiesen werden solle, wobei übrigens der Stifter sich vorbehalten hat, das Capital selbst, an welchem das Eigenthum selbst dem Stifter einstweilen verbleiben soll, einem Janßenschen Nachfolger zu eigen zu überweisen, ohne dem Obmann zu Norderney ein Widerspruchsrecht dagegen zuzugestehen."

Am 5. Oktober 1861 erteilt die Verwaltung der Hand- und Schatull-Casse Sr. Majestät des Königs dem Pastor Reins in Norderney die Mitteilung,

„daß auf das Gesuch des dortigen Einwohners Siefke Janßen Gerrels des Königs Majestät die Gnade gehabt habe, die zu 24 Reichsthaler und 27 Groschen veranschlagten Kosten der Reparatur seines Hauses zu bewilligen."

Diese und andere mutige Rettungstaten setzten sich bis auf den heutigen Tag fort; gar mancher Retter zahlte mit seinem Leben.

Es soll an dieser Stelle auch der vielen Fischer gedacht werden, die in ihrem gefahrvollen Beruf auf See blieben und ihre kinderreichen Familien meistens in Not zurückließen. Denken wir an den 13. November 1870, einem ruhigen Morgen, an dem 64 Schaluppen mit 192 Mann zum Fischfang ausliefen, um eine günstige Gelegenheit auszunutzen, nachdem die französischen Blockadeschiffe, die eine gefahrlosen Fischfang verhinderten, nicht auszumachen waren. In kurzer Zeit steigerte sich ein aufkommender Sturm zum Orkan. Nach vielen Stunden bangen Wartens — der Orkan hielt noch während des ganzen Tages an — stellte sich dann heraus, daß das Schicksal das Eiland besonders tragisch getroffen hatte. Der Amtsvogt Niemeyer telegrafierte: „Zehn Mann, darunter drei Familienväter, sind verunglückt. Fünf Schaluppen sind zum Wrack geschlagen oder treiben in See." Die Eintragungen des Amtsvogtes in Norden lauteten am 17. November: „Folgende Fischer haben ihren Tod in den Wellen gefunden: Gerrelt Janßen — Witwer und Familienvater, der dem Kronprinzen von Hannover vor Jahren das Leben gerettet hat —, Jan Gerd Folkerts — verheiratet und Familienvater —, Johann Folkerts — der Sohn des vorigen und unverheiratet —, Jan Harms — unverheiratet —, Harm Harms — des vorigen Bruder —, Johann Eckhoff — unverheiratet —, Jan Eberhardt und Heike Harms — beide verheiratet —. Nach den bisherigen Nachrichten sind nur zwei Leichen angetrieben worden."

Der damals schon bestehende Verein zur Rettung Schiffbrüchiger ließ drei Baltrumern und dem Fischer Cassen Harms aus Norderney eine lobende Anerkennung dafür aussprechen, daß sie dem Fischer Thees Eckhoff, der sich an Bord eines der bei der Nachbarinsel besonders zahlreich angetriebenen Norderneyer Fischereifahrzeuge befand, noch im letzten Moment zur Rettung seines Lebens entschlossene Hilfe leisteten. „Das Bewußtsein, Ihrer Menschenpflicht Genüge geleistet zu haben, wird Ihr schönster Lohn sein", steht auf diesen alten Dokumenten. „Soli Deo Gloria! (Gott allein die Ehre!)"

Es ist schon in früheren Kapiteln nachgewiesen worden, daß es um die Zeit unseres Berichtes über 100 Witwen gab, d. h., in jedem vierten oder fünften Haus fehlte der Ernährer. Unter dem damals dünnen Firnis der landesherrlichen Gewalt ordneten sie ihre Angelegenheiten unter sich selber in völlig demokratischen Anschauungen. Ihr Gemeinsinn richtete sich um so stärker auf ihr eigenes Gemeinwesen. Es entwickelten sich unter ihnen Nachbarpflichten, die auch in der schwersten Lage nicht versagten und es allein ermöglichten, daß die Fischerswitwe ihre vielen Kinder durchs Leben brachte, diese in das Gemeinschaftsleben hineinwuchsen und dem Fischerberuf den lebensnotwendigen Nachwuchs gaben.

Der Beruf des Fischers, eines der ältesten Gewerbe der Menschheit überhaupt, dient doch der gesunden Nahrungsdeckung des gesamten Volkes.

1880 wurde dieses Gebäude „Dünenhalle" genannt, das ein Wiesbadener Verlag hier photographierte. Sie wurde später Wilhelmshöhe getauft. Heute liegt an dieser Stelle das Café Cornelius.

20 Jahre später: Vor der Wilhelmshöhe kommt um 1900 das Wasser schon sehr viel näher heran.   Photo: Privat

Wieder 20 Jahre später: Um 1920 steht das Wasser direkt unterhalb der Wilhelmshöhe. Die hier stehenden Gebäude wurden durch Sturmfluten mehrfach zerstört.

Photo: Privat

Der Fischfang war — abgesehen von einigem Verdienst aus dem Vermietungsgewerbe — die einzige Existenzgrundlage. Die Menge der gefangenen Fische und der Preis dafür bestimmten die Lebensgestaltung der Insulaner. Das ermöglichte ihnen jahrhundertelang ein auskömmliches, wenn auch bescheidenes Leben. Durch die gleichbleibende Güte des Fisches war der „Norderneyer Angelschellfisch" zu einem anerkannten Markenartikel geworden, der auf dem europäischen Festlande besonders geschätzt war und auf der Speisekarte der Hotels der Großstädte nie fehlte, bis das frühkapitalistische Zeitalter das Urgewerbe in den Griff zu bekommen und sich den Hauptanteil aus dem Fischfang zu sichern versuchte. Wir haben darüber bereits früher berichtet. Die Mittel hierzu waren das Ausnutzen von Angebot und Nachfrage, also durch viele Anlandungen den Erzeugerpreis zu drücken.

Ein nach der Stadt Norden eingewanderter Holländer und dann auf die Insel gekommener Kaufmann und Restaurateur sah seine Chance darin, daß er zahlreiche Holländer unter Kontrakt nahm. Auch Finkenwerder Fischer luden zeitweise ihren Fang auf der Insel ab. Das Verhältnis der Norderneyer zu den Finkenwerdern war jedoch ein gut nachbarliches. „Se sünd ördentlike Lü un koopen hör Eeten und Drinken bi uns in Dörp. Wi hebben vör Johren, as de van O. hier noch neet was, Bord an Bord mit hör an den Schlachte in Bremen un an de Altonaer Fischmarkt lägen; se könen blieben."

Den Finkenwerdern, die auf der Reede der Insel stets längsseits der Insulaner lagen, war das geräuschvolle Werken von „Kanapee senior" (Bodenstab) beim Klarmachen seiner Schaluppe schon vor der ersten Morgendämmerung im Gegensatz zum ruhigen und bedachtsamen Arbeiten von H. Weber („Der Neue Hermann") gerade kein Ohrenschmaus. Das bezeugt das folgende noch überlieferte Poem:

„Oll Kanapee van „A. N. 5",
de hebb ick bannig up'n Mogen,
de rasselt nachts mit de Kett an Deck;
ick dacht, dat speukt (spökt).
Aber de Hermann Weber is
jümmer n' gooden Kerl!"

Die Holländer jedoch setzten die Norderneyer Fischer einer zunehmenden Konkurrenz aus, insbesondere, da van O. den gesamten auf Norderney angelandeten Schellfischfang als „Norderneyer Angelschellfisch" festländischen Abnehmern anbot — ein Beispiel unlauteren Wettbewerbs.

Als sich dies durch stets fallende und stark unterschiedliche Preise auswirkte, versuchten die Insulaner durch mehrfache Unterredungen mit dem Großunternehmer die Marktbeherrschung einzudämmen. Leider erfolglos, da der Fischgroßhändler starrsinnig blieb. So standen die Insulaner allein, ohne Hilfe, nur auf sich selbst angewiesen. Es war ein Zustand, den wir heute mit „catch as catch can" bezeichnen würden. Als es soweit kam, daß die Fische bei besonders großen Anlandungen zeitweise als Dünger in den Dünengärten untergegraben wurden, und keine Abhilfe sich abzeichnete, da schritten die Fischer zur Selbsthilfe. Gewiß gab es Unbeherrschte und Bedächtige, aber die ersteren, zwischen 25 und 35 Jahren, denen vor der beruflichen Zukunft bangte, gewannen die Oberhand und glaubten, sich nur durch Selbsthilfe ihr Recht verschaffen zu können. Man ist geneigt, hier eine Parallele zu Gerhart Hauptmanns „Die Weber" zu suchen.

Lassen wir den Chronisten und die damaligen Gerichtsakten aussagen: „4. März 1878. Schwurgericht in Aurich. Präsident O.-G. Vice-Director Dr. Köhler; Kronanwalt: O.-G. Rath Dr. Rothe; Vertheidiger: O.-G. Anwalt Hacke.

Die Schiffer 1) Ebe Janßen Heyen, 42 Jahre alt; 2) Peter Harms Heyen, 31 Jahre alt; 3) Gerd Janßen Bents, 38 Jahre alt; 4) Weert Arends Berg, 28 Jahre alt; 5) Eberhard Cassens Eberhards, 32 Jahre alt; 6) Hillrich Siebels Janßen, 23 Jahre alt; 7) Georg Hermann Visser, 20 Jahre alt; 8) Johann Bojen Visser, 34 Jahre alt; 9) Anton Friedrich Schmidt, 25 Jahre alt; 10) Eilert Johann Bents, 24 Jahre alt; 11) Frerich Arends Kluin, 27 Jahre alt; 12) Jan Harm Visser, 35 Jahre alt; 13) Focke Johann Folkerts, 24 Jahre alt; 14) Harm Cassen Harms, 33 Jahre alt; 15) Eberhard Gerhard Bents, 31 Jahre alt; sämtlich aus Norderney, werden des Landfriedensbruchs angeklagt.

Der Kaufmann C. van O., der in Norderney außer einer Restauration und Antiquitätenhandlung (im späteren Hotel von Ludwig Richter) einen bedeutenden Fischgroßhandel betreibt, hat seit 5 Jahren holländische Fischer von der Insel Ueck aus der Zuidersee gedungen, welche mit ihren Schaluppen für ihn Schellfische fangen. Er begann zuerst mit 2 holländischen Schiffen und steigerte das Engagement von Jahr zu Jahr bis auf 9 Schiffe im

Jahre 1877. Es kamen nun noch verschiedene Ewer von Finkenwerder bei Hamburg dazu, die van O. ebenfalls unter Kontrakt nahm. Die Norderneyer Fischer sahen die ausländischen Fischer sehr ungern und glaubten sich durch dieselben in ihrer Existenz bedroht, indem van O., der früher ihnen selbst den Fang abgekauft hatte, sich zuletzt vorwiegend nur von den Holländern seinen Bedarf verschaffte. Die Norderneyer glaubten ihre Fische deshalb nicht mehr so gut verwerten zu können wie früher, zumal im Frühjahr die englische Fischerflotte, die „Blaue Flotte von Grimsby", aus mehreren hundert Schiffen bestehend, die oft in der Nähe der Insel fischten, ihnen großen Schaden zufügte. Hinzu kam, daß der Nebenverdienst des Vermieters dadurch in diesen Jahren geschmälert wurde, daß die Bremer Baugesellschaft („Bremer Häuser") einen sehr großen Teil der Badegäste aufnahm, und nun im Herbst noch der Hauptverdienst durch die holländischen Fischer in Frage gestellt wurde. Der Unwille machte sich in verschiedenen unter den Fischern dieserhalb abgehaltenen Versammlungen laut; in einer derselben, um Mitte Oktober, wurde die Absendung einer Deputation beschlossen, die van O. auffordern sollte, die holländischen Fischer in die Heimat zu schicken. Die Deputation erschien auch bei demselben und stellte diese Aufforderung, mit der Drohung, „daß sonst etwas anderes passieren werde! Uns olle Recht blifft Recht!" Van O. erklärte den Deputierten, daß er schon des mit den Holländern von ihm abgeschlossenen Contracts wegen diese nicht entlassen könne, auch überhaupt nicht die Absicht habe, dieses zu tun. Er gab weitere Gründe an und meinte,

Von 1920 bis 1955 standen in Norderney die Badehallen vor Haus „Daheim" bis Janus-Kopf zum Umkleiden für das Luft- und Sonnenbad, bis sie durch Sturmflut zerstört wurden. Dieses Privat-Photo stammt von 1935.

falls sie, die Norderneyer, glaubten, daß sie im Recht wären, möchten sie das Gericht entscheiden lassen. Die Holländer angelten mit Granaten und kleinen Fischen, während die Norderneyer mit Würmern fingen, an die nach van O's Ansicht kleinere Schellfische anbissen. Das war für die Norderneyer nur ein gesuchter, keineswegs zutreffender Grund.

So vergingen einige Tage; man merkte wohl eine ungewöhnliche Erregung, man hörte wohl Drohungen gegen van O., öffentlich und insgeheim ausgesprochen, doch war man allgemein der Ansicht, daß die Sache nichts weiter auf sich habe. Aber es sollte anders kommen! Am Sonntag, dem 28. October v. J. machte sich nun der Ingrimm der Norderneyer Fischer in Thaten Luft. Des Abends begaben sich die Fischersleute, etwa 200, an Bord, im Orte ist alles still und ruhig. Die Fischerflotte liegt auf der Reede. Da, etwa $8^1/_2$ Uhr, verlassen verschiedene der Norderneyer ihre Schaluppe, fordern ihre Kameraden auf, mitzugehen, und hin wälzt sich der Zug nach drei holländischen Fahrzeugen, welche ebenfalls auf der Reede liegen; die anderen liegen weiter ab in der Balge. Nun beginnt der Tumult, unter Schreien und Toben kappen sie die Ankertaue, schlagen mit den Beilen Ruder entzwei, werfen mit schweren Steinen auf die Fahrzeuge, schneiden die Segel entzwei, zerreißen und zerschneiden die Fischereigeräthschaften und Taue und zerstören mit Axthieben das Holzwerk und werfen es ins Wasser. Die Holländer wehren sich zum Teil mit Messern und verletzen einen Norderneyer durch einen Stich in den Hals, wogegen die Insulaner nur ihre Fäuste gebrauchen. Die Holländer müssen nun schleunigst die Flucht ergreifen, springen ins Wasser, retten sich durch Schwimmen oder in Booten auf die in der Nähe liegenden Finkenwerder Ewer, die sie aufnehmen und bergen. Nach Demolierung der ausländischen Schiffe geht der Zug dem Orte zu, bei der Mühle wird Halt gemacht und jeder Fischer nachhaltig aufgefordert, daß er sich der nun kommenden Aktion anschließe. Unter Gesang und Hurra geht es ins Dorf nach dem Hause des van O. Es ist gegen 10.00 Uhr, die O'schen Kinder sind ins Bett gegangen, er selbst und seine Frau sind allein in einem Parterrezimmer sitzend. Nun hört er, wie an seine Hausthür geschlagen oder geworfen wird. Nun fliegen Steine, Steinkohlen, Latten usw. durch die schönen Spiegelscheiben der Fenster und zugleich erhebt sich ein lauter Lärm vor dem Hause. Van O. flieht mit seiner Familie in die obere Etage seines Hauses, verschließt die Türen hinter sich und verbarrikadiert sich mit den Seinen, so gut er konnte; die Kinder im Nachtkleid, kalt und vor Todesangst zitternd, verbirgt er in kleinen Stübchen. Unten tobt es fort, man zerschlägt 138 Fensterscheiben, zertrümmert Möbel, kostbares Porzellan, wertvolle chinesische und japanische Antiquitäten, zerbricht das Stackett vor dem Hause; Pfähle, Latten, alles, was zur Hand ist, fliegt, mit Wucht geschleudert, durch die Fenster in das Haus. Die auf dem Tische stehende Petroleumlampe wurde entzweigeworfen, das darin befindliche Petroleum geriet in Brand und entzündete verschiedene Möbel im Zimmer. Das Feuer scheint aber von den Excedenten selbst wieder gelöscht zu sein. Und nirgends Hilfe!

Der Gemeindevorsteher und der Inselvogt sind an diesem Tage nicht auf der Insel, und der Gendarm ist nicht mehr hier, die Station ist auf Antrag des Gemeindevorstandes aufgehoben, die Kosten konnten eingespart werden, da seit Jahren nichts auf der Insel passiert war, was gegen Gesetz und

Ordnung verstoßen hätte. Es ist keiner da, der Hilfe bringen kann und darf, bis endlich, als der Ingrimm etwas abgekühlt war und die Fischer den Platz vor dem Hause verlassen hatten, etliche Männer ins Haus dringen, van O. und seine Kinder suchen und diese in Sicherheit bringen. Die Kinder hatten sich unter dem Sopha versteckt. Die Frau ist ohnmächtig geworden und liegt in Krämpfen.

Das Postschiff fährt in der Nacht nach Norddeich, der Kapitän bringt dem Herrn Amtshauptmann Nachricht, der beordert einen Gendarm, welcher am Morgen hier eintrifft, um Mittag treffen auch vier andere Gendarmen hier ein, denn der Tumult hat sich noch nicht gelegt, der Aufruhr ist noch in vollem Gange. Man erwartet stündlich Gerichtsbeamte. Bis abends waren neun der Tumultanten verhaftet und im Eselstall eingesperrt. Bis zum 10. November waren 21 Mann verhaftet und nach Aurich transportiert.

Der angerichtete Schaden, welchen die van O's erlitten, ist auf 3 000 Mark, der auf den Schiffen entstandene auf mehr als 900 Mark geschätzt. Die Entschädigung, welche den Holländern am 26. November 1877 ausgezahlt wurde, betrug 692 Mark. Die Holländer verließen darauf die Insel und — wurden nicht wieder gesehen! Van O. war nach Norden gezogen, wo er sein Geschäft weiterbetrieb.

Als einziger Zeuge in der Sache war am 4. März 1878 der Geschädigte, Fischhändler van Oterendorp, geladen. Sogar die Holländer hatten auf Klage vor dem Gericht verzichtet. Nach seinem Zeugnis trafen die Gründe, welche

Der Doppelschraubendampfer „Deutschland", 1893

die Norderneyer Fischer durch die Beeinträchtigung ihres Gewerbes zur Feindschaft gegen ihn reizten, nicht zu. Er berief sich auf die Starrsinnigkeit der Insulaner und schob die Schädigung ihrer wirtschaftlichen Lage auf andere Gründe und machte auch andere Fischhändler mit verantwortlich.

Die Angeklagten unter 1—12 sind nun geständig, an der Zerstörung bei van Oterendorp, der Angeklagte Janßen auch, bei der Demolierung der Schiffe sich betheiligt zu haben; der Eine will eine oder mehrere Fensterscheiben zerschlagen oder entzweigeworfen, der Andere das Stackett mit niedergerissen haben, doch will der unter 10 Aufgeführte nur mit einem Stocke in ein schon zertrümmertes Fenster geschlagen und an dem Rahmen desselben gerüttelt haben, während der unter 1 Benannte nur eine Latte aufgehoben und gegen das Haus geworfen zu haben behauptet, ohne dabei etwas zu zertrümmern, obgleich er die von anderer Seite ihm nachgesagte Thatsache, daß er mit einer Axt bewaffnet gewesen, nicht leugnet, sondern nur nicht bestimmt in der Erinnerung haben will."

„Den sub 13—15 genannten Angeklagten wird nur vorgeworfen, daß sie sich an der Zusammenrottung betheiligt, ohne daß von ihnen Sachen zerstört seien. Dieselben leugnen zwar nicht, in dem Zuge sich befunden zu haben, wollen jedoch mehr oder weniger nur die Rolle von Zuschauern gespielt haben.

Der Kronanwalt beantragte, die Angeklagten 1—12 des durch Zerstörung fremden Eigenthums qualifizierten, die Angeklagten 13—15 des einfachen Landfriedensbruches der Anklage gemäß zu verurtheilen und in Bezug auf die erstere Gruppe der Angeklagten die zu stellende Frage wegen mildernder Umstände zu verneinen.

Der Vertheidiger setzte sich warm für die Freisprechung der 3 letzten Angeklagten und für die Verurtheilung der 10 nur des einfachen Landfriedensbruches wegen ein und verlangte für alle Angeklagten, die alle geständig waren, Milderungsgründe, die hier in reichem Maße vorlägen. Über letzten Punkt kam es zwischen Vertheidiger und Kronanwalt zu einer längeren Debatte. Die Geschworenen (alles festländische Kaufleute und Grundbesitzer) bejahten die Schuldfragen zuungunsten der Angeklagten sub 1—12 und verneinten die wegen Vorhandenseins mildernder Umstände gestellte Frage bezüglich derselben mit 7 gegen 5 Stimmen. Inbezug auf die Angeklagten sub 13—15 bejahten sie die Schuldfragen ebenfalls mit 7 zu 5 Stimmen. (Bei nur einer Stimme mehr (!) hätte für die Angeklagten eine z. T. freisprechende Entscheidung getroffen werden müssen). Der Gerichtshof, welchem bei solchem Stimmenverhältnis die Entscheidung obliegt, trat in beiden Fällen der Mehrheit der Geschworenen bei. Der Kronanwalt beantragte gegen jeden der sub 1—12 Bezeichneten 1^{1}/$_{2}$ Jahre Zuchthaus, gegen die die 3 Letztgenannten 8 Monate Gefängnis, während der Vertheidiger bezüglich der Ersteren das niedrigste Strafmaß zu erkennen und die Untersuchungshaft anzurechnen bat.

Das Urtheil des Gerichtshofes lautete gegen die Angeklagten sub 1—12 auf 1 Jahr 3 Monate Zuchthaus, gegen die 3 Anderen auf 8 Monate Gefängnis."

NORDERNEY
Auf dem Seesteg

Am 28. 8. 1901 schrieb Johann Nagel diese Karte an Franz Leisse auf Norderney, er möge einmal an ihn denken. Vielleicht hatte er Sehnsucht, selber einmal wieder auf dem breiten Seesteg auf Norderney stehen zu können, während die großen Dampfer von Hamburg und Bremen tutend vorbeifuhren, wie hier der Lloyd-Dampfer „Silvana". Das Tuten war für die Pferdekutschen und Hotelwagen das Zeichen, daß es nun Zeit war, sich zum Hafen in Bewegung zu setzen. Die Pfeiler des alten Seestegs sind an der Nordwestecke Norderneys vor Hotel „Germania" noch heute bei Ebbe zu sehen. Postkarte, Verlag: Hermann Braams, Norden und Norderney.

Vor 1900 entstand diese Postkarte des Verlages Stengel, Dresden–Berlin, die fröhliches Kinderreiten auf Eseln zeigt sowie Maultier- und Ziegenkutschen unterm Seesteg am Hotel „Germania".

Nach einem Spruch des Schwurgerichtes über diese pluralistische Tat der Selbsthilfe trat der Vogt an die Bank heran, drückte jedem Verurteilten kräftig die Hand und sagte: „Jungs, laat de Kopp neet sacken. An jo Froon und Kinner denk wi — dorum keen Sörge!"

Es sollte der Versuch unternommen werden — nachdem inzwischen die vierte Generation herangewachsen ist — den damals beteiligten Insulaner posthum eine gerechtere Beurteilung zukommen zu lassen. Es galt, die bislang etwas zwielichtig scheinende Angelegenheit objektiv zu dokumentieren, ein Versuch, der bis heute noch ausstand. Die Begebenheit vom 28. Oktober 1877 beherrschte in unserer Berichtszeit völlig das Leben jeden Insulaners; sie war der psychologische Grund — noch lange darüber hinaus — sich noch enger zusammenzuschließen und Festländern („fremd Skiet!") mit aller gebotenen Vorsicht zu begegnen. Das machte eine längere Vorgeschichte und die Darlegung der damaligen sozialen und soziologischen Verhältnisse erforderlich.

Wie hat sich doch im Laufe noch nicht einmal eines Jahrhunderts die richterliche Beurteilung gewandelt. Staatsanwälte, deren sächsische oder schlesische Mundart die Verständigung mit den Insulanern erschwerte und die in den Insulanern noch so etwas wie Piraten und Strandräuber sahen, und Geschworene auf sicherem Grund und Boden mit gesichertem Einkommen befanden — weit ab vom Tatort — über Menschen, denen Nächstenliebe und Opfertod zur Natur gehörten, über Menschen, die ihnen in allem völlig artfremd sein mußten: einsatzbereit, bescheiden, genügsam, solidarisch, wortkarg und aufbrausend, wenn es um ihr angestammtes Recht, wenn es um ihre karge Existenz, ums tägliche Brot ging.

Mit welchem Maß werden vergleichsweise heute ungezügelte und zerstörungswütige Minderheiten — in ihrer Ausbildung oft noch staatlich gefördert — gemessen?

„... o, quae mutatio rerum!"

In welchem Umfange die Verurteilten eine volle Strafverbüßung erleiden mußten, ließ sich bisher nicht ermitteln. Einiges spricht jedoch dafür, daß auf Interventionen des Ostfriesischen Landadels hin — bekanntlich besaßen diese Kreise auf Norderney damals viele Häuser und kannten daher die ansonsten untadelige Lebensführung der Verurteilten aus eigener jahrelanger Anschauung — Begnadigungen bzw. Verkürzungen der Haftzeiten vorgenommen wurden.

9. Das Kurparlament

Eine rückschauende, vergleichende Dokumentation

Als in den achtziger Jahren des letzten Jahrhunderts die Ergebnisse der Norderneyer Fischerei immer rückläufiger wurden, stand das Schicksal der Insulaner vor einer Katastrophe. Die Zahl der Fischereifahrzeuge ging von 1885 bis 1892 von 63 auf 45 zurück, die Besatzungsstärke sank von 200 auf 144 Mann, die Fangergebnisse fielen von etwas über eine Million kg auf 463 155 kg, d. h. in sieben Jahren ein Rückgang von 30 bis 50 Prozent. Ende der neunziger Jahre wurde der Schellfisch an unserer Küste zur Rarität. Der einstmals in ganz Europa bekannte Norderneyer Angelschellfisch verschwand von Speisekarten renommierter Hotels. Die Gründe: die auf Schonzeiten keine Rücksicht nehmende internationale Dampfraubfischerei blieb der Sieger und vertrieb den Fisch von der heimischen Küste. Mitten in diesem Strukturwandel, der ein jahrhundertealtes Gewerbe mit allen seinen Nebenberufen auslöschte, mußten neue Kräfte eingesetzt werden, um die zweite Erwerbsquelle, den Fremdenverkehr, gesund und möglichst krisenfest auf- und auszubauen und dabei den freiwerdenden Fischern neue Erwerbsquellen zu erschließen. Hierzu benötigte die Insel tüchtige Fachleute aus Handel, Handwerk und Hotelgewerbe vom Festlande sowie besonders fähige Kräfte für die Gemeinde- und Kurverwaltung. Ein gütiges Schicksal kam hier zu Hilfe. Von außergewöhnlicher Bedeutung war hierbei das Kurparlament, das als Initialzündung bezeichnet werden kann. Es ist daher eine historische Forderung, diese einmalige, nur auf Norderney festzustellende Einrichtung in ihrem Werden, ihren Zielen, Handlungen und Erfolgen zu dokumentieren.

„Die Versammlung der Kurgäste" ist erstmalig am 27. August 1885 durch eine öffentliche Bekanntmachung nachweisbar. Alle Kurgäste sowie die Einwohner wurden aufgefordert, „sich zur Besprechung von Einrichtungen zur Förderung des Kurerfolges im Saale des Hôtels Bellevue (heute Nordsee-Haus) einzufinden". Die Einberufer waren: Dr. Walter, Sanitätsrat; Laurenz, Commerzienrat und Fabrikbesitzer; Baum, Kaufmann; Horstmann, Rentier; Reichard. Der Erfolg dieser Gründungsversammlung ermunterte 1886 das „Comité", die Bestrebungen in einem größeren Rahmen fortzusetzen. Wegen der Bedeutung dieser Bemühungen im Sommer 1886 und wegen der heute kaum verständlichen Erfolge des Kurparlamentes für die späteren Jahre soll der Versuch gemacht werden, ausführlich den Ablauf eines Jahres wiederaufleben zu lassen; er dürfte die Kurgäste, die unsere Insel als zweite Heimat lieben gelernt haben, zu nachdenklichen Vergleichen und zeitgemäßen Vorschlägen anregen. Lassen wir die vorliegenden Veröffentlichungen und Protokolle aussagen.

Die mehrfach angekündigte Versammlung zur Gründung eines Kurparlamentes fand am Mittwoch, dem 25. August 1886 im Strand-Etablissement (heute Strandhallen) statt. Einem Berichterstatter zufolge „ließ das herrliche Wetter befürchten, daß die Kurgäste durch den erquickenden Aufenthalt am Strande vom Besuch der beengenden Mauern möchten abgehalten werden, und daher war das kleine Zimmer des Gebäudes zur Aufnahme der Versammlung hergerichtet worden. Aber es sollte sich bald zeigen, daß eine patriotische Anregung im deutschen Gemüthe stets Widerhall findet, und daß man, um ihm Ausdruck zu geben, auch ein Opfer nicht scheut. In Scharen strömte man herbei. Der kleine Saal erwies sich als nicht ausreichend; in kurzer Zeit war der große Saal bis auf den letzten Platz gefüllt. Herr Justizrath Goecke, Köln, wurde durch Acclamation zum Vorsitzenden der Versammlung gewählt. In Anknüpfung an die ähnliche Bewegung des Vorjahres ging derselbe nun gleich dazu über, in klarer lichtvoller Darstellung von den Arbeiten und Bemühungen zu berichten, denen sich die damals erwähnte Commission unterzogen hat.

Sie gipfelten in der Bestrebung, von der Königlichen Regierung die Einrichtung einer Verbindung mit dem Festlande zu erlangen, die es namentlich den Bewohnern Rheinlands und Westfalens möglich macht, die Nordseeinseln an einem Tage zu erreichen; sei dies nun durch einen eigenen, von Köln abgehenden Frühzug oder durch einen sich an den Köln-Hamburger anschließenden Nachtzug. Da der Herr Justizrath in diesen Tagen selbst noch einen Auszug seiner Rede geben wird, so können wir uns hier ein weiteres Eingehen auf dieselbe sparen. Die diesbezüglichen Resolutionen wurden einstimmig angenommen; eine denselben entsprechende Petition an Se. Excellenz den Herrn Minister Maybach fand allgemeinen Beifall. Im Namen der Versammlung und unter warmer Zustimmung sprach dann einer der Anwesenden dem Herrn Justizrath den Dank für seine selbstlose Mühewaltung aus. Dieser lehnte jedoch die ihm dargebrachte Ovation bescheiden ab und schloß die Versammlung mit einem Hoch auf den ersten und höchsten Kurgast Deutschlands, „Seine Majestät, Kaiser Wilhelm!" (Kaiser Wilhelm war als Prinz von Preußen am 26. Juli 1882, nachdem seine Frau nebst Söhnchen — dem späteren Kronprinz — bereits mit großem Gefolge am 20. Juli auf der Insel eingetroffen war, mehrere Wochen Kurgast auf der Insel. Die Familie wohnte im Hause des Rittmeisters von Schwartz, Friedrichstraße 12, heute Rathaus-Apotheke. Seit dieser Zeit führte das Haus die Bezeichnung „Haus Hohenzollern".)

Der Berichterstatter schloß seinen Bericht mit den Worten: „Nach dem ermüdenden und aufreibenden Schaffen in der prosaischen Berufsthätigkeit

Frisia-Partner an Bord des Dampfers „Frisia III", 1912

während des letzten Jahres ist J.-R. Goecke mit seiner Familie hierhergekommen, um Ruhe, Stärkung, Erfrischung und Poesie zu suchen. Was er findet, ist doppelte Mühe. Möge denn er und seine verehrte Familie einen geringen Ersatz darin finden, daß sein Name auf lange hin unter den selbstlosesten Förderern der Entwicklung der Nordseeinseln genannt werden wird. Mögen aber namentlich alle Kurgäste und Bewohner Norderneys sein Streben unterstützen!"

In Verfolg dieser Versammlung lud „das gewählte Comité, die Kurgenossen und Ortseingesessenen" zu einer öffentlichen Versammlung auf Montag, den 30. August, abends 7 Uhr im Saale des Strand-Etablissements ein. Als Punkte der Tagesordnung wurden die lokalen, Norderney betreffenden Wünsche der Kurgäste angegeben: Kanalisierung, Tiefbrunnen, Einrichtungen für die Luftkurgäste, elektrische Beleuchtung des Kurhauses und Kurgartens sowie des Strandes, Verbesserung der Ortsbeleuchtung, Straßenpflasterung, Verbreiterung der Trottoire, Einrichtung der Strandkarren, Schutz der Gäste am Strande gegen Unwetter, Einrichtungen für die Lustbootfahrenden, Konzerte am Strande usw.

Aus dem Protokoll dieser Versammlung ist ersichtlich, daß neben J.-R. Goecke folgende Kurgäste in das Comité gewählt wurden: von Eicken, Rechtsanwalt und Notar, Commerzienrath Laurenz; von Rappard, Oberstlieutenant a. D.; Havemann, Rentner; Dr. Fischer, Rector; von Garnier, Amtsrichter; Professor Dr. Schmeding; Notar Hilgers; Werse-Beckmann, Gutsbesitzer; Eichhorn, Fabrikbesitzer; Baum, Zeitungsverleger; Cordes, Amtsrichter; Helltath, Rechtsanwalt; Lic. Weber, Pfarrer. Per Acclamation wurde J.-R. Goecke als Vorsitzender gewählt. Er hob hervor, daß die bessere Eisenbahnverbindung mit den Nordseebädern durch Einlegung eines Schnellzuges bereits hergestellt sei. Der Herr Regierungspräsident habe seine Sympathie mit den Bestrebungen des Comités ausgesprochen.

Bezüglich besserer Einrichtungen für die Luftkurgäste habe sich Herr Bauunternehmer Dirks bereiterklärt, auf eigene Kosten zunächst auf einer Buhne versuchsweise solch hohe Sitzplätze mit einem Dach aus Segeltuch, als Regen- und Sonnenschirm einzusetzen. (Nachdem dieser Versuch fehlgeschlagen war, erreichte das Kurparlament später die Errichtung des Seesteges.) Hinsichtlich der Verbreiterung der Trottoire wurde erklärt, daß diese notwendig und dort, wo dies nicht ausführbar sei, der Fahrweg gepflastert werden müsse. Elektrische Beleuchtung des Kurhauses, Kurgartens und Strandes wurde als wünschenswert bezeichnet. (Durch ständige Eingaben des Kurparlamentes erstrahlten 1888 alle staatlichen Gebäude und die Strandpromenade in elektrischem Licht.)

Die Fortführung der Pflasterung der Kaiserstraße bis zur Moltkestraße wurde als dringend gefordert. Als wünschenswert für Lustfahrende, namentlich der Damen und Kinder, wurde eine Einrichtung (Steg) zum gefahrlosen Ein- und Aussteigen an der Segelbuhne bezeichnet (wurde bereits 1887 gebaut). Ebenfalls wurde die Anschaffung einer größeren Anzahl von Strandkörben und Bänken am Strande und am Fuße der Dünen gewünscht. Endlich noch wurde als allgemeiner Wunsch der Badegäste bezeichnet, daß nachmittags, etwa von 5 bis 7 Uhr, oder vormittags von 11 bis 12 Uhr am Strande die Musik „ihre Weisen erschallen lassen möge". Es wurde ein Ausschuß zur Errichtung einer „Bronce-Büste" von Kaiser Wilhelm I. gebildet. Diese Büste soll angebracht werden aus Felsblöcken aus allen Gauen des Vaterlandes, als Zeugnis, daß Alldeutschland wetteifert, Norderney zu seinem ersten und schönsten Nordseebade machen zu helfen. Das Denkmal soll in Pyramidenform errichtet werden (1890 erbaut). Die Georgshöhe (heute Wetterstation) ist nach Beendigung der baulichen Vorhaben so zu gestalten, daß ihr Charakter als schönster Aussichtspunkt der Insel mit vollständigem Panorama auch ferner erhalten bleibe. Für die Kurgäste ist möglichst rasche Kenntnis der Mitteilungen der Seewarte eine große Annehmlichkeit. Es wird als ein schwerer Übelstand beklagt, daß bei Norddeich keine Gepäckhalle existiert, so daß das Gepäck dem Wetter vollständig preisgegeben wird.

Verschiedene Anträge, Kanalisierung und Verbesserung des Trinkwassers betreffend, wird das Comité mit Nachdruck an die zuständigen Stellen weiterleiten. (1888 mit erheblichen Kosten durchgeführt.) Allgemein wurde als notwendig bezeichnet, daß den belgischen und holländischen Bädern Konkurrenz gemacht werden müsse durch Verbesserungen der Einrichtungen auf Norderney. Nur der Badefiskus sei in der Lage, erhebliche Mittel hierfür zu verwenden, was als eine rentable Kapitalanlage für ihn selbst bezeichnet werden dürfe.

Soweit der Sommer 1886, in dem bereits die wichtigsten Anliegen der Kurgäste öffentlich diskutiert wurden und die in den folgenden Jahren nebst vielen weiteren Wünschen in die Tat umgesetzt wurden. Besonders in Drei-Kaiser-Jahr, als Bürgermeister Berg der Gemeindeverwaltung vorstand und der Ortsverein sich stark einschaltete, kamen auch die größeren und zukunftsweisenden Vorschläge zum Tragen.

Bei rückschauender Betrachtung ergeben sich während der ganzen Zeit des Bestehens des Kurparlaments etwa folgende Hauptanregungspunkte: „als patriotisches Ziel: den in die belgischen und holländischen Seebadeorte abfließenden Gäste- und Geldstrom den heimischen Inselbädern zuzuführen; die Verbesserung der Verkehrsmittel nach Norderney zu Lande und zu Wasser sowie günstige Ausgestaltung der Eisenbahnfahrpläne; die Anlage neuzeitlicher, besonders sanitärer Einrichtungen (u. a. Wasser, Gas, Elektrizität, Krankenhaus); die Straßenpflasterung und Anlage neuer Straßen; Einrichtungen für die Kinder (Spielplätze, Eselreiten, Ziegenwagen, Kinderkorso u. a.); Ausbau der kirchlichen Veranstaltungen; gezielte und vielgestaltige Werbemaßnahmen, die den Badegästen besonders am Strand ein Höchstmaß an Erholung, Entspannung und Ruhe, Einkehr zu Speise und Trank zu mäßigen Preisen und Schutz bei schlechtem Wetter boten.

Wann das Kurparlament seine so segensreiche Tätigkeit für Norderney einstellte, war leider nicht eindeutig festzustellen. Es ist anzunehmen, daß durch den ersten Weltkrieg, der wie ein irreparabler Schnitt durch die ganze Welt ging, auch die „Versammlung der Kurgäste" beendet wurde. Sie hätte bei der Schicksalswende nach Kriegsschluß bei allen späteren Maßnahmen, die

Erst Jahre nach der Jahrhundertwende (1908) wurde es gestattet, daß Familien im „Familienbad" zusammen baden durften. Postkarte 1908, Stengel & Co., Dresden.

die Regierung in engster Zusammenarbeit mit der Gemeindeverwaltung traf, ein weites Tätigkeitsfeld auf unserer Insel gefunden. Gerade in heutiger Zeit, wo die Weichen für eine neue Zukunft gestellt werden, hätte sie gewiß für viele vordringliche und zukunftsweisende Aufgaben Schützenhilfe geleistet. Unsere Dokumentation über die Persönlichkeiten des Kurparlaments und ihre Taten läßt gewiß noch manche Frage offen, und es ist nicht leicht, eine umfassende abschließende Erklärung zu finden. Das liegt wohl im Menschlichen begründet. Das Kurparlament war ein Phänomen, eine nur auf Norderney zum Zuge gekommene, außerbehördliche, überparteiliche Einrichtung; ohne Statut, ohne Beiträge, ohne jegliche Verpflichtung, ohne feste Termine, nur zu dem einen Zweck geschaffen: Norderney durch Einsatz aller verfügbaren Mittel und Beziehungen die Stelle eines führenden Badeortes an der Nordsee zu verschaffen. Die wachsende Bedeutung des Kurparlaments durch die Förderung der für die Insel gewonnenen Abgeordneten und Minister im Landtag, Herrenhaus und Reichstag erweist sich darin, daß in der damaligen Kaiserzeit Maßnahmen zur Förderung der Insel ohne Anregung, Abstimmung und Zustimmung des Kurparlaments einfach undenkbar waren. Durch diese vorbildliche, demokratische Einrichtung kamen kostspielige Fehlplanungen, die dem gesamten Gästepublikum wenig genutzt hätten, nicht zum Zuge.

Durch ständigen engen Kontakt mit der Gemeindeverwaltung (Gemeindevorsteher Berg hatte zum Beispiel einen „eigenen Draht" zum Reichskanzler!), dem Ortsverein, den staatlichen Behörden am Platze, den Pastoren, der Fischerei-Gesellschaft kamen vordringliche, wohlabgewogene, zukunftsträchtige und expansive Vorschläge in Hannover und Berlin zum Zuge. Es wäre unmöglich gewesen, auf der Insel „von oben" beabsichtigte Einrichtungen zu schaffen, die nicht vorher öffentlich diskutiert worden wären und die nicht die volle Zustimmung der Kurparlamente als Sprachrohr der Kurgäste und aller insularer Organisationen gefunden hätten. Deshalb nannte die „Versammlung der Kurgäste" auch alle Mißstände unbeirrt bei Namen. Kamen Regierungsvertreter zur Inselbesichtigung, so bot das „Comité der Kurgäste" die Gewähr dafür, daß diese Herren nicht von vornherein von lokalen Mißständen am Strande oder im Orte abgeschirmt wurden.

Auch aus den Protokollen der späteren Jahre ist ersichtlich, daß alle Mitglieder des Kurparlaments aus Liebe zur Insel ihre Kenntnisse, Erfahrungen und Verbindungen in selbstloser Weise jahrzehntelang zur Verfügung stellten, oft auf Kosten der dringend notwendigen Erholung. „Sie betrieben alle Arbeit um ihrer selbst willen" (Zitat von Prof. Dr. Scheurl). Man wird beim Nachdenken über das Kurparlament und seine Erfolge erinnert an den Begriff der „praktischen Vernunft", der auf den griechischen Philosophen Aristoteles in dessen „Nikomachischer Ethik" zurückgeht: Die Handlungen und Entscheidungen der praktischen Vernunft können nicht richtig sein ohne die sittliche Einsicht, aber auch nicht ohne die Trefflichkeit des Charakters, denn diese legt das Endziel fest, jene läßt die Mittel dazu ergreifen.

Über diesen „rotary"-Sinn nachzudenken, ihm nachzueifern versuchen, wäre für alle für die Zukunft unserer Insel Verantwortlichen wünschenswert. Soll sie zu neuen Ufern führen, darf das Schicksal Norderneys nicht nur Profitjägern oder wenig Kundigen vorbehalten bleiben. Würde das Kurparlament heute seine damalige Grundlagenforschung, auf die sich seine erfolgreiche Tätigkeit gründete, im Wege einer repräsentativen Meinungsforschung quer durch die Insel, ihrer Einwohner und Gäste, wiederaufnehmen, es würde sicherlich bei vielen Aufgaben und Vorhaben als ernstzunehmender Partner mitsprechen, mit dem einzigen Ziele einer vorausschauenden Weiterentwicklung unseres Badeortes. Damit dürfte die oft gehörte Frage: „Hätte das Kurparlament noch heute seinen Sinn?" mit einem klaren „Ja, gerade heute!" beantwortet sein.

Ob sich wohl eines Tages wieder Stammgäste zusammenfinden, die in einem Kurparlament im überlieferten, von uns ausführlich dokumentierten Sinne an der Fortentwicklung ihrer geliebten Insel entscheidend mitarbeiten würden?

D. Wie die Verkehrsprobleme gemeistert wurden
Auszüge aus der Jubiläumsschrift
„100 Jahre Reederei Norden-Frisia"

Nach dem Versprechen „täglich ein Schiff" kam die Erlaubnis

Als der Landphysikus Dr. von Halem das erste, im Jahre 1794 gegründete deutsche Seebad Doberan an der Ostsee besucht hatte, „um sich eine genaue Kenntnis davon zu verschaffen, was für die Errichtung einer Seebadeanstalt notwendig sei", unterbreitete er 1797 den ostfriesischen Landständen Vorschläge und Forderungen für die Gründung einer Anstalt auf Norderney. Die wichtigste Voraussetzung lautet, „daß in der Badezeit täglich ein Schiff nach dem Deiche führe, das für einen bestimmten Preis Passagiere und Sachen abhole und zurückbrächte und das Publikum nicht mehr bloß den Launen des Vogts ausgesetzt ist, ob er eins schicken will oder nicht..." Erst nachdem diese Verbindung zugesichert werden konnte, wurden dem königlich-großbritannisch-hannoverschen Medizinalrat jährlich 500 Taler für die Errichtung und den Ausbau des Badeortes zur Verfügung gestellt.

Aus diesem täglich einmaligen (bei günstigem Wetter!) Fährschiffverkehr während der Sommermonate – zu dem der Weg per Wagen durchs Watt hinzukam – ist heute eine fast stündliche Jahresverbindung mit modernen Bäderschiffen geworden. In gegenseitiger Wechselbeziehung sind Verkehrsmittel und Kurgastzahl gewachsen. Es gibt kaum eine so erregende und vielgestaltige Entwicklungsgeschichte der Seefahrt, wie sie Norderney für die gesamte deutsche Nordseeküste bietet: z. B. Segelschiffahrt – hölzerne Raddampfer „Sottewer" – eiserne Schraubendampfer – moderne Autofähren; harter Wettbewerb der Reedereien von der Elbe, Weser und Ems her – sowie auf lokalem Felde; hafenloses Ausbooten auf der Reede durch hochrädrige Wagen – technisch vollendete Hafenanlagen; von der abenteuerlichen langen Seereise zur erholsamen Kurz-Lustfahrt; nie erlahmende Bemühungen der Badekommissare und des Kurparlaments um Verkehrsverbesserungen, oft unter Einschaltung von Ministern, Fürsten und Königen – wenig förderndes Entgegenkommen, ja Schwierigkeiten wegen geringer Einsicht seitens vieler Behörden. Dabei ist bei Gründung der ersten Reederei in Norden vor hundert Jahren der Insel Juist in gleicher Weise wie Norderney gedacht worden, obgleich für Juist die topographischen Verhältnisse ungleich ungünstiger gelagert waren und noch heute sind. Nur aus dieser Sicht sind die weitschauenden und kostspieligen Pläne der Reederei zu verstehen, deren Ausführung, dem ständig steigenden Verkehr angepaßt und den Naturgewalten zum Trotz, die fast unbekannte Insel Juist sehr bald in die vordere Reihe der deutschen Nordseebäder brachte: für den Wattverkehr besonders geeignete Schiffe, den Bau eines Schiffsanlegers, die Verbindung zum Ort – zuerst durch Pferde-, dann durch Motorbahn – der Bau eines modernen Bahnhofs, ganzjährig tägliche Verbindungen u. a. Dieser Entwicklung etwas ausführlicher nachzuspüren, erscheint für das Verständnis des 100jährigen Reedereibestehens um so mehr erwünscht, als sich dabei vielleicht einige Hintergründe aufdecken lassen, warum sich u. a. das Eisenbahnnetz bis Emden, dann direkt bis Norden und zuletzt bis Norddeich und bis zur Dampferanlegestelle vorschob und so zu Dampferverbindungen von Leer und dann von Emden aus nach Norderney verlockte, und wieso später die erste Reederei auf dem Festlande in Norden und nicht auf den Inseln, erst viel später auf Norderney eine zweite gegründet wurde und wie beide in die Reederei Norden-Frisia fusionierten, und warum die Reedereien stets aus eigener privatwirtschaftlicher Kraft und niemals durch Subventionen geschaffen wurden.

Neben den in dieser Schrift genannten Gründern sollen aber die vielen Mitarbeiter nicht vergessen werden, die nautisch, technisch oder kaufmännisch ein langes Leben lang ihr Bestes gaben. Oft als Schiffsjunge, als Geselle, Heizer oder als Reedereikaufmannslehrling angefangen, stiegen sie beruflich durch Fleiß und Strebsamkeit bis zu leitenden Stellungen empor, als Kapitän, Leitender Maschinist oder Prokurist. Bis zur Erreichung der Altersgrenze bewahrten sie der Reederei auch in schwersten Tagen die Treue, die bis in die zweite, ja dritte Generation ihre Fortsetzung findet. Die Reederei belohnte ihre Mitarbeit durch soziale Leistungen, vor allem aber durch menschliche Verbundenheit. In der „menschlichen Bilanz" sind die tiefen Wurzeln des Gedeihens und Erfolges zu finden, und so erklären sich auch die unwahrscheinlich schnell verlöschenden Versuche von Konkurrenzunternehmen, die glaubten, sich besonders vom Sommerverkehr eine Scheibe abschneiden zu können. So fand auch der Versuch, die Insel durch eine Brücke oder einen Damm mit dem Festlande zu verbinden, als inselfremd allseitige, selbst amtliche Ablehnung.

Norderney – das älteste deutsche Nordseebad

Als erstes deutsches Nordseebad war Norderney unter preußischer Herrschaft im Jahre 1797 von den ostfriesischen Ständen gegründet worden, nachdem die unermüdlichen Bemühungen des Freiherrn von Inn- und zu Knyphausen und des „Königl. Preuss. Medicinal-Raths" Dr. F. W. von Halem zur Errichtung einer „Seebadeanstalt" zum Erfolg geführt hatten. Neben den medizinischen – den Heilfaktoren der Meeresluft und des Meerwassers – dürften die verkehrsgünstigen Argumente von Halems den Ausschlag gegeben haben, daß die konkurrierenden Standorte Juist, Cuxhaven und Norddeich nicht zum Zuge kamen. Als erster Badearzt hatte er engsten Kontakt mit den Badegästen, die schon früh aus nah und fern angereist kamen, und es war sein Bemühen, ihnen wenigstens die letzte Etappe einer mühseligen und oft wochenlangen Reise zu erleichtern. Im noch erhaltenen ältesten Gästebuch des Schütteschen Gasthofes in Norderney (heute im Besitz des Hotel Pique) von 1823 sind Gäste aus Petersburg, Moskau, Warschau, Budapest, Prag, Liechtenstein, Genf, Zürich, New York u. a. eingetragen.

Wie kam man nach Norderney?

Schon 1801 und später 1815 gibt von Halem ein so anschauliches und werbewirksames Zeitbild, daß die „Beschreibung der Gelegenheit, von der Küste nach der Insel zu reisen", am eindrucksvollsten im Originaltext die damaligen Verbindungen zum Festlande kennzeichnet:

„Zu keinem bis hiezu bekannten Bade gelangt man auf solche ganz eigenthümliche Weise als zu diesem. Man kann nemlich von der Küste aus sowohl zu Schiffe als zu Pferde, zu Fuß oder mit einem Fuhrwerke die Reise machen, ohne doch eigentlich in letztern Fällen sagen zu können, daß man die Reise zu Lande gemacht habe.

Die gewöhnlichste Art zu reisen, ist zu Schiffe. Daß man von jedem an der See liegenden Hafen nach der Insel segeln könne, versteht sich von selbst und da das Anlanden auf Norderney ohne Schwierigkeiten an mehreren Punkten geschehen kann, mögte dieses von vielen Gegenden der Küsten Norddeutschlands bei guten Winden die leichteste und wohlfeilste Art zu reisen abgeben. Da man von der hiesigen sichern und bequemen Rhede weit schneller in und aus See ist als dies bei den Häfen

Bade-Kutschen der See-Badeanstalt auf der Insel Norderney.
Aus „Von Halem". 1822. Kurierarchiv.

der Küste der Fall seyn kann, so gelangt man in weit kürzerer Zeit an den Ort der Bestimmung als von jenen aus. Bei gutem Winde segelt man in acht bis zehn Stunden nach der dem Ausflusse der Elbe gegenüber liegenden Insel Helgoland und es ist noch nicht lange, daß ein Schiff von Norderney in 18 Stunden auf der Themse war, und eben deshalb würde die Insel vortreffliche Gelegenheit zum Paquet-Bote zwischen England und Deutschland darbiethen. Im harten Winter 1795 konnte man nur von hier aus den Admiral Popham und Nachrichten von der Englischen Armee nach England bringen."

Mit dem Fährschiff von Norddeich

„Die geschwindeste Weise von der Küste nach der Insel zu segeln", so berichtet von Halem weiter, „ist, daß man nach dem Norddeich eine Stunde gehends hinter der Stadt Norden durch eine angenehme fruchtbare Gegend reiset, woselbst während der Dauer der Badezeit gut eingerichtete mit einer Cajüte versehene Fährschiffe hart am Deich liegen.

In den sehr guten Gasthöfen der Stadt Norden findet man gedruckte Listen über die genaue Zeit der täglichen Abfahrt der Fährschiffe.

Vor dem Winde, zumahl wenn dieser scharf bläset, dauert die Fahrt nicht über eine bis anderthalb Stunden.

Man bezahlt für die Überfahrt bis zur Rhede 3 gGr. oder 24 Grote, wofür man auch einen kleinen Coffre, ein Felleisen oder einen Schließkorb frei hat. Wer mehrere Sachen mit sich führt, zahlt ein Weniges mehr.

Sobald nun das Schiff Anker geworfen hat und man auf der Insel an der aufgezogenen Flagge bemerkt hat, daß Reisende da sind, kommen nach den Signalen ein oder mehrere Wagen herunter, welche sich dicht an das Schiff anlegen, Personen und Sachen aufnehmen, dann noch eine Strecke durch das jetzo ruhige 1 bis 2 Fuß über den harten Strand stehende Wasser fahren, und hiernächst zwischen den Dünen durch nach dem Conversationshause oder auch bei vorherbestellten Quartieren nach diesen fahren. Für diese Fahrt bezahlt man ein paar Groschen." Abfahrt der Fährschiffe von einem Anleger, der sich gegenüber dem heutigen Hotel „Fährhaus" befand, im Volksmund „Schlenge" genannt.

Feststehende Fahrpläne für die zwei, später drei Fährschiffe von Norddeich nach Norderney gab es erst seit 1845, und so war häufig ein Aufenthalt in den sogenannten Fährhäusern oder Gasthöfen in Norden unumgänglich. Als besonders komfortable Häuser wurden empfohlen: „Zum Weinhaus" (Eduard Dippel), „Deutsches Haus" (H. L. Ploeger), „C. Garb's Hotel" und „Sassen's Gasthof". Bei stürmischem Wetter und widrigen Winden fiel die Überfahrt oft ganz aus oder dauerte viele Stunden, und die Gäste mußten durchnäßt und seekrank bei der Landung noch auf hochrädrige Wagen (Char à banc) umsteigen, die sie dann ans Land brachten.

Über 30 Jahre lang verlegte der spätere König Georg V. seine Sommerresidenz nach Norderney und zog regierende Fürstenhäuser, Hochadel, international berühmte Dichter, Sänger, Musiker und Wissenschaftler sowie die Geldaristokratie zur Insel. Seine Verbundenheit mit den Insulanern und seine Anteilnahme an der Fortentwicklung des Bades zeigte sich an seinen Bemühungen um den Ausbau der hannoverschen „Westbahn" von Münster bis Emden und der Dampfschiffverbindungen. „Ob nicht, namentlich wenn die Eisenbahn bis Emden fertiggestellt sein wird, für ein kleines bequemes Dampfschiff für den Verkehr mit Norddeich Sorge getragen werden muß, diese Frage scheint mir fast ganz bestimmt mit „Ja!" beantwortet werden zu müssen", berichtet bereits 1853 der vom König neu eingesetzte Badekommissar Capitain von Landsberg. Es vergingen jedoch fast zwanzig Jahre, ehe des Königs Wunsch erfüllt wurde.

Mit der Wattenpost von Hilgenriedersiel

„Sollte aber jemand die Fahrt zu Wasser und die Seekrankheit zu sehr fürchten oder das Aus- und Einsteigen in die Schiffe und auf dem an dieselben haftenden Wagen zu unbequem finden, so mögte dann die zweite Art vom Deiche nach der Insel zu reisen vorzuziehen seyn, nemlich zu Pferde oder Wagen.

Obgleich nun die Fahrt zu Schiffe ebenfalls über das Watt und nicht über die eigentliche Nordsee geht, so nennt man doch die Reise zu Pferde oder Wagen, ausschließlich die Fahrt über das Watt.

Von der Insel Norderney bis zur Küste liegt an einer Stelle eine erhöhte Sandbank oder Plate, welche zur Zeit der Ebbe entweder völlig oder doch bis auf wenige Zoll trocken wird. Diese Plate erreicht man nur beim Hilgenrieder-Syhl eine Stunde Fahrens von dem Flecken Hage und anderthalb Stunden von Norden. Auf der Campschen Karte von Ostfriesland ist diese Plate deutlich bemerkt.

Hier wohnt der Strandvogd dem es gegen eine mäßige Belohnung obliegt, die Reisenden über das Watt bis zur Insel zu begleiten, und unter der Anführung dieses

Der Raddampfer „Norderney", um 1890

Mannes ist nicht die geringste Gefahr zu befürchten. In einer Stunde hat man das Ostende der Insel erreicht, von da es dann noch eine gute Stunde den harten Strand entlang bis an die Häuser ist.

Diese Fahrt über das Watt hat in gewissen Fällen ihre Vorzüge; man kann die Zeit genau bestimmen, zu der man auf der Insel seyn kann, man erspart das am Deiche und auf der Rhede bei starker Bewegung der See etwas mehr unbequeme Aus- und Einsteigen und bleibt gewiß frei von der Seekrankheit; aber bei dem allen ist doch die erstere Art angenehmer und findet auch durchaus mehr Beifall."

Es war daher verständlich, daß 1836 der siebzehnjährige erblindete Herzog von Cumberland, Prinz Georg, mit Mutter und größerem Gefolge mit der königlichen Wagenkolonne den Wattenweg über Hilgenriedersiel nach Norderney wählte, in sicherer Obhut des Vogtes.

Reisewege von der Elbe, Weser, Ems

Zu Anfang der 30er Jahre haben Hamburger Dampfboote als erste den Linienverkehr mit Norderney aufgenommen. Mit diesen ersten Dampfern nach Norderney zu fahren, war eher ein Abenteuer als eine „Lustfahrt". Es wird berichtet, daß das erste in Schottland vom Stapel gelaufene Dampfschiff „The Lady of the Lake" nur außerhalb des Hafens bei der Abfahrt von Hamburg und bei der Ankunft in Cuxhaven und Norderney das Feuer unter dem Kessel anzünden bzw. löschen dürfte. Wenn dann das Dampfboot mit dem langen Schornstein als fauchendes, qualmendes und Funken sprühendes Ungetüm aufkreuzte, zogen die Fischer entsetzt die Netze ein und flüchteten vor dem „Sottewer" oder dem „Smeuker".

Einige Jahre später bauten deutsche Werften wesentlich verbesserte Dampfschiffe. 1834 wird der Raddampfer „Elbe" erwähnt, auch der „Patriot" kommt schon hin und wieder; in festem Fahrplan läuft er ab 1835. Im Jahre 1836 wurde „den Badegästen aus Dänemark, Schweden, Rußland, Böhmen und aus dem Osten Deutschlands geraten", direkt auf Hamburg zu reisen, wohin von allen diesen Ländern aus entweder treffliche Chausseen führten, auf denen ein ganz vorzügliches Eilwagen- und Extrapostwesen organisiert sei oder von wo man mit Dampfschiffen mit großer Schnelligkeit nach Norderney fahren könne. Wer die Seefahrt nicht scheue und nicht den dreitägigen Landweg nach Norden vorziehe, könne die beiden vortrefflich ausgerüsteten und eleganten Hamburger Dampfschiffe, die „Elbe" und den „Patrioten", benutzen. Auf der Insel wurden die Passagiere vom Dampfschiff abgeholt und aus diesen in bereitstehende Wagen in das Dorf gebracht, an dessen Eingang die Badegesellschaft und das böhmische Musikkorps aus Prag die neuen Ankömmlinge freudig begrüßte. Anscheinend ist der Dampfschiffsverkehr mit Hamburg vorübergehend wieder zum Stillstand gekommen. Eine regelmäßige Personenbeförderung von der Elbe wird erst wieder für 1837 gemeldet. In seinem Jahresbericht für 1845 führt der Badekommissar Rittmeister James Hag aus, daß das Hamburger Dampfschiff seit Jahren seinen Fahrplan nicht immer eingehalten hat. Er berichtet u. a., daß von der Elbe her ein kleiner Raddampfer „Henriette", der von Norderney über Helgoland nach Wyk auf Föhr führe und für jede Fahrt vom König von Dänemark eine Subvention von 300 Talern erhielt. Ein Jahr später führte Badekommissar von Beulwitz in Hamburg Verhandlungen mit Godeffroy, dem Hauptagenten der 1847 gegründeten Hamburg-Amerikanischen Paketfahrt-Aktiengesellschaft, der Hapag. Er wollte ihn für eine „Conkurrenzlinie für den Bremer Dampfer" für Norderney gewinnen. Noch 1848 klagte der Nachfolger, Badekommissar Amtsassessor Jochmus, daß die direkte Dampfschiffsverbindung zwischen Hamburg und Norderney fehlt, und 1849, daß die Dampfschiffe von Emden, Leer und Bremen die meisten Gäste mitbringen. „Leider sei der ‚Telegraph' kein Seeschiff, es müsse seine Fahrten in der Regel über Watt machen. Wenn das Wasser fehle, sei er genötigt, die Nacht über bei Spiekeroog oder Wangerooge liegen zu bleiben, und die Passagiere entbehrten die Möglichkeit, an einem Tage nach Norderney zu gelangen. Auf dem Schiff mangele es an jeder nächtlichen Bequemlichkeit und, es nehme zudem stets bei weitem mehr Passagiere mit, als gut untergebracht werden könnten. Das sei früher anders gewesen, als die vortrefflich eingerichteten Seedampfschiffe von Hamburg nach Norderney gefahren wären, deren Passagiere in Helgoland übernachten konnten. Jetzt monopolisiert Bremen mit dem ‚Telegraph' den Verkehr nach Norderney, und dieses Monopol wird meiner Ansicht nach zu sehr im eigenen Interesse, gar zu wenig mit Rücksicht auf die Annehmlichkeiten der Badegäste ausgebeutet. Sehr wünschenswert wäre es, wenn die Hamburger Dampfschiffahrtsgesellschaft zu bewegen wäre, wieder regelmäßige Fahrten nach Norderney zu unternehmen."

1851 ist aus der Wiedereinrichtung der direkten Dampfschiffsverbindung mit Hamburg noch nichts geworden. Die Bemühungen sind an den „exorbitanten" Forderungen der Dampfschiffahrtsgesellschaft gescheitert. Im Jahre 1863 hat sich der Versuch des Badekommissars Bock von Wülfingen, eine neue Dampfschiffsverbindung zwischen Norderney und Hamburg einzurichten, leider als nicht lohnend herausgestellt. Die Reederei Paerson und Langnese in Hamburg sah die Hauptschwierigkeiten darin, daß weder das Schiff „Martlet" noch die später eingesetzte „Gazelle" wegen zu großen Tiefganges das Seegat passieren konnten. Eine Abholung der Passagiere und die Ausbootung auf offener See sei nur bei ganz ruhigem Seegang möglich gewesen und hätte auch dann noch bei den Passagieren die größten Besorgnisse ausgelöst. Erst daraufhin wurde das Seegat mit Tonnen ausgelegt.

Erstaunlicherweise war schon damals die Anzahl der Gäste aus den angeführten, weit entfernt liegenden Gegenden recht groß und nahm immer mehr zu. Um den Gästen aus dem mittleren und südlichen Deutschland und der Schweiz die Reise zu erleichtern und schmackhaft zu machen, empfahl der Norderneyer Badekommissar Graf von Wedel zur gleichen Zeit: „Sie reisen am besten mit dem auf dem Rhein fahrenden Dampfschiff nach Rotterdam, von dort nach Amsterdam zu Lande, von hier fährt dreimal wöchentlich ein Dampfer über den Zuyder See nach Harlingen, von wo man täglich durch Wagen oder Zugschiffe (Treckschuiter) nach Groningen oder Delfzyl fahren kann, von hier fahren täglich Schiffe nach Emden, von da gelangt man nach Norddeich."

1837 tauchte sogar ein englisches Dampfboot von Bremen auf, das auf der Insel Gäste ausschiffte. Im Juli 1838 kam sonntags der bremische Raddampfer „Bremen". Im Juli 1840 stellte sich der erste eiserne Raddampfer „Telegraph" aus Bremen ein, neben diesem seit 1844 das bremische Seedampfschiff „Koenig Wilhelm II". So war Norderney in diesen Jahren ein richtiger Tummelplatz für alle möglichen Dampfschiffe aus vielen Häfen.

Selbst von der Weser kamen Gäste per Dampfschiff zur Insel. Der junge, 29jährige Bismarck, der sich hier als ein humorvoller, charmanter und dabei unerschrockener und seetüchtiger pommerscher Landjunker erwies, berichtete seinem Vater am 8. August 1844 vergnüglich, offen und ungeschminkt über seine zweitägige Dampferfahrt von Nienburg nach Norderney:

Der Raddampfer „Hohenzollern", 1906 (später „Frisia IV")

„Am Montag ging erst das Weserschiff, mit dem ich fahren wollte, und ich fand dazu eine sehr gute Reisegesellschaft in der Familie des Kriegsministers Grafen Kielmannsegge, mit denen ich erst von Hannover zu Lande, und von da in zwei Tagen zu Schiff hier her kam; in gedachter Familie befanden sich drei sehr artige Töchter, unter die ich mein Herz während der Reise in strenger Gerechtigkeit verteilt habe."–

Über seine Rückreise schrieb Bismarck seiner Schwester am 9. September 1844:

„Die meisten Leute sind schon abgereist und unsere Tischgesellschaft ist von 200 bis 300 auf 12 bis 15 zusammengeschmolzen. Ich selbst habe mein Deputat an Bädern nun auch weg und werde mit dem nächsten Dampfschiff ‚Roland', welches übermorgen erwartet wird, nach Helgoland abgehen und von dort über Hamburg nach Schönhausen kommen. Ich kann indeß den Tag meiner Ankunft nicht bestimmen, weil es nicht gewiß ist, daß das Dampfschiff übermorgen kommt; in den Bekanntmachungen ist diese Fahrt zwar angesetzt, sie pflegen aber die letzten Reisen, wie man mir sagt, oft fortzulassen, wenn sie keine hinreichende Anzahl von Passagieren erwarten, um ihre Kosten zu decken. Wenn also das Dampfboot übermorgen ausbleibt, so beabsichtige ich, den Donnerstag mit einem Segelboot nach Helgoland zu fahren; von dort ist zweimal wöchentlich Verbindung nach Hamburg."

Bereits im Jahre 1843 hatte die Ems-Dampfschiffahrts-Gesellschaft „Concordia" einen regelmäßigen Sommerdienst von Emden bzw. Delfzijl nach Norderney eingerichtet, zuerst mit der hölzernen „Kronprinzessin Marie". Die Konkurrenz gegen die Emder Reederei ließ nicht lange auf sich warten. Bereits 1845 stellte die mit niederländischer Beteiligung in Leer gegründete „Leer-Delfzijler Ems-Dampfschiffahrts-Gesellschaft" das in London erbaute Dampfschiff „Erbprinz Ernst August" in Dienst. Ab 1847 setzte ein gemeinschaftlicher Fahrplan dem Wettbewerbkampf beider Reedereien ein Ende. Seit der Thronbesteigung König Georg V., 1853, fuhr das Leerer Schiff als „Kronprinz von Hannover". Die Eröffnung der Hannoverschen Westbahn 1856, die Hannover mit Emden verband, brachte eine solch starke Verkehrsverstärkung, daß die Reederei Concordia 1867 ein neues, stärkeres Schiff, „Wilhelm I", in Dienst stellte.

Die Gründung der „Dampfschiffs-Rhederei Norden" 1871

Obwohl bis Ausgang der 60er Jahre zahlreiche Dampfer von vielen Häfen nach Norderney fuhren, waren diese Seereisen wegen ihrer langen Fahrdauer – bei Unwetter oft verbunden mit der bösen Seekrankheit – für die Badegäste nicht immer angenehm und ungefährlich. Aber auch der Weg per Wagen übers Watt war besonders für Reisende mit Kindern recht beschwerlich. Das Übersetzen mit dem Fährschiff von Norddeich nach Norderney war tideabhängig und bei der primitiven Einrichtung der Segelschiffe und dem Ausbooten auf der Reede umständlich und unbequem. Trotz allem empfahl der Badekommissar von Landsberg die Fahrt mit dem Fährschiff als vergleichsweise die „beste, bequemste und regelmäßigste Communication zum Festlande". Der Wunsch des Königs von Hannover wie auch der Badekommissare, der Badegäste und nicht zuletzt der Insulaner nach einem „Fähr-Dampfboot" kam der möglichen Erfüllung näher, nachdem nicht mehr daran zu zweifeln war, daß die Bahn in absehbarer Zeit bis zur Küste weitergeführt würde.

Die Stadt Norden war seit 1797 Endstation der Reisenden gewesen, die sich mit dem Fährschiff nach Norderney und später nach Juist übersetzen ließen oder mit dem Wagen übers Watt nach Norderney fuhren. Die meisten Güter des täglichen Bedarfs für die Inseln mußten vom Festlande beschafft werden, wobei Norden wichtigster

Wo man heute vom Gebäude der Landesversicherungsanstalt aus über das Meer schauen kann, ist auf dieser Aufnahme um 1930 das Fachwerkgebäude der alten Giftbude noch zu sehen, die nach 1890 gebaut wurde.
Photo: Privat

Einkaufsmarkt wurde. Hier hatte sich auf Grund des fruchtbaren Hinterlandes ein bedeutender Getreide- und Viehhandel sowie eine blühende Industrie entwickelt. Es klingt wie ein Wirtschaftswunder, wenn die Wirtschaftsgeschichte der Stadt Norden von etwa 60 Fabriken, die die mannigfaltigsten Fabrikate herstellten, Ausgang der 60er Jahre berichtet.

Wie bescheiden war dagegen die wirtschaftliche Lage auf den Inseln! Die Inselbevölkerung auf Norderney lebte in der Hauptsache vom Fischfang und dem Vermietungsgewerbe, das jedoch nur als Nebenerwerb betrachtet wurde. Von 1868 an, dem Höchststand der Zahl der Fischerschaluppen (70 Fahrzeuge), begann der langsame, aber ständige Verfall des Fischereigewerbes, verursacht durch das Aufkommen und schnelle Anwachsen englischer und holländischer Fischdampferflotten. Es gab kaum ein halbes Dutzend Gasthöfe. Die Gemeindekasse verbuchte 1865 knapp 20 000 Mark Gesamtsteuern.

So lagen die Verkehrs- und Wirtschaftsverhältnisse auf den Inseln Norderney und Juist, als in Norden die Pläne zur Gründung einer Reederei heranreiften. Die wirtschaftliche Entwicklung Nordens rief kaufmännisch denkende Männer auf den Plan, die sich den immer stärker werdenden Verkehr zu den Inseln zunutze machen wollten und die bereits zur hannoverschen Zeit begonnen hatten, sich um die Voraussetzungen zur Gründung einer Partenreederei Gedanken zu machen. Im Sommer 1871 findet sich erstmalig im „Ostfriesischen Courier" eine Notiz, aus der hervorgeht, daß sich „eine Dampfschiffahrts-Gesellschaft constituiert habe". Zu den Gründern gehörten von Freeden (seit März 1871 Reichstagsabgeordneter für Ostfriesland, Direktor der Deutschen Seewarte und Herausgeber der nautischen Zeitschrift „Hansa"), Bürgermeister J. H. Taaks, Senator Rickleff Eiben, Senator Enno Oldewurtel, Advokat Franzius, Pastor Hero Tilemann, Direktor Hermann Landmann, Gutsbesitzer Theodor van Hülst, R. B. Duhm und Hermann ten Doornkaat Koolman u. a.; zu den Gründern gehörten aber auch von Norderney: San.-Rat Dr. Kruse, Kaufmann van Oterendorp, Zimmermeister Meene Meyer und Malermeister Martin Sasse. Sie gründeten im Juli 1871 die „Dampfschiffs-Rhederei Norden", bei der 23 Partner insgesamt 660 Parten zeichneten. Der Zweck der neuen Reederei war, „den Verkehr nach den Inseln Norderney und Juist in geordnete Bahnen zu bringen".

Der erste Dampfer „Stadt Norden"

Gleich nach Gründung wurde bei einer holländischen Werft ein Dampfer in Auftrag gegeben. Im Emder Schiffahrtsregister wird er bezeichnet als „ein Schiff von Eisen mit eisernem Kiel und rundem Gatt gebaut, hat ein Deck, zwei Masten, ist als Schoner getakelt, führt eine Dampfmaschine mit 75 indizierten Pferdekräften und hat ein hohes Deck; Abmessungen: 29,34 m Länge, 6,10 m Breite, 1,72 m Tiefe; 80,38 Brutto-Brit.- Reg.-Tonnen, 56,24 Netto-Brit.-Reg.-Tonnen".

Der Verkehr nach Norderney war damals noch von Ebbe und Flut abhängig. Der Dampfer fuhr deshalb jeden Tag zu verschiedenen Zeiten ab. Nur wenn des Morgens früh und des Abends spät Hochwasser am Norddeich war, war den seßhaften Festländern Gelegenheit geboten, Norderney auch auf einen Tag zu besuchen – und das geschah etwa alle 14 Tage. Dann gab's vor Uphoffs Fährhaus in Norddeich einen mächtigen Trubel: Ein Karussell war aufgebaut, Kuchenbuden, Spickaal, Bückling und geräucherter Schellfisch und der „Billige Jakob". Es wurde wacker gezecht, und an den Böschungen des Deiches lagerte sich das Publikum, und es wurde fleißig gebadet. Kam dann am Spätnachmittag die „Stadt Norden" mit oft 300 bis 400

„Burenknechten" und „Burenmaids" zurück, dann stieg der Trubel aufs höchste. Dieser festliche Trubel war allgemein bekannt als „Twee Tie an d' Diek" (Zwischen zwei Tiden am Deich).

Die Kurverwaltung von Norderney, wie auch die Badegäste selbst, unterstützten die Reederei nach besten Kräften. So erschien am 16. Juli 1872 die folgende Anzeige, die einige süddeutsche Gäste in der Norderneyer Badezeitung aufgegeben hatten: „Zur Reise nach Norderney! Wir wurden recht freudig überrascht, als wir auf unserer Reise nach Norderney beim Norddeich ein Schiff vorfanden, wovon wir in der Heimat nichts erfahren hatten, und schon mit Sorgen an die mehrstündige lästige Fahrt auf einem kleinen Segelboot gedacht hatten! – Die schnelle und angenehme Reisegelegenheit per Dampfer ab Norddeich ist gewiß vielen der hiesigen Badegäste auch wohl nicht bekannt gewesen, sonst würden sie die Reise via Geestemünde, Leer oder Emden, die gewöhnlich acht, sechs resp. fünf Stunden dauern soll, und wobei vielfach Gelegenheit geboten wird, mit der bösen Seekrankheit Bekanntschaft machen zu müssen, wohl nicht versucht haben. Den noch herreisenden sowie den demnächst von hier heimziehenden Gästen können wir die Route via Norddeich nicht genug empfehlen. Die Verbindung zwischen Norden und Norddeich wird bei jedesmaligem Anlegen und Abfahrten des Dampfers mit elegantem Wagen vermittelt. Von Norden ab ist jeder von Emden abgehende Eisenbahnzug per Post in dreieinhalb Stunden zu erreichen. Im Interesse des Badepublikums hielten wir uns verpflichtet, dies zur allgemeinen Kenntnisnahme herauszustellen."

Solch gute Freunde im Rücken waren der Reederei im Anfang ihres Bestehens eine große Stütze. Am 30. Juli 1872 berichtete die Norderneyer Badezeitung: „Sonntag herrschte wieder reges Leben am Norddeich, indem das Dampfschiff ‚Stadt Norden' des Morgens über 400 Personen nach Norderney hinüberdampfte, und es abends ebensoviel zurückbrachte. Mit der zweiten Morgentour wurden mit einem Wurf 300 Personen auf Norderney gelandet. Überhaupt schlägt bei dem reisenden Publikum die Überzeugung immer mehr und mehr Wurzel, daß seit dem Bestehen der Dampffähre die Route Norden – Norddeich – Norderney die sicherste, bequemste und daher die am meisten zu empfehlende ist."

Der Badekommissar von Vincke erwies sich als besonderer Freund der Reederei, indem er in den großen Tageszeitungen auf die neue Verbindung aufmerksam machte und bei hohem Besuch, der mit der neuen „Dampffähre" herüberkam, diesen durch die „Bade-Capelle" beim Dampfer begrüßte, wobei die ganze Insel „oft im Flaggenschmuck erstrahlte".

Bau der ersten Landungsbrücke und des Hafens in Norderney 1871/74

Als erste Erleichterung für den Inselverkehr nach Norderney wurde 1871 östlich des Südstrandes bei der Reede eine 88 m lange und 2,50 m breite Landungsbrücke überwiegend in Eisenkonstruktion gebaut. Der Oberbau der Brücke konnte im Winter, wenn der Eisgang das Bauwerk bedrohte, ohne besondere Schwierigkeiten fortgenommen werden. Diese geniale Art der Abtragung einer Brücke ist von der internationalen Jury der Wiener Weltausstellung von 1873 mit der Fortschrittsmedaille an den Erfinder, Regierungs- und Baurat Tolle (Tollestraße auf Norderney) prämiiert worden. Für die Reederei brachte die Brücke eine wesentliche Verbesserung, die Kurgäste mußten aber weiterhin mit Wagen durchs Wasser an Land befördert werden.

Der Seesteg wurde jeden Frühling neu auf- und im Herbst abgebaut. Dazu kamen über viele Jahre Arbeiter aus Großheide, die sich auf diesem Photo 1925/26 offensichtlich gern für eine Aufnahme zusammenstellten.   Photo: Privat

Als weitere Verbesserung wurde 1873/74 ein 1200 m langer, hochwasserfreier Deich gebaut, der vom Anleger bis zum Ortseingang bei der Marienstraße reichte. Der Deich war so breit, daß auf ihm Wagen fahren konnten und nicht mehr den Weg durchs Wasser zu nehmen brauchten. Im Schutz dieses Deiches konnte östlich davon mit dem Bau eines Hafens begonnen werden, der im Jahre 1874 fertiggestellt wurde. Gegen Stürme aus dem Osten wurde das Hafenbecken durch einen niedrigen Erdwall geschützt. In den Jahren 1888 bis 1892 wurde der Hafen vergrößert, gleichzeitig wurden für den Frachtverkehr gute Lade- und Löschplätze geschaffen.

Im Wettbewerb gegen viele Reedereien

Die bereits vor Gründung der Reederei „Norden" im Sommerverkehr nach Norderney fahrenden Reedereien blieben auch weiterhin ernste Wettbewerber, insbesondere die Dampfschiffahrtsgesellschaften von der Ems her. Im Jahre 1873 kamen sogar noch neue hinzu, die mit sehr komfortablen Dampfern nach Norderney fuhren. Sie machten sich die Lage zunutze, daß die Eisenbahnlinien sowohl von Münster als auch von Hannover-Oldenburg damals noch in Leer bzw. Emden endeten. Als durch die Eröffnung der ostfriesischen Küstenbahn von Emden direkt nach Norden 1883 eine neue Reisemöglichkeit nach Norderney geschaffen wurde, ließ der Verkehr von Emden und Leer mehr und mehr nach. Zur Vermeidung eines zerstörerischen Konkurrenzkampfes kamen die beteiligten vier Reedereien zu einer Fahrplan- und Preisübereinkunft.

und bedienten 1888 unter dem Namen „Vereinigte Leer-Emder Dampfschiffahrts-Gesellschaft" die Insel Norderney. Auch der Norddeutsche Lloyd hatte neben dem Dampfer „Roland" den Dampfer „Paul Friedrich August" 1874 auf die Route Emden-Norderney verlegt, ließ ihn aber 1875 bereits ab Wilhelmshaven fahren. Auch andere „wilde" Reeder versuchten sich in der Saisonfahrt, z. B. das Dampfschiff „Guttenberg", das direkt von Leer nach Norderney fuhr, ein Schiff, „groß, bequem und mit dem neuesten Comfort ausgestattet".

Gegen solche komfortablen Dampfer, aber auch gegen den steigenden Verkehr über Norddeich konnte der kleine Dampfer „Stadt Norden" schwer ankommen. Deshalb hatte die Reederei Norden bei der Langewerft in Vegesack 1883 den Raddampfer „Ostfriesland" und bei der Schiffswerft Jos. L. Meyer in Papenburg 1888 den Raddampfer „Norddeich" und 1892 den Raddampfer „Norderney" bauen lassen.

Der Bahnbau nach Norden – eine alte Idee wird Wirklichkeit 1883

Am 20. Juni 1856 konnte Emden die Herstellung der Bahnverbindung mit Osnabrück und Rheine feiern. Nun begann hinter den Kulissen ein hartes Tauziehen um die Weiterführung der Bahn nach Norden, entweder von Emden oder von Oldenburg über Jever – Esens, was vom Großherzog von Oldenburg besonders befürwortet wurde. Ein ostfriesischer Ausschuß von „intelligenten und einflußreichen Personen aus Orten der geplanten Bahnstrecke" unter Führung von Graf Knyphausen kämpfte für die direkte Linie Emden–Norden. Norder Mitglieder waren Bürgermeister Taaks, von Freeden, Eiben u. a., erst 30 Jahre später hatten sie den gewünschten Erfolg. Entscheidend war der Einfluß des Badekommissars Freiherr Bock von Wülfingen, der seit 1865 „alle Hebel in Bewegung gesetzt, um den Zug der Badegäste direkt über Norden zu führen, er habe auch bereits eine Pferdebahn nach dem Deich, eine Landungsbrücke und eine Dampffähre projektiert, wie er überhaupt die Absicht habe, Norderney zu einem Weltbad zu machen", rühmte Nordens Bürgermeister Taaks. Da von Wülfingen auch Kammerherr des Königs war, konnte er dessen Wunsch auf eine bessere, schnelle und unbeschwerte Überfahrt nach Norderney durch eine direkte Bahnverbindung der Städte Emden und Norden bei dem zuständigen Minister Bacmeister erfolgreich anbringen.

Der Bahnbau nach Norden kam 1866, als das Königreich Hannover durch Preußen annektiert wurde, ins Stocken. Erst 1876 konnte Taaks an die Landdrostei in Aurich berichten: „Unsere Eisenbahnangelegenheit geht jetzt nach Wunsch voran. Die Stadt Norden, des Projektemachens müde geworden, will endlich Spatenstiche sehen." Im Jahre 1880 kam es endlich zum Bau. Am 14. Juni 1883 konnte die neue Strecke dem Verkehr übergeben werden.

Aber wie ging's weiter von Norden nach Norddeich?

Nun waren die Vorbedingungen für einen größeren Verkehr nach Norderney und Juist geschaffen. Schwierigkeiten machte nun aber die Beförderung der Gäste vom Bahnhof Norden nach Norddeich. Der an der baldigen Weiterführung der Bahnstrecke bis Norddeich interessierte Magistrat der Stadt Norden war für die Schaffung einer Bahnverbindung, die Reederei für eine Pferdebahn, auch wurde eine Kanalverbindung von Norden nach Norddeich propagiert. Aber alle drei Projekte kamen nicht zum Zuge. Dafür kaufte die Reederei Norden von der Speditionsfirma F. W. Neukirch, Bremen, außer Dienst gestellte Linienwagen, die unter dem Namen „Leipzig" und

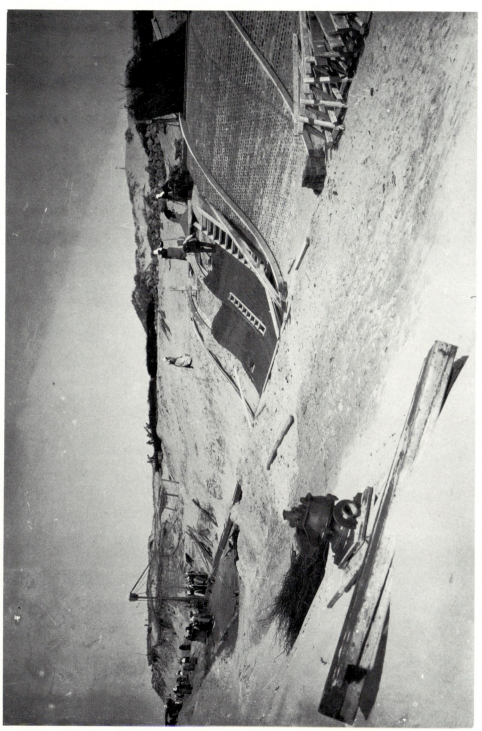

Um 1914 wurde am Nordstrand die Strandmauer bis hinter „Café Cornelius" verlängert. Diese private Aufnahme zeigt deutlich, wie sehr viele Frauen mit ihren weißen Kopftüchern bei den Bauarbeiten beschäftigt sind und Sand graben oder tragen. Photo: Stegmann

„Cäsar" die Personen- und Gepäckbeförderung von Norden nach Norddeich durchführten. Da der Magistrat der Stadt Norden durchaus den Bau einer Dampfbahn wünschte, weisen die Akten aus dieser Zeit immer wieder Beanstandungen durch den Bürgermeister Taaks aus, die von der Reederei zurückgewiesen wurden. Den Norder Kaufleuten indessen brachte der durch die Stadt Norden geleitete Verkehr des Linienwagendienstes nach Norddeich mancherlei Einnahmen.

Weiterführung der Eisenbahn bis Norddeich, neue Häfen in Norddeich und Norderney 1892

Schon gleich nach der Verlängerung der Bahnstrecke von Emden bis Norden wurden die Pläne eines weiteren Ausbaus bis nach Norddeich beraten. Gleichzeitig damit wurden Pläne für den Bau eines Hafens in Norddeich ausgearbeitet, denn bis jetzt mußten hier die Dampfer noch immer am alten Fähranleger anlegen, der sich gegenüber dem heutigen Hotel „Fährhaus" befand und „Schlenge" genannt wurde. Da Norddeich nicht an einem Wasserauslauf zur See liegt, bedurfte es für die Hafenanlage einer besonderen Bauweise, bei der der Ausbau der Fahrrinne zum Hafen eine große Rolle spielte. Mit der Durchführung dieses Projekts wurde im Jahre 1889 begonnen. Auf einer großen Baustelle arbeiteten trotz oft stürmischen Wetters zwei Lokomotiven und vier Zementmaschinen Tag und Nacht an dem Bau der Leitdämme, so daß bereits im Juli 1890 die Dampfer der Reederei anlegen konnten. Nun schritt der Bau des mächtigen Dammes für die Eisenbahn rüstig voran. Mit dem Bau eines Bahnhofes von 60 m Front und einer Empfangshalle wurde begonnen und am Molenkopf für die Endstation der Eisenbahn eine Gewölbehalle errichtet. Im Mai 1892 war der Hafenbau beendet, und am 15. Juni heißt es: „Die neue Eisenbahnstrecke von Norden nach Norddeich wurde heute dem Betriebe übergeben"; gerade rechtzeitig zur Saison!

Die Fertigstellung des Norddeicher Hafens, die zeitlich zusammenfiel mit dem Abschluß der vierjährigen Arbeiten zur Vergrößerung und Verbesserung des Norderneyer Hafens, bedeutete für den Verkehr nach Norderney eine entscheidende Wende: Die Reisenden konnten fortan mit dem Zuge unmittelbar bis ans Schiff fahren, und die Schiffsverbindung nach Norderney ließ sich nunmehr unabhängig von Ebbe und Flut mit direktem Zuganschluß durchführen. Bald war an den D-Zügen in Berlin, München, Basel zu lesen „Norddeich–Norderney/Juist"!

Die Norderneyer Dampfschiffsreederei „Einigkeit" 1893

Man sollte meinen, daß sich nun auch für die Reederei „Norden" eine erfreuliche Weiterentwicklung abzeichnete. Für sie sah es jedoch anders aus. Die Norderneyer hatten an ihr manches auszusetzen. Wie weit die Vorwürfe in der Sache gerechtfertigt waren und wie weit hierbei lokalpatriotische Emotionen gegen eine Festlandreederei mitsprachen, soll hier dahingestellt bleiben. Tatsache ist, daß sie in dem kalten Monat Januar 1893 an 24 Tagen nicht gefahren war, allerdings auch die beiden Fährschiffe nicht, die – wie es heißt – „zur Zeit nichts zu tun haben, da das Eis sie nicht aus seiner Umklammerung läßt". Zum 10. Februar 1893 hatten mehrere Einwohner der Insel nach Schuchardts Hotel eine Versammlung einberufen, die stark besucht war und in der die Sommerverbindung der Reederei zwar als zufriedenstellend, die Winterverbindung als um so trauriger bezeichnet wurde. Damit meinte man nicht nur den Winter 1893. Auch in anderen Jahren war bei Vereisung des Wassers die Dampferverbindung nur zu bald und zu lange unterbrochen gewesen, wodurch die Insulaner oft wochenlang ohne die Zufuhr der nötigsten Lebensmittel geblieben waren. Man forderte von der Reederei die Anschaffung eines winterfesten Schiffes. Als sie hierzu keine Anstal-

Im ersten Weltkrieg bot sich dieses Bild vor der Norderneyer Kaiserstraße, als zum Schutz für die Festung Norderney in Polen abmontierte Gitter hier wieder errichtet wurden, um die während des Krieges für Kurgäste gesperrte Insel mit ihrem großen Marineflughafen zu schützen. Schon vor dem ersten Weltkrieg gab es auf Norderney einen bedeutenden zivilen Flughafen mit großem Restaurant. Photo: Privat

ten machte, kam es in einer weiteren Versammlung im März 1893 zur Gründung der „Norderneyer Dampfschiffs-Reederei Einigkeit" unter Leitung des Norderneyer Kaufmanns Diedrich Schmidt. Von ihr wurde ein Doppelschraubendampfer in Auftrag gegeben, der Ende des Jahres 1893 abgeliefert wurde und unter dem Namen „Deutschland" die Fahrten nach Norddeich aufnahm.

Damit fuhren erstmalig 1894 zwei Reedereien in Konkurrenz. Trotz einer guten Saison, in der die Besucherzahl des Seebades Norderney eine erhebliche Steigerung aufzuweisen hatte, setzte sich bei beiden Reedereien schon bald die Erkenntnis durch, daß die Linie Norddeich–Norderney für zwei konkurrierende Reedereien keine Existenzgrundlage bietet, zumal auch noch der Wettbewerb auswärtiger Reedereien bestand. Während des ganzen Sommers liefen – durch den Saisonbetrieb überdeckt – die Bemühungen beider Reedereien, den Wettbewerb durch kartellartige Vereinbarungen einzudämmen. Diese Verhandlungen führten am 11. September 1894 zur Gründung einer Betriebsgemeinschaft unter der Firma „Vereinigte Dampfschiffs-Reedereien Norden-Norderney". Von nun an galt ein gemeinsamer Fahrplan.

Gründung und Aufbau der „Neuen Dampfschiffs-Reederei Frisia", 1906–1909

In den vielen Jahren des Bestehens der Betriebsgemeinschaft hatten sich manche Mängel und Beanstandungen ergeben: wenig befriedigende Verkehrsverhältnisse im Winter, insbesondere die Höhe der Fahr- und Frachtpreise im Verhältnis zur Dividendenpolitik, die oft gekürzte Gültigkeitsdauer der Rückfahrkarten, der ausschließliche Verkauf von Fahrkarten im Reedereibüro u. a. Als sich der Vorstand der „Vereinigten Dampfschiffsreedereien Norden und Norderney" auf diese Wünsche und Forderungen ausschwieg, setzte sich die allgemeine Meinung durch: „Es muß eine Konkurrenzlinie gegründet werden, damit ein angemessener Fahrpreis für Passagiere und Güter hergestellt wird." Die Versammlung wählte eine Kommission, die alle Pläne und Kostenanschläge besprechen, klären und ausarbeiten und die Einzeichnungslisten in Umlauf setzen und die konstituierende Gründungsversammlung vorbereiten sollte. Als die Zeichnungen auf der Insel einen solchen Umfang angenommen hatten, daß ein „kompleter" Dampfer in Betracht kommen konnte, wurde auf einer weiteren, von über 300 Bürgern besuchten Versammlung die Gründung des neuen Unternehmens beschlossen; es waren bereits über 80 000 Mark gezeichnet.

Die neue Reederei unter dem Namen „Neue Dampfschiffs-Reederei Frisia" gab sich inzwischen ein endgültiges Statut, nahm anstatt der zuerst vorgeschlagenen Form einer Genossenschaft die einer Reederei des HGB an und gewährleistete ihre Gemeinnützigkeit dadurch, daß das Stimmrecht bei Zeichnungen bis 500 Mark eine Stimme, solche von 500 bis 1000 Mark zwei Stimmen, für jede weiteren 1000 Mark eine Stimme mehr, bis zur Höchstgrenze von elf Stimmen hatte. Zu den Gründern gehörten: Dr. Schlichthorst, Heye Bakker, August Redell, Jann Berghaus, C. C. Valentien und andere.

Aus den Niederschriften der Reederei ergibt sich, daß allein im ersten Vierteljahr 1907 insgesamt 23 Vorstandssitzungen stattfanden, d. h. zwei in der Woche! Aber in dieser vergleichsweise kurzen Zeit schufen die Gründer aus dem Nichts – ohne besondere Erfahrungen auf dem schwierigen und komplizierten Gebiet des Reedereiwesens – die solide Basis einer Reederei, die bis heute gehalten hat, was die Gründer einstmals zusammenführte.

Es gelang in kurzer Zeit, in Holland zwei Dampfer zu beschaffen, wobei die Mitbegründer Bakker und Redell den Kauf auf eigenen Namen abschlossen. Die Schiffe wurden auf die Namen „Frisia I" und „Frisia II" getauft. Am 19. April 1907 traf die „Frisia I" ein. Über dieses langersehnte Ereignis berichtet ein Augenzeuge: „Zur Ankunft des Dampfers hatte sich die ganze Inselbevölkerung eingefunden, von der viele die kostenlose Probefahrt mitmachten." Dieser ersten Freifahrt mit einem neuen Dampfer ist die Reederei bis heute treu geblieben.

Das erste Geschäftsjahr schloß – wie nicht anders zu erwarten war – mit einem Defizit von gut 5000 Mark ab. Im Winter 1907/08 entschied die Königl. Eisenbahndirektion Münster, daß die Einnahmen aus dem Durchgangsverkehr je zur Hälfte an die beiden konkurrierenden Reedereien ausgezahlt werden sollten. Die Bedingung war jedoch, daß die Frisia einen dritten Dampfer beschaffe.

Vertraglich sollte der Dampfer „Frisia III", der ebenfalls von Bakker und Redell auf ihren Namen gekauft worden war, am 15. Juni 1908 abgeliefert werden, die Indienststellung erfolgte erst am 2. September, als die verkehrsreichste Zeit schon vorbei war und die Reederei für die Zwischenzeit einen minderwertigen Ersatzdampfer chartern mußte. Die „Frisia III" befriedigte alle Ansprüche, die an ein modernes Verkehrsmittel gestellt wurden. Das erste Reedereibüro wurde im Hause Kirchstraße Nr. 4, gegenüber der heutigen Kurapotheke, eingerichtet.

Als besonders wirksam erwies sich die Einrichtung von Agenturen in allen größeren Orten Ostfrieslands. In großer Anzahl wurden kleine Taschenfahrpläne gedruckt, bunte Plakate und größere Fahrpläne zum Aushang in großstädtischen Hotels ver-

Strandmauerbau um 1914, hier vor dem heutigen Café Cornelius. Photo: Privat

schickt, Anzeigen in Zeitungen und vor allem im Führer von Norderney aufgegeben. In enger Zusammenarbeit mit der Kurverwaltung wurde die Werbung koordiniert. Die Norderneyer Wirtschaft lobte die Frachttarife als besonders günstig. Frachtbriefe mit einem entsprechenden Vermerk sollten für die Beförderung mit der Frisia werben. Als nun neben der Genehmigung zum durchgehenden Verkehr mit der Oberpostdirektion in Oldenburg ein Vertrag über die Postbeförderung abgeschlossen wurde, schien die Zukunft gesichert.

Die neue Reederei glaubte zwar, am längeren Hebel zu sitzen und die weitere Entwicklung in Ruhe abwarten zu können. Sie versuchte laufend durch außerordentliche Sparsamkeit, durch befähigte Mitarbeiter, neuzeitliche Werbemaßnahmen sowie mäßige Preise die Durststrecke durchzustehen. Es hatte sich aber schon einmal erwiesen, daß für zwei konkurrierende Reedereien auf die Dauer kein Platz war. Auch die Lustfahrten in See brachten wegen der ungünstigen Witterung wenig Einnahmen.

Die drei Jahre von 1907 bis 1909 standen in einem unerhört scharfen Konkurrenzkampf gegen die Vereinigten Reedereien. Der Geschäftsbericht der „Frisia" spricht 1909 davon, daß „Kriegführen Geld kostet, und will man ihn zu einem sieg-

Der erste Dampfer „Frisia I" im Jahre 1907

*Die Norderneyer Buhnenkolonne bei Reparaturarbeiten vor dem Hotel „Germania"
östlich vom Seesteg. Um 1860 hatte Baurat Tolle die Buhnen und das erste Stück der
Strandmauer vom Weststrand bis zur LVA zum Schutz von Norderney anlegen lassen.*

Photo: Privat, 1914

reichen Ende führen, kann man sich unmöglich an theoretische Berechnungen und Voranschläge binden, sondern muß im entscheidenden Augenblick alle Kräfte anspannen, alle Reserven ins Feuer führen".

Betriebsgemeinschaft der Reedereien „Norden" und „Frisia" 1909

Am 1. November 1909 kam es zu einer Verständigung der konkurrierenden Reedereien. Die Reederei „Einigkeit" schied aus der Betriebsgemeinschaft mit der Reederei „Norden" aus und liquidierte. Die Reedereien „Norden" und „Frisia" schlossen sich zu einer Betriebsgemeinschaft unter dem Namen „Reedereien Norden und Frisia" zusammen durch einen bis zum 31. Dezember 1919 geltenden unkündbaren Vertrag. Es wurde die Bildung eines achtköpfigen Ausschusses, der die Aufsicht über die Geschäftsführung beider Reedereien führte, beschlossen. Der Ausschuß setzte sich aus je 4 Mitgliedern der beiden Reedereien zusammen. Den Vorsitzenden stellte die Reederei „Frisia". Von der liquidierten Reederei „Einigkeit" übernahm die Reederei „Norden" den Dampfer „Deutschland", die Reederei „Frisia" den 1906 gebauten Raddampfer „Hohenzollern", den sie auf den Namen „Frisia IV" umtaufte.

Die Reederei „Norden" brachte in die Betriebsgemeinschaft den Dampfer „Deutschland" und die Raddampfer „Norderney", „Norddeich", „Ostfriesland" sowie das Segelschiff „Norderney" ein, die Reederei „Frisia" die Dampfer „Frisia I, II, III, IV" sowie das Segelschiff „Harmonie". Am Gewinn und Verlust war mit $7/12$ die Reederei „Frisia" und mit $5/12$ die Reederei „Norden" beteiligt. Das erste Jahr der Betriebsgemeinschaft brachte bereits einen Überschuß von 78 000 Mark, wovon die „Frisia" 45 500 Mark erhielt. Nunmehr konnten nach drei Jahren erstmalig Abschreibungen vorgenommen werden.

Im Jahre 1908, ein Jahr vor der Betriebsgemeinschaft mit der „Frisia", wurde aus wirtschaftlichen Erwägungen der Verkehr mit Juist von der Reederei „Norden" abgetrennt und auf eine mit einem Kapital von 300 000 Mark neu gegründete Aktiengesellschaft „Reederei Juist" übertragen. Der Raddampfer „Juist" und das Motorschiff „Johanna" sowie die gesamten Anlagen und Einrichtungen der Juister Inselbahn gingen auf die Reederei „Juist" über. Im Jahre 1912 wurde von der Reederei „Juist" mit dem Motorschiff „Johanna" die Winterverbindung nach Juist aufgenommen.

Entwicklung bis zum ersten Weltkrieg

Um den Schiffspark auszunutzen, wurden zusätzlich verschiedene Linien zu anderen Inseln eingerichtet, so von Norderney nach Langeoog und Wangerooge und von Juist nach Emden-Außenhafen. Sie waren alle nicht rentabel und wurden bei Kriegsbeginn eingestellt. Der alte Dampfer „Stadt Norden" wurde 1912 verkauft und strandete 1914 auf einer Frachtfahrt von Hamburg nach Norden auf dem Norderneyer Riff in Höhe der heutigen Strandkonditorei Cornelius. Die Besatzung mußte in nächtlicher Einsatzfahrt vom Ruderrettungsboot „Fürst Bismarck" in Sicherheit gebracht werden. An den folgenden Tagen trieb ein großer Teil der Ladung, es handelte sich um Mehl, an den Nordstrand, und ganz Norderney war auf den Beinen, um die Säcke zu bergen.

Die Jahre von 1912 bis 1914 standen bereits im Zeichen politischer Krisen und „ließen manche Familie von der sonst üblichen Sommerreise Abstand nehmen". Außerdem verdarben verregnete Sommer die Lust zum Reisen an die See. Um das Problem der Personen- und Güterbeförderung vom Hafen zum Ort auf zweckmäßige und preiswerte Weise zu lösen, tauchte 1910 der Plan einer elektrischen Straßenbahn auf. Auf der Hauptversammlung der Reederei „Frisia" am 18. Mai 1912 wurde beschlossen, sich mit 60 000 Mark an der Gründung einer Straßenbahngesellschaft zu beteiligen. Der Ausbruch des Weltkrieges begrub das Projekt für immer.

Im Jahre 1913 errichtete die Reederei am Ortseingang ihr Geschäftshaus „Haus Schiffahrt".

Der Weltkrieg 1914/1918

Der gute Inselverkehr bis Ende Juli 1914 wurde durch den Ausbruch des Krieges am 1. August plötzlich unterbrochen. Der Bäderverkehr nach den ostfriesischen Inseln wurde von der Heeresleitung untersagt. Auf Grund eines geheimen Mobilmachungsbefehls vom Jahre 1909 mußte der Dampfer „Frisia III" unmittelbar nach Kriegsausbruch als Lotsendampfer auf der Ems Dienst tun. Der Dampfer „Frisia II" hatte bei Kriegsausbruch geheime Order, das Norderneyer Feuerschiff zu benachrichtigen, seine Position zu verlassen und Wilhelmshaven anzulaufen. Die Fahrpläne nach Norderney und Juist wurden stark eingeschränkt, die Sommerverbindungen der Reederei zu den anderen Inseln eingestellt. Die nicht mehr benötigten Schiffe wurden nach Papenburg ins Winterlager geschickt, der Dampfer „Deutschland" verkauft. Im Jahre 1916 begannen auf Norderney umfangreiche Festungsarbeiten, die große Materialtransporte zur Insel erforderlich machten. Für die Beförderungen schaffte die Reederei zwei Schlepper und acht Leichter an. Da das Betreten der Inseln als Festungsgebiet verboten war, beschränkte sich der Personenverkehr auf den Militär- und notwendigen Insulanerverkehr. Die Reederei betrieb mit einigen Schiffen Fischfang und trug damit zur Verbesserung der Ernährungslage bei.

Als das Gepäck dieser Gäste vor dem Norderneyer Hotel „Deutsches Haus" am Kurtheater (gleicher Platz wie heute) abgeladen wurde, war der erste Weltkrieg noch nicht ausgebrochen.
Photo: Privat

An die Zahlung einer Dividende war nicht zu denken. Der Verkauf des Dampfers „Frisia I" im Jahre 1916 brachte der Reederei eine willkommene Stärkung ihrer liquiden Mittel. Es sei hierbei erwähnt, daß es damals nicht möglich war, den Dampfer im Schiffsregister auf den Namen des Käufers umzuschreiben, „weil man in der Parten-Reederei Frisia", wie es im Geschäftsbericht heißt, „keine Möglichkeit fand, den Verkaufserlös auf ihre anderen Schiffe zu verteilen". „Damit war die Reederei", wie es in dem Bericht weiter heißt, „vor die Frage der künftigen Gesellschaftsform gestellt. Um ein für allemal geordnete Verhältnisse zu schaffen, würde jedenfalls eine Umwandlung in eine Aktiengesellschaft zu empfehlen sein."

Fusion der Reedereien „Norden" und „Frisia" zur „Aktiengesellschaft Reederei Norden-Frisia" 1917

Bereits im Herbst 1916 hatte die Reederei „Norden" anstelle der Betriebsgemeinschaft eine Verschmelzung beider Reedereien vorgeschlagen. Am 22. September 1917 wurde beschlossen, alle Vermögenswerte beider Reedereien zusammenzulegen, wobei das Vermögen der Reederei „Norden" mit dem Betrag ihres Aktienkapitals von 320 000 Mark und das Vermögen der Reederei „Frisia", das sich aus ihren Schiffen, ihrem Geschäftshaus und einem Güterschuppen am Hafen in Norderney zusammensetzte, mit 490 000 Mark bewertet wurde. Auf dieser Grundlage und mit Wirkung vom 1. Januar 1917 wurde die „Aktiengesellschaft Reederei Norden-Frisia" mit Sitz in Norderney mit einem Aktienkapital von 810 000 Mark gegründet. Das Jahr 1917 wird daher als das erste Geschäftsjahr bezeichnet und die erste konsolidierte Bilanz veröffentlicht.

Im Jahre 1920 löste sich die Aktiengesellschaft Reederei „Juist" auf und kehrte unter Einbringung ihres gesamten Vermögens in den Schoß ihrer alten Reederei zurück. Damit erhöhte sich das Aktienkapital der „Aktiengesellschaft Reederei Norden-Frisia" auf 1 100 000 Mark. Mit dieser Verschmelzung, durch die die Geschäfts- und Betriebsführung beider Reedereien in eine Hand gelegt wurden, war dem Verkehr nach beiden Inseln gedient.

Die Jahre zwischen den Weltkriegen

Schon sehr bald nach Ende des Krieges setzte der Bäderverkehr nach den Inseln wieder ein. Im ersten Nachkriegssommer 1919 war er zwar noch gering, in den nächsten Jahren nahm er aber schon einen ansehnlichen Umfang an. Die Reederei war in der Lage, diesen Verkehr durch einen entsprechenden Einsatz ihrer Schiffe zu fördern. Zugleich galt es für sie, die zahlreichen Schlepper und Leichter abzustoßen, die sie im Kriege für die umfangreichen Materialtransporte für den Festungsbau auf Norderney angeschafft hatte. Für den Güterdienst zu den Inseln erwarb sie im Jahre 1919 das Motor-Frachtschiff „Hansa", die spätere „Frisia VII", die hauptsächlich nach Norderney eingesetzt wurde. Einige Jahre später ließ sie ein Frachtschiff gleicher Größe in Emden bauen, das unter dem Namen „Frisia V" den Dienst mit Juist versah. Im Jahre 1922 erwarb die Reederei eine gleich nach Kriegsende im Hafen Norderney eingerichtete Motoren- und Maschinen-Reparaturwerkstatt. Sie ist im Laufe der Jahre zu einer leistungsfähigen Betriebswerkstatt ausgebaut worden, in der nicht nur alle Schiffs- und Motorenreparaturen ausgeführt werden konnten, sondern auch manche Betriebseinrichtungen hergestellt wurden, so z. B. in späteren Jahren die Autoverladebrücken in den Häfen Norderney und Norddeich und sechs Personenwagen für die Juister Inselbahn.

Im Jahre 1922 begann sich die Geldentwertung, die nach dem Kriege angefangen hatte, zur Inflation auszuwachsen und das ganze Wirtschaftsleben schwer zu belasten. Darunter hatte die Reederei wie die gesamte Wirtschaft auf den Inseln besonders zu leiden, weil das in der Saison vereinnahmte Geld, das für das ganze Jahr reichen mußte, durch die Entwertung allzu schnell dahinschmolz. In dieser Lage versuchte die Reederei, sich durch eine Erhöhung des Aktienkapitals um das Doppelte zu helfen. Es war ein nutzloser Versuch, denn die mit der Kapitalerhöhung erlangten liquiden Mittel verloren durch das Fortschreiten der Geldentwertung bald ihren Wert. Aber für den Betrieb wurden bare Mittel benötigt. Nur so ist es zu verstehen, daß der 1883 gebaute Raddampfer „Ostfriesland" für 10 Millionen Mark nach Hamburg verkauft wurde. Alle anderen Geschäfte machte man, soweit es möglich war, im Tauschwege oder auf andere Weise, nur nicht gegen Geld. In Norddeich verkaufte die Reederei Weideland für 25 000 Goldmark „mit späterer Verrechnung". Um außerhalb der Saison noch zusätzliche Einnahmen für den laufenden Betriebsbedarf zu erzielen, wurde der Dampfer „Frisia III" für Fahrten von Hamburg über Helgoland nach Westerland verchartert. Auch dies war nur ein Tropfen auf einen heißen Stein. In den Geschäftsabschlüssen der Jahre 1922 und 1923 langte es weder zu einer Dividende noch zu Rücklagen und noch nicht einmal zu Abschreibungen. Es war ein befreiendes Aufatmen in der Reederei, als diese Zeit mit der Stabilisierung der Währung im Jahre 1924 beendet wurde. In der Goldmarkeröffnungsbilanz der Reederei wurde das Aktienkapital auf den Nennwert vor der Geldentwertung zurückgesetzt.

Vom Sommer 1924 an übernahm die Reederei durch Vertrag mit der Kurverwaltung Spiekeroog die Sommerverbindung zwischen Harle und der Insel. Sie bediente sich dazu im ersten Jahre des Motorschiffs „Johanna", vom Jahre 1925 an des kleinen Dampfers „Frisia II", den sie für den Winterverkehr mit Juist erworben hatte. Auf Grund der weiteren guten Entwicklung des Inselverkehrs gab sie im Jahre 1927 für den Verkehr mit Norderney einen großen Zweischrauben-Dampfer für über 800 Fahrgäste in Auftrag. Er wurde auf den Namen „Frisia I" getauft und nahm zur Saison 1928 seine Fahrten auf. Durch seine Größe und sein stattliches Aussehen wurde er zum Flaggschiff der Reederei und blieb es unangefochten bis zu seiner Außerdienststellung im Alter von fast 40 Jahren.

Die wirtschaftliche Erholung nach der Stabilisierung der Mark erwies sich schon nach wenigen Jahren als eine Scheinblüte und wich einer wirtschaftlichen Rezession, die Anfang der dreißiger Jahre in eine schwere Wirtschaftskrise einmündete, die das ganze Wirtschaftsleben lähmte und eine große Arbeitslosigkeit auslöste. Dies hatte für die Inseln und für die Reederei geradezu verheerende Auswirkungen. Der Geschäftsbericht der Reederei für das Jahr 1931 spricht „von dem schlechtesten Berichtsjahr seit der Stabilisierung der Mark". Die Geschäftsführung der Reederei sah sich in dieser Lage zu der schwerwiegenden Maßnahme genötigt, sowohl ihre Personen- und Frachttarife als auch ihre Löhne und Gehälter herabzusetzen. Um einerseits die Inselversorgung aufrechterhalten zu können und um andererseits ihren Mitarbeitern in der Reederei die Arbeitsplätze zu erhalten, wurde der Fahrplan auf das Notwendigste eingeschränkt. Trotz aller Schwierigkeiten errichtete sie in diesen Jahren in Norddeich ihre erste Großgarage am Hafen in der vorausschauenden Erkenntnis der Entwicklung des Autoverkehrs. Daneben baute sie im Rahmen des Arbeitsbeschaffungsprogramms sieben schmucke Eigentumshäuser für ihre Mitarbeiter in Norddeich.

Mit dem Jahre 1933 war der Tiefpunkt der wirtschaftlichen Krise überwunden. Die mit allen Mitteln betriebene öffentliche Arbeitsbeschaffung führte zu einer allgemeinen Ankurbelung der Wirtschaft und damit auch zur Wiederbelebung des Inselver-

Die Mole in Norddeich, 1949

kehrs. Von den alten guten Badegästen sah man viele nicht wieder, aber angeregt durch die damals organisierten „Kraft-durch-Freude"-Fahrten entwickelte sich ein stetig zunehmender Verkehr nach den Inseln, nach Norderney durch Festungsarbeiten auf der Insel auch ein starker Güterverkehr.

Zur gleichen Zeit mußte die Reederei in Norderney wegen des Ausbaues des Flugplatzes ihr Geschäftshaus abgeben. Sie errichtete dafür das jetzige Reedereihaus am Kurplatz. Der in diesen Jahren ständig größer gewordene Inselverkehr mit Norderney erforderte auch eine Vergrößerung des Frachtschiffsraums. Dafür ließ die Reederei in den Jahren 1938/39 das Fachtschiff „Frisia XIV" bauen. Aber auch in Norddeich ging der Ausbau der Anlagen weiter. Es wurden drei weitere Garagen gebaut. Damit verfügte die Reederei in ihrem Großgaragenbetrieb am Ende der dreißiger Jahre über mehr als 400 Einstellplätze unter Dach. Sie waren mit dem schon damals ständig zunehmenden Autoverkehr in den Sommermonaten bis auf den letzten Platz besetzt. In den meisten Monaten des Jahres standen sie allerdings – wie dies auch heute noch der Fall ist – leer.

Der Ausbruch des zweiten Weltkrieges

Da brach Ende August 1939, noch im Hochbetrieb der Saison, der zweite Weltkrieg aus und unterbrach alle weiteren Pläne der Reederei. Unmittelbar nach Kriegsausbruch sorgte sie unter pausenlosem Einsatz aller ihrer Schiffe und mit einer vorbildlichen Organisation dafür, daß binnen 24 Stunden die meisten Badegäste die Insel verlassen konnten. Und das war gut so, denn schon bald danach wurden ihre Schiffe „Frisia IV" und „Frisia X" für den Dienst als Zollwachtschiffe in der Emsmündung unter Borkum und die „Frisia VIII" als Lazarettschiff nach Emden eingezogen. Die Einberufung zahlreicher Mitarbeiter und die Auferlegung kriegswirtschaftlicher Aufgaben und Einschränkungen brachte für die Reederei eine weitgehende Umstellung des Betriebes mit sich. Mit großer Verantwortung und in unermüdlicher Pflichterfüllung hielten Geschäftsführung und die im Betrieb verbliebenen Mitarbeiter den Reedereibetrieb und die Versorgung der Inseln in den langen Kriegsjahren aufrecht. Bei aller betrieblichen und persönlichen Anspannung vergaß es die Reederei nicht, sich um das Schicksal ihrer eingezogenen Mitarbeiter und deren Familien zu kümmern und zu helfen, wo es nötig war und soweit es möglich war.

Es war ein Glück für die Reederei und für die Inseln, daß für den Inselverkehr die beiden großen Dampfer „Frisia I" und „Frisia III" und die beiden kleinen Fahrgastschiffe „Frisia II" und „Frisia VI" sichergestellt wurden. Dafür wurden aber die drei Raddampfer „Frisia IV", „Frisia VIII" und „Frisia IX" und die „Frisia X" von der Marine erfaßt und zu Minenräumschiffen umgebaut. Während die „Frisia IV" und die „Frisia VIII" an die französische Atlantikküste verlegt wurden, wo sie in den Mündungen der Gironde und Loire – zum Teil noch unter ihren alten Reedereibesatzungen – Dienst taten, blieben die „Frisia IX" und die „Frisia X" in deutschen Gewässern. Die „Frisia IX" wurde nach einiger Zeit von der Marine zurückgegeben, während die „Frisia X" für die Torpedo-Versuchsanstalt in Kiel erfaßt war, wo sie von einem unscharfen Übungstorpedo getroffen und schwer beschädigt wurde.

Im großen und ganzen sind die Inseln Norderney und Juist von Kriegseinwirkungen verschont geblieben, wenn sie auch in den ersten Kriegsjahren durch Angriffe vereinzelter britischer Flugzeuge Schaden erlitten. Gegen Ende des Krieges wurde die Lage im Inselverkehr durch häufige Jagdfliegerangriffe auf die Reedereischiffe aber kritischer. Daraufhin wurden die Ruderhäuser der Dampfer durch Panzerplatten gesichert. Für die Fahrgäste wurde die Überfahrt zu einem Risiko. In dieser Situation mußten die bald einsetzenden Flüchtlingstransporte zu den Inseln vorgenommen werden. Zum

Der Hafen Norderney im Jahre 1950

Schluß des Krieges wurden von der deutschen Wehrmacht im ganzen Bereich des Norddeicher Hafens Sprengsätze angebracht, weil die damalige Führung in der Verzweiflung am Ende des Krieges glaubte, den Hafen Norddeich und den Zugang zu den Inseln nicht unzerstört in die Hand des heranrückenden Feindes fallen lassen zu dürfen.

Kriegsende und Nachkriegsjahre bis Ende der vierziger Jahre

Als mit der Kapitulation der Deutschen Wehrmacht am 5. Mai 1945 der Krieg zu Ende ging, war fast das gesamte Gebiet des Deutschen Reiches nach teilweise heftigen Kämpfen und Zerstörungen von den Armeen der Alliierten eingenommen, nur das Nordseeküstengebiet und die Inseln nicht, sie wurden kurz danach kampflos besetzt. Dadurch ist es nicht zu der geplanten Sprengung des Norddeicher Hafens gekommen, und den Inseln blieb es erspart, zur letzten Bastion des geplanten Endkampfes zu werden und das Schicksal der vielen zerstörten Städte zu teilen. Das Kriegsgeschehen war auch an ihnen nicht spurlos vorübergegangen, aber sie waren nach einem damals viel gebrauchten Wort „noch einmal davongekommen".

Das gleiche gilt für die Reederei. Auch für sie hatte der Krieg nicht unerhebliche Verluste und Schäden gebracht: Ihre beiden Raddampfer „Frisia IV" und „Frisia VIII" waren an der französischen Atlantikküste gesunken, ihr Raddampfer „Frisia IX" lag, zum Minenräumschiff umgebaut, in nicht mehr einsatzfähigem Zustand bei der Werft in Papenburg, die erst 1935 in Dienst gestellte „Frisia X" war ebenfalls für Kriegszwecke umgebaut und befand sich in amerikanischer Hand und der 1939 begonnene Schiffsneubau lag versenkt im Papenburger Werftbecken. Das Kontor auf der Mole in Norddeich lag geplündert und verwaist da, und die übrigen Schiffe und Einrichtungen befanden sich durch die Überbeanspruchung und die unterbliebenen Instandsetzungen in den fast sechs Kriegsjahren in einem traurigen Zustand. Die Garagenhallen waren mit Wehrmachtsgut belegt und die freien Parkplätze mit vollbelegten Wohnbaracken besetzt. Aber die Reederei hatte mit den ihr verbliebenen Schiffen ihre wesentliche Substanz behalten, und die Häfen Norddeich und Norderney und die Juister Landungsbrücke waren intakt geblieben.

Mit der Kapitulation wurden jedoch, wie alle deutschen Seeschiffe, auch die Schiffe der Reederei von den Alliierten zunächst beschlagnahmt und durften nicht mehr benutzt werden. Allen Reedereiangehörigen wurde das Betreten der Häfen untersagt. Die auf das Notwendigste eingeschränkte Verbindung der Inseln mit dem Festland wurde durch die Besatzungsmacht betrieben, für Norderney mit dem Frachtschiff „Frisia XIV" und für Juist mit der kleinen „Frisia VI".

Ende August 1945 wurde das mit der Kapitulation verhängte Reiseverbot für die deutsche Zivilbevölkerung aufgehoben und die Inseln für den Bäderverkehr freigegeben. Der Inselverkehr wurde wieder der Reederei übertragen. Zu diesem Zweck wurden ihr die Schiffe zurückgegeben. Sie blieben aber zugunsten der Alliierten beschlagnahmt und erhielten an der Stelle ihres Namens eine X-Nummer. Der britische Port-Controler in Emden bestimmte die Fahrpläne. Ihm oblag vor allem die Zuteilung von Kohle und Dieselöl und aller übrigen Betriebsstoffe. Um die für die Inselversorgung notwendigen Freigaben zu erreichen, ist seitens der Reederei mancher Bittgang zum Port-Controler nach Emden getan worden.

Der Sommer 1946 brachte wieder einen regelrechten Bäderverkehr. Nach den Entbehrungen der Kriegsjahre setzte sich das Bedürfnis der Menschen nach Abwechslung und Ausspannung über alle Schwierigkeiten der Reise, der Versorgung und der Unterkunftsmöglichkeiten auf den Inseln hinweg. Während dieser Verkehr mit Juist Ergebnisse erreichte, die an die Zahlen der letzten Vorkriegsjahre herankamen, hielt

Autotransport auf einem Frachtschiff, 1953

sich der Sommerverkehr nach Norderney in Grenzen, da die britische Rheinarmee Norderney zu ihrem Leave Centre gemacht und dafür fast alle größeren Hotels, selbst das Kurhaus, in Anspruch genommen hatte. Die Reederei hatte gleichwohl alle Hände voll zu tun, um den Verkehr mit den verfügbaren Schiffen zu bewältigen. Nach Juist waren es nur ihre beiden kleinen Schiffe „Frisia II" und „Frisia VI" und nach Norderney nur die „Frisia III", weil die große „Frisia I" für das Leave Centre zur Verfügung stehen mußte. Aber es gelang trotz aller Schwierigkeiten, den Verkehr zu meistern, weil die Menschen damals anspruchsloser waren.

Aber nicht nur im Sommer, auch in der übrigen Jahreszeit hatte die Reederei einen nie gekannten Verkehr zu verzeichnen. Das waren in den Versorgungsschwierigkeiten der ersten Nachkriegsjahre die Hamsterfahrten, die viele Insulaner und Flüchtlinge, die auf den Inseln untergebracht waren, aufs Festland führten. Bei der Geldentwertung war der Fahrpreis nicht der Rede wert. Für die Reederei lag aber die größte Belastung auf dem Gebiet des Güterverkehrs zur Insel. Hier machten hauptsächlich die Kohlentransporte, die fast ausnahmslos bis Norddeich mit der Bahn liefen, große Schwierigkeiten. Für den Umschlag stand hier nur ein leistungsschwacher Hafenkran ohne Greifer zur Verfügung, so daß alle Kohlen mit der Schaufel umgeschlagen werden mußten, wofür aber Arbeitskräfte fehlten. Die Folge war, daß der Umschlag nur sehr langsam vor sich ging und sich große Rückstände nicht entladener Kohlenwaggons bildeten, die den Norddeichern höchst willkommen waren („Kohlenklau").

Im Spätherbst des Jahres 1946 hatte die Reederei das Glück, ihre „Frisia X", die von den Amerikanern der Weserfähre GmbH in Bremerhaven für den Weserfährdienst zur Verfügung gestellt worden war, nach zähen Verhandlungen wiederzubekommen. Da für den Sommer 1947 mit einer weiteren Zunahme des Verkehrs gerechnet werden mußte, setzte die Reederei alles daran, sowohl für die „Frisia X" als auch für den bei der Werft in Papenburg liegenden alten Raddampfer „Frisia IX" die Umbau- und Instandsetzungsgenehmigungen vom Port-Controler zu bekommen. Auf beiden Schiffen konnten die umfangreichen Umbauarbeiten so rechtzeitig beendet werden, daß sie im Sommer 1947 den Inseldienst wieder aufnehmen konnten. Durch wiederholte Vorstellungen beim Port-Controler hatte die Reederei außerdem erreicht, daß für den Verkehr des Leave Centre ein zusätzliches Schiff, die „Förde", zur Verfügung gestellt wurde. So verfügte sie für den Sommer 1947 über drei Schiffe mehr als im Sommer 1946, und das sollte ihr sehr zustatten kommen, denn der Sommer bescherte einen sehr lebhaften Saisonverkehr.

Die Währungsreform

Nach dem guten Sommerwetter der beiden Vorjahre nahm auch die Saison 1948 einen verheißungsvollen Anfang. Durch die Währungsreform am 20. Juni 1948 brach sie jedoch jäh ab, da jedermann nur ein „Kopfgeld" von 40 DM erhielt und sich niemand von der weiteren Entwicklung eine Vorstellung machen konnte. So sah sich die Reederei mit dem Eintritt der neuen Währung zu drastischen Betriebseinschränkungen genötigt. Einige Schiffe wurden stillgelegt und das Charterschiff „Förde" sofort zurückgegeben. Schneller als gedacht begann jedoch das wirtschaftliche Leben wieder zu funktionieren. Wie mit einem Schlage hatte sich durch die Währungsreform das Warenangebot und die allgemeine Versorgungslage verbessert. Das Geld hatte wieder einen echten Wert, blieb aber sehr knapp. Die Preise pendelten sich neu ein und lagen auf allen Gebieten höher als vor dem Kriege. Im August 1948 wurden die Bahntarife im Personenverkehr um 50 Prozent und im Güterverkehr um 40 Prozent über den Vorkriegsstand heraufgesetzt. Um die gleichen Prozentsätze wurden von der Preisbehörde auch die Beförderungstarife der Reederei erhöht.

„Frisia I", Baujahr 1970, vor dem neuen Fährenanleger im Hafen Norderney, 1971

Die fünfziger Jahre

Nachdem es der Reederei gelungen war, in den ersten fünf Jahren nach Kriegsende im Rahmen des damals Möglichen die Reparatur- und Instandsetzungsarbeiten an Anlagen und Einrichtungen auszuführen, die für die Wiederaufnahme des Inselverkehrs erforderlich waren, folgten in den fünfziger Jahren eine Reihe von Investitionen, die der Entwicklung des Verkehrs Rechnung trugen. Im Jahre 1952 gab die britische Rheinarmee ihr Leave Centre in Norderney auf, wodurch sich nun auch hier der Badebetrieb frei entwickeln konnte.

Während für den Verkehr mit Juist mit den drei Motorfahrgastschiffen „Frisia X", „Frisia XV" und „Frisia VI" eine moderne und ausreichende Flotte zur Verfügung stand, erwies sich die Norderneyer Flotte, die aus den drei alten Dampfern „Frisia I", „Frisia III" und „Frisia IX" bestand, als nicht mehr ausreichend und außerdem der Erneuerung durch moderne und weniger betriebsaufwendige Motorschiffe bedürftig. Mit der Erneuerung wurde durch den Neubau des Motor-Fahrgastschiffs „Frisia IV" im Jahre 1953 begonnen und mit dem Neubau der Motor-Fahrgastschiffe „Frisia II" im Jahre 1956 und „Frisia III" im Jahre 1959 die Fortsetzung gemacht. Sie alle waren in ihrer Aufnahmefähigkeit um über die Hälfte größer als die alten Dampfer „Frisia III" und „Frisia IX", die nun außer Dienst gestellt wurden. Während die neuen Schiffe „Frisia III" und „Frisia IV" auch die Zulassung zu Helgolandfahrten erhielten, wozu sie auch öfter eingesetzt worden sind, wurde die „Frisia II" so gebaut, daß sie auch im Juistverkehr Verwendung finden konnte. Der im Jahre 1927 erbaute große und schmucke Dampfer „Frisia I" blieb noch bis Ende der sechziger Jahre als Flaggschiff der Reederei im Dienst.

Im Jahre 1956 wurde die Sommerverbindung Harle–Spiekeroog aufgegeben, da sich der Verkehr mehr und mehr auf die Verbindung Neuharlingersiel–Spiekeroog wegen der hier günstigeren Fahrwasserverhältnisse verlagert hatte. Der alte, kleine Dampfer „Frisia II" wurde zur Verschrottung verkauft.

Umstellung der Güterbeförderung auf den Behälterverkehr

Mit der Zunahme des Personenverkehrs nahm auch der Güterverkehr nach den Inseln ständig zu. Um allein die Beförderung des täglichen Versorgungsbedarfs der Inseln in der Saison sicherzustellen, mußte die Reederei mit der Zeit zu ihren drei Frachtschiffen weitere drei Frachtschiffe hinzuchartern. Daneben galt es, den mehrfachen Umschlag der Güter zu rationalisieren. Zu diesem Zweck führte sie den Behälter- und Palettenverkehr ein, durch den die vielen Einzelsendungen und Stücke, in größeren Behältern zusammengefaßt, umgeschlagen und befördert werden können. Sie schaffte eine große Anzahl offener Paletten und geschlossener Behälter mit einer Tragfähigkeit von 3,5 t und gleichen Längen- und Breitenabmessungen an, die auf die Schiffsräume, auf die Plattenwagen der Inselbahn, auf die Lastkraftwagen des Straßenverkehrs und auf die Rollwagen auf den Inseln abgestimmt wurden. Die Paletten und Behälter stehen den Verladern auf dem Festland kostenlos zur Verfügung und geben manchem von ihnen die Möglichkeit verpackungssparender Verladung. Die völlige Umstellung des Güterverkehrs auf den Paletten- und Behälterverkehr war erst nach Schaffung der erforderlichen Umschlagseinrichtungen in den Häfen und im Bereich der Juister Inselbahn möglich und ließ sich im Verkehr mit Juist im Jahre 1957, im Verkehr mit Norderney erst zwei Jahre später einführen.

Anfänge des Autofährverkehrs

Der Autofährverkehr in den ersten Nachkriegsjahren durch die britische Besatzungsmacht hatte bei manchem deutschen Inselgast den Wunsch hervorgerufen, auch seinen Wagen nach Norderney mitzunehmen. Das Auto bot eine bequeme Möglichkeit der Gepäckmitnahme und ließ sich auf der Insel zu Fahrten zu dem 5 km außerhalb des Ortes liegenden Ostbad zweckmäßig verwenden. Die Mitnahme des Wagens war auf den Vorderdecks der Dampfer möglich, allerdings nur zu den Abfahrtzeiten, bei denen der Wasserstand ein An- und Von-Bord-Fahren zuließ. So führte sich schon Ende der vierziger Jahre eine Autobeförderung nach Norderney ein. Was zunächst nur vereinzelt vorkam, entwickelte sich bald mehr und mehr. Bereits im Jahre 1949 wurden 487 Wagen, im Jahre 1950 aber schon 977 Wagen von Norddeich nach Norderney und umgekehrt befördert. Diese Entwicklung wurde auf der Insel von vielen gern gesehen, weil Norderney durch das Leave Centre in seiner Nachkriegsentwicklung hinter den anderen Inseln zurücklag und weil ein Autofährverkehr eine wirtschaftliche Belebung versprach. Die Norderneyer erhofften sich davon vor allem eine bessere Erschließung des Oststrandes für den Badebetrieb als Ausgleich für den zunehmenden Strandverlust im Nordwesten. Dagegen sahen Kurverwaltung und Stadt im Autofährverkehr zur Insel auch mögliche Nachteile für das Bad. Ebenso wie sie tat auch die Reederei nichts, um den Fährverkehr zur Insel zu fördern, und diesem Prinzip ist sie bis heute treu geblieben. Das schließt aber nicht aus, daß sie wie Stadt und Kurverwaltung alles Notwendige getan hat, um den Erfordernissen der Entwicklung dieses Verkehrs gerecht zu werden. Schon im Jahre 1951 mußte die Reederei dazu übergehen, das An- und Von-Bord-Fahren der Wagen mittels besonderer Vorrichtungen auch zu ungünstigen Tidezeiten zu bewerkstelligen. Im Jahre 1952 zeigte sich, daß die

Fahrgastschiffe für die Autobeförderung nicht mehr ausreichten. Die Reederei ließ infolgedessen ihre Frachtschiffe entsprechend umbauen, um auch diese für die Autobeförderungen einzusetzen. Voraussetzung dafür war aber die Errichtung besonderer Brückenanlagen in den Häfen Norderney und Norddeich für das An- und Von-Bord-Fahren der Wagen. Die Reederei erhielt vom Wasser- und Schiffahrtsamt die Genehmigung, solche Brücken in den hinteren Teilen der Häfen Norderney und Norddeich außerhalb der bestehenden Schiffsanlegeplätze zu errichten. Zum Sommer 1953 konnte sie diese Brücken, die sie in ihrer Norderneyer Werkstatt nach eigenen Plänen selbst angefertigt hatte, in Betrieb nehmen. Die Brücken waren so konstruiert, daß sie nach dem jeweiligen Wasserstand eingestellt werden konnten und eine Tragfähigkeit auch für Lastkraftwagen besaßen. Mit der Verwendung der Frachtschiffe und der Fährenbrücken für die Autobeförderung neben der Beförderung auf den Fahrgastschiffen war für einige Jahre der Nachfrage entsprochen. Als gegen Ende der fünfziger Jahre die Jahreszahl der beförderten Wagen auf über 8 000 gestiegen war, mußte ernstlich an den Bau einer Autofähre gedacht werden.

Die erste Autofähre „Frisia VIII", Baujahr 1962 (vor dem Umbau)

Die sechziger und die siebziger Jahre

Die sechziger Jahre begannen mit der Einweihung des neuen Reedereigebäudes auf der Norddeicher Mole, das an der Stelle des alten Hafenschuppens, der der Reederei seit Ende des ersten Weltkrieges als Kontor und Abfertigungsgebäude diente, errichtet worden war. Das neue Gebäude wurde in einer hochwasserfreien Höhe auf 40 fast 20 m tief gerammten Betonpfählen erbaut. Es war gerade rechtzeitig fertig geworden, denn bei der schweren Sturmflut am 12. Februar 1962 wäre das alte, aus Holz gebaute Gebäude mit Sicherheit vernichtet worden und mit ihm viele wertvolle Urkunden und Unterlagen.

In Norderney wurden 1973 am Hafen eine neue Schiffsreparaturwerkstatt und ein Abfertigungsgebäude errichtet.

Der Bau von Fährschiffen

Mittlerweile waren die Pläne für den Bau eines Autofährschiffs gereift und die Vorarbeiten so weit vorangekommen, daß es in Auftrag gegeben und im Frühjahr 1962 unter dem Namen „Frisia VIII" in Dienst gestellt werden konnte. Das Schiff konnte auf einem durchgehenden freien Deck 30 Personenwagen, aber auch Lastkraftwagen aufnehmen, die sowohl über eine Seite als auch über Bug und Heck an und von Bord fahren konnten. Die Fähre brachte betrieblich eine bedeutende Erleichterung und für den Fährverkehr eine wesentliche Verbesserung. Sie hatte jedoch auch zur Folge, daß der Fährverkehr nun erst recht zunahm und die Wagenmitnahme auf den Frachtschiffen, auf die die Reederei auch weiterhin angewiesen war, nicht mehr gewünscht wurde.

So mußte die Reederei schon bald den Bau eines weiteren Fährschiffes erwägen. Hierbei mußte sie sich aber von der Notwendigkeit leiten lassen, nicht nur für den Autofährverkehr, sondern auch für den Personenverkehr mit Norderney ein neues, größeres Schiff zu bekommen, denn die „Frisia II" wurde zunehmend im Verkehr mit Juist benötigt, und es mußte an einen Ersatz für den bald 40 Jahre alten Dampfer „Frisia I" gedacht werden. Der Bau sowohl eines neuen Autofährschiffes als auch eines neuen großen Fahrgastschiffes für über 1 000 Fahrgäste war finanziell nicht zu verantworten. Außerdem ist eine Zweigleisigkeit von Personen- und Autobeförderung im Inselverkehr wirtschaftlich nicht tragbar und auch verkehrlich nicht zweckmäßig. Beides muß in einem einheitlichen Fährdienst durchgeführt werden. Die große Schwierigkeit liegt nur darin, für die Wattfahrt, die nur einen geringen Tiefgang der Schiffe zuläßt, solche Schiffe zu bauen, die das Notwendige an Aufnahmefähigkeit, Zuverlässigkeit, Zweckmäßigkeit, Bequemlichkeit und Wirtschaftlichkeit bieten. So entschloß man sich zum Bau eines Fährschiffes, das für 1 200 Fahrgäste zugelassen wurde und 25 Personenwagen Platz bot, aber auch Lastkraftwagen aufnehmen konnte, das allerdings kein durchgehendes Autodeck hatte. Es wurde 1965 unter dem Namen „Frisia V" in Dienst gestellt. Schon nach weiteren drei Jahren mußte die erste Autofähre „Frisia VIII" um 10 m verlängert werden, wodurch sie 12 Wagen mehr aufnehmen konnte und außerdem 200 Fahrgästen in zwei großen Räumen unter Deck Platz bot.

Neubau der „Frisia V" und Verlängerung der „Frisia VIII" verschafften der Reederei im Fährschiffbau wieder nur eine Verschnaufpause von ein paar Jahren. Als nächstes wurde ein Fährschiff geplant, das sowohl rund 800 Fahrgäste als auch 50 Wagen auf einem durchgehenden Wagendeck aufnehmen kann. Ein Schiff von diesem Fassungsvermögen ließ sich bei dem erforderlichen geringen Tiefgang aber nur in der Art

„Frisia II", mit im Hintergrund zu sehen „Frisia VIII"

bauen, daß das Oberdeck als durchgehendes, freies Autodeck ausgebildet wurde und die Fahrgasträume sich auf und unter dem Hauptdeck befinden. Das Schiff hat im Juni 1970 als neue „Frisia I" den Dienst aufgenommen.

Nach dem erfolgreichen Einstand der von Fahrgästen liebevoll als „Flugzeugträger" titulierten „Frisia I" entschloß man sich im Jahre 1972, durch den ständig wachsenden Autoverkehr, die erst im Jahre 1965 erbaute „Frisia V" der „Frisia I" anzupassen, so daß auch dieses Fährschiff rund 800 Fahrgäste sowie 50 Wagen auf dem durchgehenden Wagendeck aufnehmen kann. Ähnliches geschah mit der bereits einmal verlängerten „Frisia VIII".

Schließlich muß in der Entwicklung des Baus von Fährschiffen auch die im Jahre 1977 neu erbaute „Frisia II" genannt werden, auch wenn dieses Schiff in erster Linie für den Juist-Verkehr konzipiert worden ist. Somit verfügt die Reederei an Spitzentagen im Norderney-Verkehr über vier Fähren, die insgesamt bis zu 200 Kraftwagen und 4000 Personen zu befördern imstande sind.

Neue Fährenanleger

Für die Bewältigung des Fährenverkehrs, der im Jahre 1970 eine Beförderungszahl von 56 819 Kraftfahrzeugen erreichte und ein zügiges An- und Von-Bord-Fahren der Wagen und eine schnelle Abfertigung der Fähren erforderte, reichten die in Benutzung befindlichen Brücken, die die Reederei im Jahre 1953 für die Autobeförderungen auf den Frachtschiffen anfertigte, schon seit der Indienststellung der Autofährschiffe nicht mehr aus. Auf Grund intensiver Vorstellungen der Reederei begann das Land Niedersachsen als Hafenbehörde 1969 mit dem Bau leistungsfähiger Fährenanleger, von denen der eine im Hafen Norderney im Jahre 1971 in Betrieb genommen und der andere im Hafen Norddeich im Jahre 1972 dem Verkehr übergeben wurde. Mit der Inbetriebnahme dieser Einrichtungen in beiden Häfen hat die Reederei die Schiffsverbindung Norddeich–Norderney auf dem Gebiet des Personen- und Autoübersetzverkehrs voll auf den Fährbetrieb umgestellt. Bei den neuen Fährenanlagen in den Häfen handelt es sich um Fähreneinschnitte mit einer beweglichen Brückeneinrichtung, die ein An- und Von-Bord-Fahren der Wagen über Bug und Heck bei jedem Wasserstand erlauben. Für die Fahrgäste besteht seitwärts ein besonderer Zu- und Abgang.

Die Großgaragen in Norddeich

Die weitere Entwicklung des Autoverkehrs ist auch für den Garagenbetrieb in Norddeich nicht ohne Auswirkung geblieben und hat eine weitere Vergrößerung erforderlich gemacht. Nach dem Bau von vier modernen Parkgaragenhallen in den 50er Jahren wurden erneut vier Parkgaragenhallen gebaut. Damit verfügt der Großgaragenbetrieb der Reederei heute über mehr als 1 000 Unterstellplätze unter Dach und über weitere 1 000 Abstellplätze auf einem großen, an den Garagenbetrieb anschließenden eingezäunten Freigelände. Mit dem großzügig angelegten Garagenbetrieb hat die Reederei im Laufe der Jahre unter hohem Kostenaufwand Einrichtungen geschaffen, die für die Entwicklung des Inselbäderverkehrs von großer Bedeutung geworden sind. Heute benutzen rund zwei Drittel aller Inselgäste für ihre Anreise an die See das Auto.

Die Bundesbahn

Demnach benutzen immer noch rund ein Drittel aller Inselgäste die Bahn, die damit auch heute noch einen bedeutenden Platz im Inselverkehr einnimmt. Aus diesem Grunde verbindet die Reederei mit der Bundesbahn heute wie früher eine vielfältige und enge Zusammenarbeit. Diese geht auf das Jahr 1883 zurück, als mit der Eröffnung der Bahnstrecke von Emden bis Norden die durchgehende Abfertigung der Bahnreisenden bis zur Insel zwischen der Bahn und der Reederei vereinbart wurde. Die Zusammenarbeit erstreckt sich aber nicht nur auf das Gebiet der durchgehenden Abfertigung der Personen, des Gepäcks und Expreßguts sowie des Güterverkehrs, sondern auch auf das Gebiet der Fahrplanabstimmung und der Durchführung von Sonderfahrten. Nach wie vor nimmt die Bahn die Schiffsfahrpläne zu den Inseln in ihr Kursbuch unter Nr. 1000 auf, und heute wie früher baut die Reederei ihre Schiffsfahrpläne auf den Ankunft- und Abfahrtzeiten der Züge in Norddeich auf. Bahn und Reederei arbeiten darüber hinaus eng zusammen, um den Inselbäderverkehr durch ständige Verbesserung des Fahrplans und der Abfertigung und durch gemeinsame Werbung zu pflegen und zu fördern. Hiervon legen die vielen und guten Schnellzugverbindungen von und nach Norddeich sowohl im Sommer- als auch im Winterfahrplan der Bundesbahn Zeugnis ab. Für den Bahnreisenden sind diese Verbindungen mit den Schiffsanschlüssen der Reederei ebenso eine selbstverständliche Einrichtung des Inselbäderverkehrs wie die Möglichkeit, sich auf jeder Bahnstation oder in dem einschlägigen Reisebüro eine Bahnfahrkarte ausstellen zu lassen, die zugleich für die Schiffsstrecke gilt und auch das Gepäck bis zur Insel durchexpedieren zu lassen, und er weiß ebenso, daß er die gleichen Möglichkeiten für den umgekehrten Reiseweg auf den Inselbahnhöfen hat.

Die Bundespost

Ebenso selbstverständlich ist für den Insulaner wie für den Inselgast das Funktionieren der täglichen Postverbindung. Wie mit der Bahn steht die Reederei auch mit der Bundespost in einem langen Vertragsverhältnis über die Durchführung des gesamten Postverkehrs von und nach den Inseln. Auch hier besteht die alte, enge Zusammenarbeit nach wie vor, wenn auch die Beförderung der Post heute eine andere ist: nach Juist im Behälterverkehr und nach Norderney durch tägliche Beförderung des Postwagens mit der Fähre.

Die Schiffe der Reederei seit 1871

Name	Gattung	Baujahr bzw. bei der Reederei seit	Anzahl der Antriebs-Masch.	PS	Länge m	Breite m	zugelassen für Pers./Pkw	Außer Dienst gestellt bzw. verkauft	Vermerk
D Stadt Norden	Dampfer	1871	1	75	29,3	6,1		1912	
D Norddeich	Raddampfer	1888	1	250	45,7	10,2*	450	1925	
D Ostfriesland	Raddampfer	1883/1888						1923	
D Norderney	Raddampfer	1892	1	250	48,8	10,2*	450	1957	seit 1935 Frisia IX
D Juist	Raddampfer	1902	1	205	42,5	9,7	350	1944×	seit 1935 Frisia VIII
D Deutschland	Dampfer	1894	2	300	35,8	6,2		1914	
D Hohenzollern	Raddampfer	1906	1	560	51,1	13,5*	500	1944×	seit 1909 Frisia IV
D Frisia I	Dampfer	1903/1907						1917+	
D Frisia II	Dampfer	1896/1907	1	300				1919	
D Frisia III	Dampfer	1908	2	450	42,7	6,7	500	1960	
MS Hansa	Frachtschiff	1919	1	220	28,6	5,3	12		
D Frisia II	Dampfer	1888/1924	1	75	25,2	4,7	125	1957	seit 1935 Frisia VII
MS Frisia V	Frachtschiff	1925	1	70	22,8	5,8	12	1963	verkauft nach Wilhelmshaven
D Frisia I	Dampfer	1928	2	600	52,0	8,6	830	1966	
MS Frisia VI	Fahrgastschiff	1929	2	150	27,1	5,0	200	1967	verkauft in die Niederlande
MS Frisia X	Fahrgastschiff	1935	2	350	41,0	7,6	460	1968	verkauft in die Niederlande
MS Frisia XIV	Frachtschiff	1939	1	200	26,0	6,0	12		
MS Frisia XV	Fahrgastschiff	1949	2	260	36,0	6,5	365	1967	verkauft in die Niederlande
MS Frisia IV	Fahrgastschiff	1953	2	600	48,0	8,4	756	1970	verkauft nach Chile
MS Frisia VII	Fahrgastschiff	1957	2	600	50,3	8,5	863	1977	verkauft nach Travemünde
MS Frisia III	Fahrgastschiff	1960	2	870	51,9	8,8	1000	1977	vergrößert auf 63,7 m mit 1600 PS
MS Frisia VIII	Pers.-Autofähre	1962	2	840	46,5	12,0	800/50	1974	vergrößert auf 53,3 m mit 1475 PS 3 Antriebsmaschinen
MS Frisia V	Pers.-Autofähre	1965	2	840	44,0	12,0	800/50	1972	vergrößert auf 53,2 m mit 1475 PS 3 Antriebsmaschinen
MS Frisia XI	Schnellschiff	1966	2	640	29,3	5,8	220	1972	„Moby Dick" verkauft nach W'haven
MS Frisia XII	Schnellschiff	1967	2	640	29,5	5,8	220	1979	„Donald Duck" verkauft zur Ostsee
MS Frisia VI	Fahrgastschiff	1968	2	840	43,5	10,3	1000		
MS Frisia-I	Pers.-Autofähre	1970	3	1490	52,7	12,0	800/50		
MS Frisia X	Schnellschiff	1972	2	990	34,8	7,0	290		
MS Frisia II	Pers.-Autofähre	1977	2	1618	53,4	12,0	800/50		
MS Frisia IX	Fahrgastschiff	1980	2	900	42,0	8,5	450		

D Dampfer
MS Motorschiff

+ 1917 durch feindliche Seestreitkräfte im Kattegat versenkt
× 1944 durch Kriegseinwirkung an der französischen Kanalküste verlorengegangen
* Breite über Radkasten

Anmerkungen

Erklärungen der Abkürzungen bei den Anmerkungen und Quellennachweisungen:

St.A.A.	Staatsarchiv Aurich
R.A.	Regierung Aurich
I.G.N.	Inselgemeinde Norderney
S.B.K.N.	Seebadekasse Norderney
P.V.N.	Polizeiverwaltung Norderney
Sch.N.	Schule Norderney
W.B.V.N.	Wasserbauverwaltung Norderney
(N.)K.P.	(Norderneyer) Kirchenprotokolle
Pf.A.N.	Pfarramt Norderney
O.K.K.N.	Ortskrankenkasse Norderney
G.B.d.A.Nn.	Grundbuch des Amtes Norden
K.K.N.	Kreiskasse Norden
N. oder I.N.	Insel Norderney
I.S.	Inselsachen
S.B.A.	Seebadeanstalt
Sch.S.	Schiffahrtsachen
F.S.	Fischereisachen
G.S.	Gewerbesachen
I.H.	Inselhilfe
St.L.	Steuerlisten
E.M.A.	Einwohnermeldeamt
Gem.S.	Gemeindesachen
G.	Generalia
M.	Miscellaria
spec.	Specialia

1 F. Schucht, Die säkulare Senkung der deutschen Nordseeküste. Bericht der Männer vom Morgenstern. Geestemünde 1910.
2 Derselbe, Die Entstehung der Ostfriesischen Inseln. 4. Jb. d. Nieders. Geolog. Vereinigung zu Hannover 1911. — Über die Beziehungen zwischen Boden, Vegetation und Klima auf den Ostfriesischen Inseln, Sonderabdruck aus Internat. Mitteilungen für Bodenkunde, Wien, Bln., London 1913 S. 1 ff.
3 J. Reinke, Die Ostfriesischen Inseln, Studien über Küstenbildung und Küstenzerstörung, Wissenschaftliche Untersuchungen, hrg. von der Kommission zur wissenschaftl. Untersuchung der deutschen Meere. Kiel, u. d. Biologischen Anstalt auf Helgoland. X. Bd., Erg.-H. 1909.
4 Th. Mommsen, In: Römische Geschichte. Bd. 5: Die Provinzen von Cäsar bis Diocletian. 5. Aufl. Bln. 1904, S. 24 ff. — Die germanischen Kriege des Drusus etc. — M. Dederich, Die Feldzüge des Drusus und Tiberius. In: Das nordwestliche Germanien. Köln 1869.
5 U. Emmius, In: Rerum Frisicarum historica. Lugduni 1616. S. 231.
6 J. J. Harkenroth, Oostfriesche Orsprongkelykheden. Groningen 1731, S. 470 — In: Hannoversches Magazin. 99. Stck. vom 10. XII. 1823. — Oek.-Rat Dr. Meyer, Über die Vegetation der Ostfr. Inseln, mit besonderer Rücksicht auf Norderney, nebst einigen aus den Naturverhältnissen abgeleiteten Bemerkungen über den Kulturzustand des Bodens und dessen Beförderung.
7 Oich = Oge = Insel. s. Altfries. Wörterbuch, I. Kap.
8 „Utgave der Karken tho Norden von anno 1564—1579", geführt von den Kirchenverwaltern Hieronymus Loringa u. Hayo Rykena.

8a Die Arbeit ist erschienen unter dem Titel „Das Juister Watt" in den Schriften der Wirtschaftswissenschaftlichen Gesellschaft zum Studium Niedersachsens (Neue Folge — Bd. 57. 1955) mit zahlreichen Abbildungen und Tafeln.
9 Walter Stahlberg, „Das fressende Meer". In: „Die Woche" Nr. 45. 1921, S. 986.
10 Vergleichende Zusammenstellungen finden sich im Archiv der Deutschen Seewarte. H. 3 für 1908.
11 Vergl. Carl Berenberg, Die Nordsee-Inseln an der deutschen Küste nebst ihren See-Badeanstalten, Hannover 1866, S. 133 ff. (Das Klima.) Edmund Friedrich, Die deutschen Kurorte an der Nordsee, Norden und Norderney, 1891, S. 53 ff.
11a Haeberlin, C., und Goeters, W., Grundlagen der Meeresheilkunde, Stuttgart 1954, S. 182 (aus einer Zusammenstellung des „Niedersächsischen Landesgesundheitsrates").
12 F. Schucht, Über die Beziehungen zwischen Boden, Vegetation und Klima auf den Ostfriesischen Inseln, Wien, Bln., London 1913.
13 A. W. Wessel, Die Nordsee-Insel Spiekeroog. Aurich 1863, S. 9. — C. F. Scherz, Die Nordsee-Insel Borkum. Emden u. Borkum 1883, S. 30—31.
14 Vergl. F. Riefkohl, Die Insel Norderney, Hannover 1861, S. 43 ff. (Die Tierwelt Norderneys.)
15 C. P. Hansen, Chronik der friesischen Uhtlande und Das Nordseebad Westerland.
16 Prediger C. G. Reins, Die Insel Norderney. Hannover 1853, S. 10.
17 Derselbe, S. 18.
18 Bitte des Predigers Haffner an den König um Aufhelfung des verfallenen Fischfangs auf der Insel Norderney (29. 4. 1790) St.A.A., I.S., Nr. 18.
19 St.A.A., I.S., G., Nr. 4.
20 St.A. Hannover, Seebad Norderney, G., Nr. 13.
21 C. G. Reins, a.a.O., S. 18.
22 In: Archiv für Fischereigeschichte. Darstellungen u. Quellen. Bln. 1914: „Wohlbewährte Fischgeheimnisse oder deutlicher Unterricht von der großen Nutzbarkeit der Fischerey ... Nürnberg 1785", S. 139—140.
23 Des seel. Hofpredigers Joh. Friedr. Bertrams Geograph. Beschreibung des Fürstentums Ostfriesland und angrenzenden Harlingerlandes. Aufs neue mit einigen Zusätzen vermehrt von C. H. Normann. Aurich 1787, S. 130.
24 St.A.A., I.S., N., Nr. 18.
25 C. Esslinger: Das Postwesen in Ostfriesland in der Zeit von 1744—1806. In: „Abhandlungen und Vorträge zur Geschichte Ostfrieslands". Aurich 1908.
26 u. 27 St.A.A., I.S., G., Nr. 18.
28 Vgl. dazu Ludwig Brinner, Die deutsche Grönlandfahrt. Abh. z. Verkehrs- und Seegeschichte im Auftr. d. Hans. Geschichtsvereins, hrg. von Dietr. Schäfer. Bd. 7, Bln. 1913, besonders Buch 2, S. 127—376, Buch 3, S. 379—439, Buch 4, S. 443—510.
Derselbe, Die Erschließung des Nordens für den Walfischfang. In: Hans. Geschichtsbl. 1912.
29 San.-Rat Dr. Kruse, Geschichte der Seebadeanstalt Norderney. Norden u. Norderney 1899, S. 50—51 und L. Haverkamp, Die Nordsee-Insel Sylt, Bln. 1908, S. 13.
30 R. Dittmer, Die Deutsche Hochsee-, See- und Küstenfischerei, Hannover u. Leipzig 1902, S. 17 ff.
31 Derselbe, S. 18 und Lindemann, Die arktische Fischerei der deutschen Seestädte 1620—1868. Gotha 1869.
Krause, Die Insel Amrum. Eine Landeskunde. Stuttgart 1913, S. 77.
32 B. Huismann, Die Nordseeinsel Borkum einst und jetzt. Leer 1897, S. 23.
33 Reins, a.a.O., S. 30, 46.
34 K.P., Vol. I, S. 17, 21, 27, 29, 37, 43, 45 u. 204.
35 E. Lübkemann, „Emdens Werden und Wachsen". In: „Der Hanseat" (Sondernummer Emden), Bremen 1921, 3. Jgg., H. 14/15, S. 3.
36 C. G. Reins, a.a.O., S. 33.
37 S. W. Sombart, Die deutsche Volkswirtschaft im 19. Jahrhundert und im Anfang des 20. Jahrhunderts, Bln. 1921, S. 263.

38 Seel. Hofpredigers Joh. Friedr. Bertrams Geograph. Beschreibung des Fürstentums Ostfriesland und angrenzende Harlingerlande, Aufs neue mit einigen Zusätzen vermehrt von C. H. Normann, Aurich 1787, S. 130 u. Houtrouw, Wanderungen durch Ostfriesland gegen Ende der Fürstenzeit. Aurich 1891. II. Teil, S. 300.
39 I. C. Freese, Ostfriesland u. Harlingerland, Aurich 1796, I, S. 207.
40 Reins, a.a.O., S. 46.
41 St.A.A., I.S., N., Nr. 18.
42 Reins, a.a.O., S. 31.
43a St.A.A., Sch.S., I.S., G., Nr. 13.
43b St.A.A., I.S., N., Nr. 19.
44 Jahrbuch der Gesellschaft für bildende Kunst und vaterländische Altertümer zu Emden, 9. Bd., I. Heft, S. 1—58, Emden 1890.
45 N.K.P., Vol. I.
46 I. I. Harkenroth, Oostfriesische Oorsprongkelykheden. Groningen 1731, S. 528. R. Franzius, Hist. Sacr. Animal. part. 3, cap. 2, S. 437.
47a St.A.A., I.S., G.: „Instruktion u. Bestallung des Inselvogts", von Graf Ulrich II., § 10 u. „Ordinanz" von Fürst Georg Albrecht, § 8, 10—14.
47b Die Chronik der Norderneyer Schiffsstrandungen wird in einem Aufsatz mitgeteilt, den der Staatsarchivar Dr. v. Eicken in Aurich aus dem Nachlaß des Archivrats Dr. Karl Herquet veröffentlicht hat. In: Abhandlungen der Gesellschaft für Altertümer und bildende Kunst, Emden 1912.
48 C. F. Salzmann: Constants curiose Lebensgeschichte und sonderbare Fatalitäten. Leipzig 1792, II. Teil, S. 155. Prof. Crome in dem „neuen Journal für Staatskunde und Politik", Gießen 1793, 2. Jahrg., 1. Stück, S. 51 (Strandrecht).
Allgemeine Literatur-Zeitung, 1793, Monat November, S. 360 und Intelligenzblatt d. Allg.Lit.Zeitung Nr. 53 vom 17. Mai 1794, S. 423. — D. Canzler, im Reichs-Anzeiger 1794, Nr. 30. — Ostfr. Mannigfaltigkeiten. I. Jahrg., S. 179. Aurich 1784.
49 L. Haverkamp, a.a.O., S. 26.
50 Noch bis vor einigen Jahren wurde in den ostfr. Häfen und Tiefen eine ähnliche Fangmethode betrieben, das sog. „Aalstechen", „Elgern".
51 St.A.A., I.S., G., Nr. 31.
52 Friedr. Arends, Beschreibung der Landwirtschaft in Ostfriesland und Jever, Emden 1818, I., S. 437.
53 St.A.A., I.S., G., Nr. 4 (10 Tonnen von jedem Haushalt).
54 Circular des Deutschen Fischerei-Vereins, Bln. 1872, S. 35.
55 St.A.A., I.S., G., Nr. 14.
56 J. Fr. de Vries und Th. Focken: Ostfriesland, Land u. Volk in Wort u. Bild. Emden 1880, S. 252 u. Herm. Meyer, Ostfriesland, Leer 1868, S. 182.
57 St.A.A., I., G., Nr. 31.
58 Circular d. D.F.-Vereins, Bln. 1872, S. 35.
59 Arends, a.a.O., I., S. 139.
60 Arends, der selbst eine Muschelbrennerei betrieb, erhielt in 2 Jahren aus 667,5 Tonnen Schille 656 Tonnen Kalk, welche 1481 Gulden einbrachten, die Ausgaben betrugen $533^{1}/_{4}$ Gulden.
61 Reins, a.a.O., S. 34.
62 G. Merkel, Die ostfriesische Insel Borkum. Hannover 1860. S. 20 ff.
63 Reins, a.a.O., S. 36.
64 Derselbe, a.a.O., S. 11. Die Anzahl dieser Gärten wurde von Zeitgenossen als eine geringe angesehen. Vgl. Houtrouw a.a.O., II., S. 300.
65 St.A.A., I.N., S.B.A., Nr. 4, acta 5339.
66 St.A.A., I.N., S.B.A., Nr. 4, acta 4495.
67 St.A.A., I.N., S.B.A., Nr. 4, acta 770.
68 St.A.A., I.N., S.B.A., Nr. 4, acta v. 30. 9. 1833.
69 St.A.A., I.N., S.B.A., Nr. 4, acta v. 13. 5. 1833.
70 St.A.A., I.N., S.B.A., Nr. 46.
71 Bertrams, a.a.O., S. 119.
J. Fr. de Vries u. Focken, a.a.O., S. 214.
72 Freese, a.a.O., S. 206.

73 Arends, a.a.O., I., S. 436.
74 St.A.A., I.S., G., Nr. 4: Im Jahre 1704 mußte jeder Haushalt noch jährlich 40 Eier (damals im ganzen 2000 Stück) an das Berumer Amt liefern. — v. Halem, Die Insel Norderney und ihr Seebad, Hannover 1815, S. 10, 11, 25 u. a.: Die Zahl der Eier war früher so groß, daß man das Vieh damit mästete.
75 Ostfr. Hist. Tom. 2. Lib. I, S. 247.
76 Herquet, a.a.O., S. 7 (Bericht des Rentmeisters R. Brenneysen vom 20. 7. 1657 an das Amt Berum).
77 Herquet, a.a.O., S. 39—40 (aus dem Protokoll über das Verhör des Vogtes von Norderney in der Hofkanzlei zu Aurich am 9. 5. 1708. §§ 2, 10).
78 Freese, a.a.O., S. 202. Von der Ostfriesischen Landschaft wurden ihnen ausbezahlt: 1703—1714 = 37 273 Gulden, 1714—1717 = 701 Gulden.
79 Wiarda, Ostfriesische Geschichte, Aurich 1791, Bd. 9, S. 147.
80 Ostfries. wöchentl. Anzeiger, Aurich 1748, Stück Nr. 42, 43, 44: Konservation der Ostfr. Inseln, als Vorgebirge unserer Seedämme gegen die Nordsee.
81 Reins, a.a.O., S. 34.
82 St.A.A., I.S., G., Nr. 56.
83 Freese, a.a.O., S. 200 ff.
84 Reins, a.a.O., S. 35.
85 St.A.A., I.S., Ndy., Nr. 20: Von 15 Personen gewöhnlich 12 Frauen, 3 Männer.
86 W.B.V.N., Acten Arbeiter, Löhne.
87 Reins, a.a.O., S. 2, 6.
Herquet, a.a.O., S. 33 ff, 44 ff.
88 Zusammengestellt aus den N.K.P., Vol. I, ergänzt durch Angaben von Reins, Rykena, Herquet u. a.
89 Reins, a.a.O., S. 30—31.
90 K.P., Vol. I., S. 29 (am 5. 12. 1789).
91 N.K.P., Vol. I., S. 83 (1798).
92 Dr. A. L. Richter, Die Seebäder auf Norderney, Wangerooge und Helgoland, Bln. 1833, S. 29.
93 Kruse, a.a.O., S. 50.
94 Aufgestellt nach d. Jahresauszügen d. Norderneyer Kirchenprotokolls. (Siehe Tabelle 3 im Anhang.)
95 Houtrouw, a.a.O., S. 298 ff. 1707 gab es in den 17 Norderneyer Haushaltungen 70 Kinder unter 14 Jahren. (Tab. 1, Anhang.)
96 v. Halem, a.a.O., 1815, S. 81.
97 v. Halem, a.a.O., 1801, S. 59.
98 Arends, a.a.O., S. 436.
99 Arends, a.a.O., S. 138.
100 Dr. A. L. Richter, a.a.O., S. 28.
101 Reins, a.a.O., S. 35.
102 Baumeister Ratsherr Martin Faber: Charte der ostfriesischen Seeküste, Emden 1642.
Ingenieur J. Horst: „Charte von der Insul Norderney, nebst den eingerissenen Stellen", 1739. Manuskriptkarte (Aurich, Staatsarchiv).
Reins, a.a.O., S. 10.
103 Eine naturgetreue Abbildung eines im Jahre 1766 erbauten Norderneyer Seemannshauses, das noch heute besteht, befindet sich in der Zeitschrift „Das Buch für alle", Jahrg. 1922, I.H., S. 12, in dem Aufsatze: Der Flachbau, ein deutsches Wohnungsideal, von E. Pommer.
104 Justus Lipsius: Litteris injuriosis contra Guestphalos, 1575.
105 v. Halem, a.a.O., 1822, S. 194.
106 Kruse, a.a.O., S. 36.
107 St.A.A., I.N., S.B.A., Nr. 4.
108 Herquet, a.a.O., S. 2, 3. — Freese, a.a.O., S. 211. — Ostfr. Hist., I. Teil, I. Buch, I. Kapit., § 55, S. 136.
St.A.A., I.N., S.B.A., Nr. 65.
109 St.A.A., I.N., S.B.A., Nr. 13
110 St.A.A., I.S., G., Nr. 4.
111 St.A.A., I.S., N., Nr. 22 (holl. Akten).

112 St.A.A., I.S., N., Nr. 13.
Zimmermann: Ostfrieslands Anteil an der Binnen-, Küsten- und Hochseefischerei, Emden 1880, S. 4.
Derselbe gibt für Borkum an:
1608 — 4 Robben und 1000 Schollen.
1742 — 10 Robben und 2000 Schollen.
113 St.A.A., I.S., S.B.A., Nr. 245. — Über die Borkumer Abgaben berichtet Hermann Meier, Die Nordsee-Insel Borkum, Leipzig 1863, S. 76 ff.
114 N.K.P., Vol. I.,
115 St.A.A, I.S., N., Nr. 15.
116 St.A.A, I.S., N., Nr. 23.
117 St.A.A., I.S., N., Nr. 12.
118 Reins, a.a.O., S. 19.
119 Herquet, a.a.O., S. 29—31, 33—34, 34—38 u. N.K.P., Vol. I.
120 Dr. Lampert, Prähistorische Fischerei und Fischereigeräte. In: Archiv für Fischereigeschichte. Darstellungen und Quellen. Bln. 1914, Heft 2, S. 107 und 108.
121 Cassiodor Var XII, S. 24, vgl. dazu: L. M. Hartmann: Die wirtschaftlichen Anfänge Venedigs. In: Vierteljahrsheft f. Sozial- und Wirtschaftsgeschichte.
122 Plinius: Hist. Naturalis. L. XVI, 1.
123 Derselbe: a.a.O., L. XV, 1, S. 6.
124 Ehrenberg, Die Seefahrt im Leben der Völker (Handels- und Machtpolitik, I., S. 74), Bln. 1900.
125 Nach einem Urteil des Ethnographen Winkler, vgl. dazu Dr. L. Haverkamp, a.a.O., S. 7.
126 v. Halem, a.a.O., 1822, S. 177.
127 St.A.A., I.S., G., Nr. 13.
128 Nur bei besonders einträglichen Strandungen werden gelegentlich Fälle des unmäßigen Trinkens beurkundet (vgl. Herquet, Rykena und Houtrouw).
129 Freese, a.a.O., I., S. 207.
130 Allg. Fischerei Ztg., XXXV. Jahrg., Nr. 9, S. 193.
131 v. Halem, a.a.O., 1815, S. 81.
132 R. Eucken: Lebenserinnerungen. Ein Stück deutschen Lebens, Leipzig 1921, S. 14.
133 Herquet, a.a.O., S. 33. Nach einem Bericht des Norderneyer Predigers Husius an das Konsistorium in Aurich 1703.
134 A. L. Richter, a.a.O., S. 28.
135 v. Halem, a.a.O., 1822, S. 174.
136 St.A.A., I.S., Ndy., betr. de Vooges Dienst op het Eiland Norderney 1810 (holl. Akten).
137 Reins, a.a.O., S. 31.
138 Wiarda, Altfries. Wörterbuch, Aurich 1784, in der Vorrede, S. VII.
139 Wilhelm Körte: Einleitung zu den Sprichwörtern der Deutschen. Leipzig 1837.
140 „Ein Mädchen muß sich hüten vor einem Leck (Schaden), wie man eine weiße Schürze vor einem schwarzen Fleck schützt."
141 Tacitus: de Morib. Germ., C. 19.
142 Ostfr. Mannigfaltigkeiten 1786, S. 95 und Freese a.a.O., S. 210.
143 v. Halem, a.a.O., 1801, S. 58; a.a.O., 1815, S. 80; a.a.O., 1822, S. 194; Richter, a.a.O., S. 35.
144 N.K.P., Vol. I., S. 29, 83 u. a.
145 Dr. P. Schwalm: Die Nordseeinsel Helgoland (nach einem Vortrag, gehalten in der Urania zu Berlin), Bln. 1894, S. 27.
146 St.A.A., I.S., Ndy., Nr. 24.
147 N.K.P., Vol. I., S. 116.
148 N.K.P., Vol. I., S. 98—103.
149 Wiarda, a.a.O., II., S. 882.
150 St.A.A., Sch.-S., G., Nr. 82.
151 St.A.A., I.S., N., Nr. 20.
152 Reins, a.a.O., S. 47.
153 St.A.A., I.S., N., Nr. 22 (holl. Akten).
154 St.A.A., I.S., N., Nr. 22 (Art. 1).

155 Prof. Dr. Tjaden: Ostfriesische Geschichte, Emden 1913, S. 114.
156 Kruse, a.a.O., S. 57. — Wiarda, Neueste Ostfr. Geschichte, Leer 1817, II, S. 534—537, 643, ders. S. 713: Von 228 Soldaten hatte das Berumer Amt 16 zu stellen, davon ein Drittel Seeleute. Nach dem Dekret vom 10. II. 1811, Artikel 5, war das vorgeschriebene Alter 24—49 Jahre; befreit waren Kapitäne, die auf weiten Seereisen oder großen Küstenfahrten wenigstens ein Jahr lang in dieser Eigenschaft das Kommando geführt hatten. — Unter Benutzung geschichtlicher Quellen, jedoch in der Hauptsache Dichtung: S. Wörrishöffer: „Onnen Visser, der Schmugglersohn von Norderney", 7. Aufl. Bielefeld u. Leipzig 1921, Kap. 1, 2, 4, 5, 6, 7, 8. — Dr. P. Schwalm, a.a.O., S. 21.
157 Reins, a.a.O., S. 47.
158 N.K.P., Vol. I., S. 159.
159 Ratzel, Deutschland; München u. Berlin 1911, S. 267.
160 N.K.P., Vol. I., S. 166—170, S. 190—195.
161 I.H., N., S.B.A., 1822.
162 St.A.A., Sch.S., G., Nr. 94.
163 Tjaden, a.a.O., S. 101.
164 Ders., S. 111 (Ausspruch Blüchers).
165 Wiarda, a.a.O., II., S. 559—560.
166 Tjaden, a.a.O., S. 112.
167 N.K.P., Vol. I., S. 204—303.
168 St.A.A., I.S., G., Nr. 8.
169 Bereits 1730 wird die „Beurt of Veer Ordonnantie van Embden op Groningen" durch Taxen geregelt, 1787 werden Beurtschiffe in Norden registriert (St.A.A., Sch.S., Stadt und Amt Norden, Nr. 3).
170 St.A.A., I.S., G., Nr. 8 (1749).
171 St.A.A., I.S., G., Nr. 8.
172 St.A.A., I.S., I.N., S.B.A., Nr. 35.
173 St.A.A., I.S., I.N., S.B.A., Nr. 35 (acta 2517).
174 St.A.A., I.S., I.N., S.B.A., Nr. 29.
175 Halem, a.a.O., 1801, S. 52 u. 53.
176 St.A.A., I.S., I.N., S.B.A., Nr. 29.
177 I.G.N., S.B.A., acta Taxen, u. Reins, a.a.O., S. 143.
178 Carl Berenberg, Die Nordseeinseln an der deutschen Küste nebst ihren See-Badeanstalten. Hannover 1866, S. 40 (Taxen).
178b St.A.A., I.S., G., Nr. 26.
179 St.A.A., I.S., I.N., S.B.A., Nr. 208.
180 Jahrbuch des Norddeutschen Lloyd, Bremen 1921. (Artikel Norderney).
181 Lübbers, a.a.O., S. 44.
182 Die in der Reichsstatistik für die betr. Orte als Küstenschiffe bezeichneten, gelten auch für andere als Beurtschiffe.
183 „Der Küstenfischer" XIII. Jahrg., Nr. 5, Mai 1911, S. 51: Bi den dütschen Schipper dar rokt de Schosteen tweemal, an Bord und an Land. Bi den Holländer dar rokt he man eenmal, dar rokt he man bloß an Bord.
184 Eucken, a.a.O., S. 13 ff.
185 Bekanntmachung des Reichskanzlers über die Küstenfracht vom 6. VIII. 1887. (Berlin)
186 Vgl. Emdener Tarif vom 1. VII. 1893: nur ²/₃ der sonst üblichen Hafen- und Schleusengelder; es werden 3,5 bis 8 Pfg. pro Tonne erhoben, und in größeren Beträgen fünfmal im Jahre eingefordert.
188 Eucken, a.a.O., S. 15.
189 Dittmer, a.a.O., S. 27.
190 St.A.A., Sch.S., G., Nr. 82: Dekret L. Napoleons von Utrecht vom 23. 1. 1808, §§ 3 und 4 (holländisch).
191 „Die bremische Fischerei in der französischen Zeit" von B. Klevenhusen, in Bremer Nachrichten vom 21. 11. 1914: Erlaß derartiger Bestimmungen am 22. 4. 1813; vgl. Akten des Fischereiamtes Bremen 1812 bis 1814.
192 N.K.P., Vol. I., S. 166 bis 170.

Preuß. Statistik XXX, Bln. 1875, S. 325.
I.G.N., S.B.A., Schiffslisten.
Berichte der Handelskammer von Ostfr. u. Papenburg 1871 bis 1914.
Lindemann: Beiträge zur Statistik d. Deutschen Seefischerei, Bln., 1888, S. 70.
Dittmer, a.a.O., S. 27, Reins, a.a.O., S. 88.
Max von dem Borne: Die Fischerei-Verhältnisse d. Deutschen Reiches . . . . ., Bln. 1882, bearb. im Auftrage d. Deutschen Fischerei-Vereins.

193 N.K.P., Vol. I., S. 190 bis 195.
194 Dittmer, a.a.O., S. 27.
195 St.A.A., I.S., G., Nr. 28 Ministerial Rescript v. 23. III. 1819.
196 St.A.A., I.S., G., Nr. 28, Nr. 3255 vom 5. III 1820.
197 Reins, a.a.O., S. 88.
198 Reins, a.a.O., S. 88.
199 Unter Benutzung von Reg.-A., F.S., I D 20 u. 67 —
  P.V.N., spec., S. 7.
  Heinrich Meyer: Ostfriesland, Leer 1868, S. 253 (Tab. 4, Anhang).
200 Der Fischerbote V., 11, S. 463 ff.
201 Dr. Lübbert Eiken Lübbers: Ostfr. Schiffahrt u. Seefischerei, Ergänzungsheft VII der Zeitschrift für die gesamte Staatswissenschaft. Tübingen 1903, S. 99: für die Zeit vor Mitte des Jahrhunderts im Durchschnitt jährlich 12 000 Zentner Schellfisch u. Kabeljau. —
  Ferner: Der Fischerbote V. 11. S. 465: „Die Schaluppen der Norderneyer u. Helgoländer Fischer lagen oft in so großer Zahl in der Nähe der heutigen Kaiserbrücke (Bremen), daß sie fast das Fahrwasser versperrten."
202a Eisenbahndirektion Münster, Ostfriesland, Güterverkehr 1886/87 (Tab. 5, Anhang).
202b Nach den Jahresberichten der Handelsk. f. Ostfrld. u. Papenburg. (1867 bis 1887.) (Tab. 6, Anhang.)
204 Adam Smith, An inquiry into the nature and causes of the wealth of nations, London, George Routledge and Sons 1893, SS. 39, 114, 115, 173, 174, 189, 190: Er erblickt in ihnen eine Warengattung, deren Preis (natürlicher Preis) sich regelmäßig in dem Arbeitslohn und dem Kapitalgewinn auflöst. Ferner hält er den Seefisch als Beispiel einer Warengattung, welche sich nur beschränkt durch Fleiß — je nach der Nachfrage — vermehren läßt oder deren Vermehrung unsicher sei. Infolgedessen hält er den Zusammenhang der Fischproduktion mit dem Stande der Kultur für ungewiß.
205 Hinsichtlich des Einflusses der Produktionskosten auf das Angebot und auf den Marktpreis vgl. die allg. Untersuchungen bei Schmoller, Bd. II., S. 153 ff.
206 Vgl. hierzu Lexis, „Preis und Preisbildung" im Wörterbuch d. Volksw. Nr. 4, und Wagner, „Grundlegung d. pol. Ökonomie, 3. Aufl. I, 1, S. 340.
207 Johannes Kleinpaul, Wanderungen in Ostfriesland, Berlin 1909, S. 233 bis 234.
208 Heinrich Sieveking, Grundzüge der neueren Wirtschaftsgeschichte. Leipzig u. Berlin 1921, S. 12.
209 Nach Zolltarifgesetz vom 25. XII. 1902 sind frische Seefische zollfrei. Die Einschränkungen für Salzheringe, Breitlinge, Austern, Hummern usw. hatten für die Norderneyer Fischer keine Bedeutung.
210 Dr. Lindemann: Beiträge zur Statistik der Deutschen Seefischerei. Berlin 1888. — Nach einem in der niederländischen Fischereizeitung „Vlaardingsche Courant" vom 7. 1. 88 enthaltenen Bericht wurden in Ymuiden vergleichsweise bedeutend höhere Preise erzielt. (Tab. 8, Anhang.)
211 Aufgestellt nach der kleinen Flugschrift der Ostfr. Küstenfischerei GmbH. Norddeich: Die Entwicklung der ostfr. Fischerei von 1880 bis 1920, Norden 1920, S. 1 ff.
212 Chr. Grotewold, Die Deutsche Hochseefischerei in der Nordsee. Stuttgart 1908, S. 220 ff: Die sozialen Zustände in der Hochseefischerei auf frische Fische, 1. Die Angelfischerei.
213 Der Fischerbote, III. Jahrg., Nr. 10, S. 314.
214 Circular des Deutschen Fischerei-Vereins Nr. 7, 1875, S. 394.

215 Vgl. O. Krümmel, Versuch einer vergleichenden Morphologie der Meeresgründe. Leipzig 1879.

216 Lübberts. Ostfrieslands ... a.a.O.
Dittmer: a.a.O., S. 28.
Der Fischerbote, Jahrg. III, Nr. 7, S. 213 ff, Prof. Dr. Ehrenbaum, Hamburg: Der angebliche Rückgang der Nordseefischerei.
Derselbe: Die Abwendung der Fischer von dem schweren Beruf, weil ihnen die Möglichkeit eines leichten Verdienstes sich bietet, meist im Badeleben. In: Der Fischerbote, Jahrg. XII, Nr. 4, S. 89 ff.

217 Mitt. d. Deutschen Seefischerei-Vereins, Bd. XI, Nr. 5, S. 117.

218 Grotewold, a.a.O., S. 74: ders., Die Lage der deutschen Hochseefischerei. In: Jb. f. Deutschlands Seeinteressen, hrg. von Nauticus, Stuttgart 1909.

219 Charles de Zutterer: Enquête sur la pêche maritime en Belgique. Étude économique de la pêche maritime, Bruxelles 1909. (Behandelt die sehr ähnlichen Verhältnisse der Ostender, Blankenberger u. a. Fischer.)

220 Paul Paulsen, Die Hochseesegelfischerei von Finkenwärder und Blankenese, Pinneberg 1911, S. 31 ff.

221 Die Angaben sind entnommen aus: The Fisherman's nautical Almanach for 1908 by O. T. Olsen, Grimsby. — Norsk Fiskeralmanach 1908. Utgived af Seloskabet far de norske Fiskeries, Frumme 1908. Deutscher Seefischereialmanach 1908. — Journal officiel de la Republique Française. — Kollegie voor de Zeevisscheryen in Holland. (Tab. Nr. 9 u. 10, Anhang.)

223 H. Lübbert: Die Einführung von Motor und Scheernetz in die deutsche Segelfischerei. Abhandlungen des Deutschen Seefischerei-Vereins Bd. VIII, Bln. 1906, S. 132 bis 137.

224 Norderneyer Bd.-Ztg., 23. Jahrg., Nr. 42; 29. Jahrg., Nr. 64; 30. Jahrg. Nr. 70; Finkenwärder Nachrichten vom 13. 4. 97. — Cuxhavener Tageblatt v. 7. 12. 1900: Der Schellfischfang der Helgoländer einst u. jetzt.

225 Der englische Fischereidirektor Joffre hat für die Jahre 1893 folgende Schätzung gemacht: Es wurden von engl. Fischdampfern 14 000 Tonnen Jungschellfische gefangen und an den Markt gebracht. 800 Fische auf den Zentner gerechnet, ergeben 224 Millionen kleine Fische in einem Monat. Auf dem Londoner Fischmarkte zu Villingsgate wurden von 1883 bis 1893 im ganzen 721 Tonnen od. 14 420 Ztr. untermäßiger Fische vernichtet, da sie unverkäuflich waren. (Norderneyer Bade-Zeitung, 29. Jahrg., Nr. 64.)

226a F. G. Aflaso, a.a.O.
Prof. Mc. Intosch, The Resources of the Sea, London 1899. Reply to the socalled critism and analysis of Prof. Mc. Intosch on trawling and trawling investigations by a correspondent, Aberdeen 1899. — Thomas W. Fulton (Dozent für die wissenschaftliche Untersuchung von Fischereiproblemen an der Universität von Aberdeen): The Sovereignity of the Sea, Edingburgh and London 1910. Im Schlußkapitel schreibt er: Der Aufschwung der enormen Zunahme d. Grundschleppnetzbetriebes in der Nordsee (er bringt umfangreiches Zahlenmaterial) brachte durch die zunehmende Intensität der Befischung eine Verschlechterung der Fischgründe und eine Entfischung der Küstengewässer.

226b Ehrenbaum: Hollands Stellung zur Frage der Überfischung der Nordsee. In: Mitt. d. Deutschen Seefischerei-Vereins, 1895, S. 10. — In dem Bericht des Collegie voor de Zeevischeryen in Holland 1878 heißt es: „Die schlechten Resultate sind der englischen Schrobnetzfischerei an der Doggerbank zuzuschreiben. Die entsetzliche Vernichtung von jungem Fisch, welche der Gebrauch von Schleppnetzen mit sich bringt, führt zur Verarmung der Fischbezirke, und ist dem so, dann wird der Nachteil in der Zukunft viel größer werden. Noch ärger ist der Zustand für die Fischerei in der unmittelbaren Nähe der Küsten. — Journal officiel de la Republique Française. 27. année. Nr. 55, S. 1075 bis 1079 (Prof. A. Giard u. George Roché). —

226c Norderneyer Bade-Zeitung, Nr. 64, 28. Jahrg.: Norderney, 8. 5. 96. Am letzten Dienstag wurden zwei hiesige Fischer dadurch geschädigt, daß ein englischer Fischdampfer, trotzdem ihm durch Zeichen zu verstehen gegeben war, die Stelle zu vermeiden, in ihre ausgelegten Angelleinen hineinfuhr, welche dadurch in Verlust gerieten. Die Marinestation in Wilhelmshaven wurde hiervon verständigt und sandte sofort zwei Torpedoboote zum Schutz. Am Mittwochabend gelangte auch das mit der Fischerei-Aufsicht betraute Kanonenboot S.M. Schiff „Meteor" hier an. Trotzalledem wurde am Donnerstag abermals ein hiesiger Fischer in der obigen Weise ebenfalls von einem englischen Fischdampfer geschädigt und der Schaden soll nicht unbedeutend sein . . .

227 Henking, Befischung der Nordsee durch deutsche Fischdampfer, Hannover 1901.
228 Veröffentlicht in den Mitt. des Deutschen Seefischerei-Vereins.
229 R.A., F.S., I. D., Nr. 20, Vol. II. (Jahresbericht 98.)
230 P.V.N., spec., S. 7 (jährliche Nachweisungen).
231 Norderneyer Bade-Ztg., Jahrg. 31, Nr. 48.
232 A.A., F.S., I 4441, Erlaß v. 19. 3. 1889: 1) Jährliche Beihilfe von (für jeden Fischer) 200,— Mk.; 2) Fangprämien; 3) 135,— Mk. jährlich für Netzstrickschule; 4) 200,— Mk. für verloren gegangene Netze; 5) 45 bis 50 Mk. für einen Eiskühler pro Schiff. — Die allgemeinen Gesichtspunkte über die Mittel zur Hebung der Seefischerei finden sich bei Dr. Goldschmidt: Die deutsche Seefischerei in der Gegenwart und die Mittel zu ihrer Hebung. Berlin 1911. S. 155 ff.
233 Mitt. d. Sektion f. Küsten- u. Hochseefischerei Nr. 5/6, 1893, S. 173.
234 Reg.A., F.S., Nr. 67.
235 Im Jahresbericht des Oberfischmeisters für Ostfriesland heißt es für 1907 u. 1908: (Reg.A., Nr. 67, F.S.): „Damit dürfte dieser früher so ergebnisreiche und einträgliche Fischereibetrieb endgültig von der Liste zu streichen sein, da wohl kein Fischer mehr sich dazu verstehen wird, diesem unrentablen Geschäft seine Zeit nutzlos zu opfern. Es kann wohl ruhig die Behauptung aufgestellt werden, daß die Dampffischerei an dem Verfall der Angelfischerei in der deutschen Bucht den größten Anteil hat." — Desgl. für das Jahr 1909: „Die Angelfischerei der Nordsee gehört endgültig der Vergangenheit an."
236 Nach den Jahresberichten der Handelskammer von Ostfriesland und Papenburg. (Tab. 13, Anhang.)
237 Zusammengestellt nach den Jahresberichten des Oberfischmeisters, R.A., F.S., I. D. 20, Vol. II und 67. (Tab. 14, Anhang.)
238 1 = günstiges   Ergebnis
    2 = gutes   Ergebnis
    3 = genügendes Ergebnis
    4 = schlechtes Ergebnis
    5 = völlig ungenügendes Ergebnis. (Tab. 14, Anhang.)
240 R.A., F.S. I. D. Nr. 20 u. 67 (Jahresnachweisungen). (Tab. 16, Anhang.)
241 Der Krieg wirkte schonzeitartig. Ab 1919 ist der veränderte Markwert zu berücksichtigen, vgl. Mitt. d. D. Seefischerei-Vereins Nr. 5 u. 6, Jahrg. 1922, Henking: „Die Wirkung des Krieges auf den Fischbestand der Nordsee", Hannover und „Die Tide", Monatsschrift für Nord-, Ost- und Westfriesland. Oldenburg, Friesische Inseln u. Helgoland, H. 7, Jahrg. 5, 1922, S. 342. (Tab. 16, Anhang.)
242 Hargitt, The early Developement of Endendrium. In: Zoolog. Jahrbücher, Abt. f. Morphol, Bd. 20.
    Allmann, A Monograph of the Gymno blastic or Tubularian Hydroits. London 1871.
    Varenne, Recherches sur la réproduction des Polypes hydraires. In: Archives de Zoologie expérimentale et générale de Henry de Lacaze-Duthiers. Bd. 10, 1882.

243 Hamann, Der Organismus der Hydroidpolypen. In: Jenaische Zeitschrift für Naturwissenschaften. Jena 1882.
244 Decker: Seemoos. In Mitt. d. Deutschen Seefischerei-Vereins, Bd. XIV, 1898.
245 In die Seefischereistatistik d. Kaiserl. Stat. Amtes ist dieses Seefischereiprodukt leider nicht aufgenommen. Es war daher nicht möglich, exakte Zahlen über den Ertrag dieses Seefischereizweiges zu erhalten.
247 Vgl. Helgoland.
248 Jahrbuch d. Norddeutschen Lloyd von 1921.
249 I.G.N., S.B.A., Schaluppenfahrten. St.A.A., I.S., I.N., S.B.A., Nr. 352.
250 I.G.N., S.B.A., Taxen, u. St.A.A., I.S., I.N., S.B.A., Nr. 352.
251 Bismarckbriefe 1836 bis 1872, 6. Aufl., hrg. von H. Kohl, Bielefeld u. Leipzig 1897, I. Abt. Nr. 11 (Norderney, den 8. 8. 1844, an seinen Vater und den 9. 9. 1844 an seine Schwester gerichtet).
252 Vgl. Moderne Kunst, Bd. X, Bln. 1896, S. 137.
253 P.V.N., spec., S. 2.
254 Die eigentümliche Fangtechnik der Insulaner ist beschrieben in den Mitt. d. Dtsch. Seefisch.-Vereins, Bd. XXVIII, Nr. 8, 1912, S. 245 bis 258, bes. S. 251, II., Seehundsjagd von W. Kulper.
255 Zusammengestellt nach den amtlichen Taxen für die Badezeit, P.V.N., spec., S. 2; Adreßbücher u. T.-Führer.
256 Über die geschichtliche Entwicklung des Badewesens vgl.: Rhätus, Die moderne Reisewelt. Leipzig-Davos 1917.
257 Die erste Schrift hierüber: Russel, de usa aquae marinae in morbis glandularum (Über den Gebrauch des Meereswassers bei Drüsenkrankheiten), London 1751. Vgl. Berenberg, a.a.O., S. 18, Kruse, a.a.O., S. 2.
258 Joh. Gottl. Fichte: Einige Vorlesungen über die Bedeutung des Gelehrten, Jenaer Vorlesung 1794, Bd. 127 e der Philos. Bibl. Leipzig 1922, V. Vorlesung, S. 52 ff.
259 A. Wäber, Zur Geschichte des Fremdenverkehrs im engeren Berner Oberlande (von 1763 bis 1835). In: Jb. d. Schweizer Alpenclubs, Jahrg. 39.
260 R. Russel: „Dissertatio de tabe glandulari sive de usa aquae marinae in morbis glandularum." Oxford 1753.
White, On the use and abuse of seawater; London 1775 bis 1793.
R. Kentisch, Essay on sea-bathing and the internal use of seawater, London 1775.
261 Kruse, a.a.O., S. 2.
262 Lichtenberg, J. Chr.: Warum hat Deutschland noch kein großes öffentliches Seebad? Ges. Werke II, Hannover 1792 und Göttinger Taschenkalender 1793. Hufeland: Über die Natur und Heilart der Skrofelkrankheit. Bln. 1795 und Die Kunst, das menschliche Leben zu verlängern. Bln. 1796. — v. Vogel, Samuel Gottlieb: Über den Nutzen und Gebrauch der Seebäder. Stendal 1794.
263 St.A.A., I.S., I.N., S.B.A., Nr. 1 (auch die folgenden Ausführungen sind obiger Akte entnommen).
264 Reins, a.a.O., S. 40.
265 Reins, a.a.O., S. 41.
266 St.A.A., I.S., I.N., S.B.A., Nr. 1.
267 St.A.A., I.S., I.N., G.S., Nr. 8, 10.
268 Richter, a.a.O., S. 29.
269a Kruse, a.a.O., S. 52, 53.
269b St.A.A., I.S., N., holländische Akten
    Nr. 22 het Eyland Norderney 1808
    Nr. 23 de Landmannen op het Eyland Norderney 1809
    Nr. 24 Vogtdienst 1810
u. St.A.A., I.S., I.N., S.B.A., Gebäude C, Nr. 1.
270 Wiarda, a.a.O., II., S. 810.
271 St.A.A., I.S., I.N., S.B.A., Nr. 189.
272 St.A.A., I.S., I.N., S.B.A., Nr. 381.
273 St.A.A., I.S., I.N., G.S., Nr. 7, 8, 11, 14, 19, 22.
274 St.A.A., I.S., I.N., S.B.A, Nr 210.

275 Die Baukosten betrugen 93 000,— Mk.
276 Wilhelm und Caroline von Humboldt in ihren Briefen 1820 bis 1835, VII. Bd. (Reife Seelen) Bln. 1916, S. 366.
277 St.A.A., I.S., I.N., S.B.A., Nr. 4, Vol. I. —
Saisonberichte der Kgl. Hann. Badecommissaire über die Jahre 1842 bis 1846, 1848 bis 1851, 1861 im Stadtarchiv Norderney.
278 Jede der 12 Buhnen erforderte einen Kostenaufwand von etwa 90 000,— Mk. Das laufende Meter der 2 km langen und 8 m breiten Strandmauer erforderte 385,— Mk (insgesamt etwa 6 Millionen Mk.).
279 Vgl. Kruse, a.a.O., S. 62.
280 Th. Mommsen, Römische Geschichte, II. Bd., 7. Aufl., Bln. 1881, S. 402.
281 Vgl. Mervillieux, Amusements des Eaux de Schwalbach, des Bains de Wiesbaden et de Schlangenbad. Liège 1738.
282 Otto, Geschichte der Stadt Wiesbaden, Wiesbaden 1877, S. 134.
Berenberg, Das Nordseebad Norderney, Norden u. Norderney 1895, S. 19.
A. W. von Schlegel in seinem „Umrisse, entworfen auf einer Reise durch die Schweiz", veröffentlicht in den „Alpenrosen" auf das Jahr 1813. Zitat von W. A. B. Coolidge, Jubiläumsschrift 1905.
283 St.A.A., I.S., I.N., S.B.A., Nr. 1 und 235.
284 Die wichtigsten Streitschriften gegen das Spiel waren: a) die Mystères des grünen Tisches oder der europäische Upon Upas. Gießen 1845. Von einem Anonymus (Upas ist der „vegetarische Tiger", ein Baum auf der Insel Java, der jeden Organismus, auch Menschen und Tiere, durch Aushauchung von giftigen Dünsten tötet). — b) E. Pall, Enthüllungen aus Bad Homburg, übersetzt von Freiherr von Biedenfeld, Weimar 1856. c) In gemäßigterem Tone: Sylva: Fort mit den Spielbanken! Ein Losungswort unserer Zeit. Baden-Baden 1867. d) Vgl. später von Heckel, Art. Spielbanken im Wörterbuch der Volkswirtschaft, I. Aufl., Bd. 2, S. 589.
285 St.A.A., I.N., S.B.A., Nr. 1, 3, 59, 235.
286 St.A.A., I.S., S.N., S.B.A., Nr 4
287 St.A.A., I.S., S.N., S.B.A., Nr 244.
288 St.A.A., I.S., I.N., S.B.A., Nr. 9 u. 4.
289 St.A.A., I.S., I.N., S.B.A., Nr. 244.
290 St.A.A., I.S., I.N., S.B.A., Nr. 128, 244.
291 v. Halem, a.a.O., 1815, S. 21.
292 St.A.A., I.S., G., Nr. 26.
293 Es waren 1816 auf

Juist	110 Schafe	— Hammel
Norderney	240 Schafe	1 Hammel
Baltrum	130 Schafe	— Hammel
Spiekeroog	190 Schafe	2 Hammel

294 St.A.A., I.S., I.N., S.B.A., Nr. 1, Vol. III.
295 St.A.A., I.S., I.N., S.B.A., Nr. 244.
296 St.A.A., I.S., I.N., S.B.A., Nr. 4
297 St.A.A., I.S., I.N., S.B.A., Nr. 244.
298 Auricher Zeitung, 48. Stück vom 15. 6. 1819.
Vgl. Berenberg, a.a.O., S. 20 bis 21.
Vgl. Kruse, a.a.O., S. 71, v. Halem (1822), a.a.O., S. 177.
299 St.A.A., I.S., I.N., S.B.A., Nr. 1, Vol. VI. (Tab. 18, Anhang.)
300 Aufgestellt nach den einzelnen Gesuchen der Insulaner.
St.A.A., I.S., I.N., S.B.A., Nr. 212, 245. (Tab. 18, Anhang.)
301 St.A.A., I.N., G., Nr. 38.
302 v. Halem, a.a.O., 1822, S. 177.
303 Zusammengestellt nach den einzelnen Gesuchen: St.A.A., S.N., G., Nr. 38 u. St.A.A., I.S., I.N., S.B.A., Nr. 245 u. St.A.A., I.S., I.N., S.B.A., Nr. 357, Vol. I. u. II. (Tab. 19, Anhang).
304 v. Halem, a.a.O., S. 178.
305 St.A.A., I.S., I.N., S.B.A., Nr. 245, Vol. II.
306 I.G.N., S.B.A., Taxen II.
307 St.A.A., N., G.S., Nr. 8.

308 Es kostete 1822:
   1 Pfd. Seife   in Norderney   7 Stüber, in Norden   5 Stüber
   1 Pfd. Pottasche   in Norderney   12 Stüber, in Norden   8 Stüber
   1 Pfd. Kandis   in Norderney   24 Stüber, in Norden 19—20 Stüber
   1 Pfd. Syrup   in Norderney 4—6 Stüber, in Norden   3 Stüber
   1 Pfd. Tee   in Norderney   4 hfl.   in Norden   3—4 hfl.
   1 Pfd. Pflaumen   in Norderney 5—6 Stüber, in Norden   3 Stüber
   d. h. 15, 20, 30 %/o teurer. (St.A.A., I.N., G., Nr. 8.)
309 St.A.A., N., G.S., Nr. 7.
310 St.A.A., N., G.S., Nr. 8.
311 Im Jahre 1854 kamen als Manufakturwarenhändler nach Norderney: Meyer, Gebr. Koppel, Salomon Weinberg, nach Baltrum: Rosette Cohen.
312 St.A.A., N., G.S., Nr. 8.
313 W. Sombart, a.a.O., S. 118.
314 St.A.A., I.N., G.S., Nr. 10.
315 Amt Berum, Nr. 1280, v. 6. 3. 1840.
316 St.A.A., I.N., G.S., Nr. 10.
317 St.A.A., I.S., I.N., S.B.A., Nr. 204.
318 Die Badeverwaltung war sich bereits im Jahre 1830 des Fehlens geeigneter Gastwirtschaften bewußt und erließ Bekanntmachungen im Auricher Amtsblatt, um fremde Wirte heranzuziehen; jedoch ohne Erfolg.
319 I.G.N., S.B.A., 1864: „Es sind horribile dictu im vorigen Jahre 100 Oxhöft Brandwein auf Norderney vertrunken, das macht bei 1100 Seelen Bevölkerung auf 11 Seelen, Weiber u. Kinder mit eingerechnet, 1 Oxhöft, u. wenn vielleicht der 10. Teil an Badegäste u. fremde Arbeiter abgeht, so haben durchschnittliche 12 Norderneyer 1 Oxhöft (220 l) getrunken."
320 St.A.A., I.S., I.N., S.B.A., Nr. 65; I.G.N., S.B.A., u. G.S. (hann. Zeit.)
321 St.A.A., I.N., G.S., Nr. 22: Nach der Verordnung v. 11. 8. 1819, § 11 d. Wiederherstellung d. Zünfte betr. Uhrmacher auf dem platten Lande nicht konzessioniert werden sollen.
322 St.A.A., I.S., I.N., S.B.A., Nr. 67.
323 St.A.A., I.S., I.N., S.B.A., Nr. 5.
324 St.A.A., N., G.S., Nr. 19.
325 St.A.A., I.S., I.N., S.B.A., Nr. 1.
326 St.A.A., I.S., I.N., S.B.A., Nr. 351.
327 St.A.A., I.S., I.N., S.B.A., Nr. 1.
328 I.G.N., K.F.W.-Stiftung.
329 R.A., N., a., M., 5., Vol. I.—III.
330 St.A.A., I.N., G.S., Nr. 8.
331 St.A.A., I.S., I.N., S.B.A., Nr. 67 (ebenfalls die nachfolgenden Angaben).
332 St.A.A., I.S., I.N., S.B.A., Nr. 1 u. 121.
   N.K.P., Vol. I., S.B.K.N., Statistik. (Tab. 20, Anhang.)
333 Bis zum Jahre 1849 wurden die Überschüsse zur Förderung des Badegewerbes auf der Insel od. zu fiskalischen Neubauten verwandt. Vom Jahre 1850—1866 betrugen die durchschnittlichen jährlichen Reingewinne 214 Taler, die zu Zinszahlungen der aufgenommenen Schulden verwandt wurden.
334 R.A., N., a., Nr. 92. (Tab. 21, Anhang.)
335 R.A., Gem.-S., Ämter Berum u. Norden, G. et Varia, I., G., Nr. 22.
336 Gemenderegulativ v. 15. 6. 1844, Strandungsordnung v. 24. 6. 1846, Gesetz ü. d. Landgemeinden v. 4. 5. 1852.
337 Brösike: Die Bäder u. Heilquellen im preußischen Staate von 1896 bis 1900. In: Zeitschrift des Kgl. Preuß. Statist. Bureaus. 43. Jg., Bln. 1903, S. 118. — Am stärksten ist der Besuch der Seebäder innerhalb d. Jahre 1880 bis 1900 gewachsen. In dieser Zeit hat er sich verzehnfacht. Am meisten stieg die Frequenzziffer d. Nordseebäder, von 1880 bis 1900 fast um das 20fache. Während die Frequenz d. Seebäder im Jahre 1880 noch nicht den 8. Teil d. Frequenz d. Mineralbäder ausmachte (23 469 gegenüber 192 394), betrug erstere im Jahre 1900 rund 70 % der letzteren (239 403 gegenüber 345 999). (Tab. 22, Anhang.)
338 R.A., N., a., M., Nr. 8, Vol. I.
339 R.A., N., a., M., Nr. 8, Vol. I. (Tab. 23, Anhang.)

340 St.A.A., I.S., I.N., S.B.A., Nr. 416.
341 I.G.N., Fiskalischer Grundbesitz N. e. 8., 1871 bis 1875.
342 Ein Etablissement von 15 Logierhäusern und einem größeren Hotel, mehreren Gärten, Tennisplätzen usw. Das Hotel ist stets an private Wirte verpachtet worden (vgl. Jahresberichte der Bremer Häuser AG.
343 R.A., Gem.S., N., I., G. 22 (Domänen).
344 Norderneyer Bade-Ztg., 25. Jahrg., Nr. 4, 7, 15.
345 Norderneyer Bade-Ztg., 25. Jahrg., Nr. 9.
346 R.A., F., Gem.S., Ndy., I.G., 22.
348 Kirchenprotokoll u. Gemeindeakten. Die Gemeinde- und Gutsbezirke der Provinz Hannover., Bln. 1873, S. 210 und: Die Bevölkerung des Preußischen Staates. Nach amtl. Materialien vom 1. Dez. 1880 von Rud. Bormann. Bln. 1882, S. 13. (Tab. 26, Anhang.)
349 I.G.N., S.B.A., Frequenz. Vergl. Stern, Album der domänenfiskalischen Bäder und Mineralbrunnen im Königreich Preußen. Bln. 1906, S. 152. (Tab. 26.)
350 und 351 Jahresberichte der Handelskammer für Ostfriesland und Papenburg. (Tab. 26.)
352 Diese wie die folgenden Zusammenstellungen sind den Fremdenlisten und Anwesenheitslisten entnommen. Als Kontrolle dienten die privaten Hauslogierbücher.
353 Die Angaben der Passanten entstammen persönlicher schriftlicher Mitteilung des Leiters der S.B.K.N.
354 Hierin sind auch diejenigen mit einbegriffen, die für einen Badeaufenthalt schon während des ganzen Jahres Rücklagen machen und dadurch für das Wirtschaftsleben der Insel während der Zeit ihres Aufenthalts als ein Teil der „wohlhabenderen" Besucher zu betrachten sind.
355 Durch eigene praktische Banktätigkeit während des Sommers auf Norderney hatte ich Gelegenheit, diese Untersuchungen an Ort u. Stelle persönlich vorzunehmen.
356 Die auf diese Art errechnete Summe der finanziellen Gesamterträge erweist sich nach persönlicher Aussage d. Leitung der S.B.K.N. im Vergleich zu deren jährlichen rohen behördlichen Schätzungen als ziemlich exakt.
357 Zusammengestellt und errechnet auf Grund der jährlichen Nachweise der Seebadekasse (R.A., N., S.B.A., Etats 1869 bis 1905. (Tab. 27, Anhang.)
358 R.A., N., S.B.A., Etats. (Tab. 28, Anhang.)
359 I.G.N., S.B.A., Etats. (Tab. 28, Anhang.)
360 K.K.Nn., S.B.K.N. (Tab. 28, Anhang.)
361 Borkum ist in kommunalem Besitz.
362 Als Durchschnittspreise errechnet nach den Prospekten der einzelnen Hotels.
363 Zusammengestellt nach I.G.N., I.H., St.L., G.B. d. A. Nn., Fremdenführer, Norderney 1900, 1914, Enquêten u. Umfragen.
364 I.G.N., I.H., St.L., G.B.d.A. Nn., Fremdenführer, Norderney 1900, 1914, Enquêten u. Umfragen.
365 Als Durchschnittspreis errechnet nach einigen Prospekten und auf Grund persönlicher mündlicher Umfragen und schriftlicher Mitteilungen.
366 Den nachfolgenden Berechnungen sind die Ergebnisse mündlicher und schriftlicher Umfragen zugrundegelegt.
367 Persönliche Umfragen.
368 I.G.N., I.H., St.L., G.B.d.A. Nn.
369 Zusammengestellt nach I.G.N., St.L., G. (Tab. 29, Anhang.)
373 Rykena, a.a.O., S. 36; Reins, a.a.O., S. 69.
374 Pf.A.N., Synodalbericht vom 28. 10. 1866.
375 Pf.A.N., Synodalbericht vom 19. 7. 1875.
376 N.K.P., 1867 bis 1885.
377 Sch.N., 1864, 1875.
378 Pf.A.N., Sitzungsprotokoll vom 2. 9. 1875.

379 Pf.A.N., Synodalbericht vom Jahre 1878.
380 Berenberg, a.a.O., Pf.A.N., Synodalbericht v. 17. 9. 1914.
381 Pf.A.N., Synodalbericht v. 19. 7. 1914. (Rückblicke über die letzten fünfzig Jahre.)
382 und 383 Pf.A.N., Synodalbericht v. 19. 7. 1914.
384 Heinr. Heines Werke, hrg. von E. Kalischer und R. Pissin, Bln., Leipzig 1914. V., S. 85 ff. (Die Nordsee, Norderney.)
385 u. 386 Über die Bedeutung der Kirche für die Wirtschaft und das Gemeinschaftsleben der Insel gibt die von Pastor Börner verfaßte Schrift: „Das evang. Gemeindehaus mit Hospiz auf Norderney" (Norden u. Norderney 1909) ausführlichen Aufschluß.
387 Dr. C. Haeberlin, Der Rückgang der seemännischen Bevölkerung auf den Nordfriesischen Inseln. Husum 1906.
388 Dr. Sköllin, Aktive maritime Berufstätigkeiten, Thünen-Archiv I. Bd., 1906.
389 Charles de Zutterer, a.a.O.
390 Dr. Lübbert Eicken Lübbers: Ostfrieslands Schiffahrt u. Seefischerei, Tübingen 1903. — In: Zeitschrift für die gesamte Staatswissenschaft. S. 101 ff. (Über den Norderneyer Frischfischfang.)
391 Fr. Ratzel, Das Meer als Quelle der Völkergröße, Eine politisch-geographische Studie, München u. Bln. 1919, S. 22.
392 Norderneyer Bade-Ztg., 34. Jg., Nr. 82. Wilhelmshavener Ztg., 16. Jg., Nr. 173.
393 Vgl. Sköllin: Aktive maritime Berufstätigkeiten, Thünen-Archiv I. Bd., 1906, S. 244: (In bezug auf Warnemünde): „Gerade das Badeleben hat als Ansporung zur Betreibung der Fischerei wirken müssen; denn durch die außerordentlich rege Nachfrage nach Fischen während der Saison werden den Fischern verhältnismäßig hohe Preise gezahlt.
394 Sch.N., Fischereiklasse d. Fortbildungs-Schule 1895.
395 So besonders in der Unterweisung in der Kenntnis der Seekarte, im Navigieren außer Sicht der Küste, Gebrauch des Spiegel-Oktanten, der Rettungsmittel, im Sturmwarnungswesen, Seewegerecht, in der Führung des Schiffsjournals usw.
396 R.A., F.S., Nr. 67.
397 Norderneyer Bade-Ztg., 29. Jahrg., Nr. 43 (Generalversammlungsbericht des Fischereivereins für den Kreis Norden).
398 R.A., F.S., Nr. 67.
399 Thies, a.a.O., S. 294 f.
400 Haeberlin, a.a.O., S. 12.
401 Das Zollvereinsblatt. Redigiert von List. Nr. 2. Vom 8. 1. 1843. S. 17 bis 19: „O! ihr Büchermacher, wie ihr euer Land und Volk kennt! Möchte doch einer von euch in die noch unentdeckten Gegenden an der Nord- und Ostsee zu reisen wagen und sich die Länder und ihre Bewohner beschauen und ihr Tun und Treiben, ihr Leben und Weben beobachten und euch schulgerechte Tabellen darüber anfertigen, wieviele junge Leute hinausziehen in den Seedienst aller Länder und Weltteile, weil die einheimische Schiffahrt ihrem Drang und Sehnen nach dem Leben und den Gefahren der See keine Befriedigung gewähren kann; wieviele zu Hause bleiben, denen kein Beruf lieber wäre als der Seedienst, könnten sie in der vaterländischen Schiffahrt Unterkunft finden, welches Geschick, welche Lust und Kraft diese Leute zum Seedienst besitzen, und wieviele Schiffe zu bemannen wären, und wieviele tüchtige Kapitäne..." (Vgl. Volksw. Quellenbuch von Fr. G. Mollat, Osterwieck 1913, 5. Teil, IV., 6., S. 572.)
402 1868 wurden auf den Eisenbahnen Deutschlands pro km Betriebslänge 202 900, im Jahre 1903 dagegen 421 372 Personenkilometer geleistet. (Vgl. Bd. 24 d. Stat. d. Reichs-Eisenbahnamtes. Lotz, Die Verkehrsentwicklung in Deutschland 1800 bis 1900, Leipzig 1906, S. 23.
403 Rehm im Hdb. d. Staatswissenschaften, III. Bd., S. 126. (Vgl. B.G.Bl., S. 55.)
404 Sombart, Die Juden und das Wirtschaftsleben, Bln. 1921, Kap. 4, S. 30.
405 Vgl. Stat. Büro, Bln. 1875 a.a.O., S. 210. Rud. Bormann, a.a.O., S. 13.
406 Diese Ergebnisse wurden nach mündl. Umfragen u. Angaben zusammengestellt.

407 Überall auf der Insel Borkum, im Stadtwappen, in den Kirchensiegeln, auf dem Papiergeld aus der Inflationszeit und in vielen Insulanerhäusern findet sich dieser Spruch „Mediis tranquillus in undis" = „Ruhig inmitten der Wogen". Über den Ursprung oder die Herkunft gibt es nur Vermutungen.
408 Aus den Angaben des Reichsamtes des Innern: Statistische Übersicht über die deutschen Fischereifahrzeuge, welche in der Nordsee außerhalb der Küstengewässer Fischerei betreiben (in den Mitteilungen des Deutschen Seefischerei-Vereins, 17. Jahrgang).

Literaturverzeichnis

A f l a s o , F. G.: The Sea-Fishing Industry of England and Wales. — London 1904.
A r e n d s , Friedr.: Beschreibung der Landwirtschaft in Ostfriesland und Jever. — Emden 1818.
B e r e n b e r g , Carl: Die Nordsee-Inseln an der deutschen Küste nebst ihren See-Badeanstalten. — Hannover 1895.
B e r e n b e r g , Carl: Das Nordseebad Norderney. — Norden u. Norderney 1895.
B e r t r a m , Joh. Friedr.: Geographische Beschreibung des Fürstentums Ostfriesland und angrenzenden Harlingerlandes. Mit Zusätzen v. C. H. Normann. — Aurich 1787.
B o r n e , Max von dem: Die Fischerei-Verhältnisse des Deutschen Reiches. — Berlin 1882.
B r i n n e r , Ludwig: Die deutsche Grönlandfahrt. Hrsg. von Dietr. Schäfer. Bd. VII: Die Erschließung des Nordens für den Walfischfang. In: Hans. Geschichtsbl. 1912. — Berlin 1913.
C r o m e , P.: Strandrecht: In: Neues Journal für Staatskunde und Politik. — Gießen 1793.
D e d e r i c h , M.: Die Feldzüge des Drusus und Tiberius in das nordwestliche Germanien. — Köln 1869.
D i t t m e r , R.: Die Deutsche Hochsee-, See- und Küstenfischerei. — Hannover u. Leipzig 1902.
D i t t m e r , R. u. R. E. L i n d e m a n n : Die arktische Fischerei der deutschen Seestädte 1620 bis 1868. — Gotha 1869.
E h r e n b e r g : Die Seefahrt im Leben der Völker. — Berlin 1900.
E s s l i n g e r , C.: Das Postwesen in Ostfriesland in der Zeit von 1744 bis 1806. — Aurich 1908 = Abh. u. Vortr. z. Geschichte Ostfrieslands. H. 8, 9.
E u c k e n , R.: Lebenserinnerungen, ein Stück deutschen Lebens. — Leipzig 1921.
F a b e r , Martin: Charte der ostfriesischen Seeküste. — Emden 1642.
F r e e s e , J. C.: Ostfriesland und Harlingerland. — Aurich 1796.
F r i e d r i c h , Edmund: Die deutschen Kurorte an der Nordsee. — Norden u. Norderney 1891.
F u l t o n , Thomas, W.: Sovereignity of the Sea. — Edinburgh and London 1910.
G o l d s c h m i d t : Die deutsche Seefischerei in der Gegenwart und die Mittel zu ihrer Hebung. — Berlin 1911.
G r o t e w o l d , Chr.: Die Deutsche Hochseefischerei in der Nordsee. — Stuttgart 1908.
H a e b e r l i n , C., und G o e t e r s , W.: Grundlagen der Meeresheilkunde. — Stuttgart 1954.
H a e b e r l i n , C.: Der Rückgang der seemännischen Bevölkerung auf den Nordfriesischen Inseln. — Husum 1906.
v. H a l e m : Die Insel Norderney und ihr Seebad. — Hannover 1815 u. 1822.
H a n s e n , C. P.: Chronik der friesischen Utlande. — Das Nordseebad Westerland. — Altena 1856.
H a r k e n r o t h , J. J.: Oostfriesche Orsprongkelykheden. — Groniegen 1731
H a v e r k a m p , L.: Die Nordsee-Insel Sylt. — Berlin 1908.
H o r s t : G.: Carte von der Insel Norderney nebst den eingerissenen Stellen. Manuskriptkarte Aurich St.A. 1739.
H o u t r o u w : Wanderungen durch Ostfriesland gegen Ende der Fürstenzeit. — Aurich 1891.

Hufeland: Über die Natur, Erkenntnis und Heilkraft der Skrofelkrankheit. — Göttingen 1774.
Huismann, B.: Die Nordseeinsel Borkum einst und jetzt. — Leer 1897.
Humboldt, Wilhelm, und Caroline von Humboldt in ihren Briefen 1820 bis 1835. — Berlin 1916.
Intosch, Mc.: The Resources of the Sea. — London 1899.
Kalischer, E. u. R. Pissin: Heinrich Heines Werke. — Berlin u. Leipzig 1914.
Kleinpaul, Johannes: Wanderungen in Ostfriesland. — Berlin 1908.
Körte, Wilh.: Einleitung zu den Sprichwörtern der Deutschen. — Leipzig 1837.
Krause: Die Insel Amrum. Eine Landeskunde. — Stuttgart 1813.
Krümmel, O.: Versuch einer vergleichenden Morphologie der Meeresgründe. — Leipzig 1879.
Kruse, E.: Seeluft und Seebad. — Norden u. Norderney 1883.
Kruse, E.: Geschichte der Seebadeanstalt Norderney. — Norden u. Norderney 1899.
Lindemann, R. E.: Die arktische Fischerei der deutschen Seestädte 1620 bis 1868. — Gotha 1869.
Lindemann, Moritz: Beiträge zur Statistik der Deutschen Seefischerei. — Berlin 1888.
Lipsius, Justus: Litteris injuriosis contra Guestphalos. 1575.
Lotz: Die Verkehrsentwicklung in Deutschland 1800 bis 1900. — Leipzig 1906.
Lübbers, Lübbert Eiken: Ostfrieslands Schiffahrt und Seefischerei. — Tübingen 1903.
Lübbert, H.: Die großbritannische Hochseefischerei. Veröff. d. Inst. f. Meereskunde, Jg. 6, H. 5. — Berlin 1912.
Lübbert, H.: Großbrit. Fischereihäfen.
Lübbert, H.: Die Einführung von Motor und Scheernetz in die deutsche Segelfischerei. — Aurich 1906 = Abh. d. Dt. Seefischerei-Vereins. Bd. 8.
Merkel, G.: Die ostfriesische Insel Borkum. — Hannover 1860.
Meyer, Heinrich: Ostfriesland. — Leer 1868.
Meyer, Heinrich: Die Nordsee-Insel Borkum. — Leipzig 1863.
Mollat, G.: Volkswirtschaftliches Quellenbuch. — Osterwieck.
Mommsen, Th.: Römische Geschichte. Bd. II. 7. Aufl. — Berlin 1881; Bd. V: Die Provinzen von Cäsar bis Diocletian. 5. Aufl. — Berlin 1904.
Pall, E.: Enthüllungen aus Bad Homburg. — Weimar 1856.
Paulsen, Paul: Hochseeangelfischerei von Finkenwärder und Blankenese. — Pinneberg 1911.
Ratzel, Friedrich: Das Meer als Quelle der Völkergröße. (Eine politisch-geograph. Studie). — München u. Berlin 1911.
Reinke, Johannes: Die Ostfriesischen Inseln. Studien über Küstenbildung u. -zerstörung. Wiss. Untersuch. d. dt. Meere. Erg. H. 10. — Kiel 1909.
Reins, C. G.: Die Insel Norderney. — Hannover 1853.
Richter, A. L.: Die Seebäder auf Norderney, Wangerooge und Helgoland. — Berlin 1833.
Riefkohl, F.: Die Insel Norderney. — Hannover 1861.
Russel, R.: De usa marinae in moribus glandularum. — London 1751.
Salzmann, C. F.: Constants curiose Lebensgeschichte und sonderbare Fatalitäten. — Leipzig 1792.
Scherz, C. F.: Die Nordsee-Insel Borkum. — Emden u. Borkum 1883.
Schucht, F.: Die säkulare Senkung der deutschen Nordseeküste. — Geestemünde 1910. In: Jber d. Männer vom Morgenstern, Jg. 11, 1908/09.
Schucht, F.: Die Entstehung der Ostfriesischen Inseln. — Hannover 1911.
Schucht, F.: Über die Beziehungen zwischen Boden, Vegetation und Klima auf den Ostfriesischen Inseln. Sonderdr. aus: Internat. Mitt. f. Bodenkunde. — Wien, Berlin, London 1913.
Schwalm, P.: Die Nordsee-Insel Helgoland. — Berlin 1894.
Sombart, W.: Die deutsche Volkswirtschaft im 19. Jahrhundert und im Anfang des 20. Jahrhunderts. — Berlin 1921.
Sombart, W.: Die Juden und das Wirtschaftsleben. — Berlin 1921.
Smith, Adam: An inquiry into the nature and causes of the wealth of nations. — London 1893.

S i e v e k i n g , Heinrich: Grundzüge der neueren Wirtschaftsgeschichte — Leipzig u. Berlin 1921.
S y l v a : Fort mit den Spielbanken! Ein Losungswort unserer Zeit — Baden-Baden 1867.
T j a d e n , Heinrich: Ostfriesische Geschichte. — Emden 1913.
de V r i e s, J. Fr., u. Th. F o c k e n : Ostfriesland, Land und Volk in Wort und Bild. — Emden 1880.
W e s e l , A. W.: Die Nordsee-Insel Spiekeroog. — Aurich 1863.
W i a r d a , Tileman Dothias: Ostfriesische Geschichte. — Aurich 1791.
W i a r d a , Tileman Dothias: Neueste Ostfriesische Geschichte. — Leer 1817.
W ö r r i s h ö f f e r , S.: Onnen Visser, der Schmugglersohn von Norderney. — Bielefeld u. Leipzig 1921.
Z i m m e r m a n n , G. F.: Ostfrieslands Anteil an der Binnen-, Küsten- u. Hochseefischerei. — Emden 1880.
Z u t t e r e r , Charles de: Enquête sur la pêche maritime en Belgique. Étude économique de la pêche maritime. — Bruxelles 1909.

J a h r b ü c h e r , H a n d b ü c h e r , Z e i t s c h r i f t e n , Z e i t u n g e n u. a.

Ostfriesischer wöchentlicher Anzeiger. — Aurich 1748.
Auricher Zeitung. — Aurich 1819.
Jenaische Zeitschrift für Naturwissenschaften. — Jena 1882.
Vlaardingsche Courant. 1888.
Das Buch für alle. 1922.
Mitteilungen des Deutschen Seefischerei-Vereins 1872, 1898, 1912, 1922.
Der Fischerbote. / Blankenese, Jahrg. 3 u. 5.
Neues Journal für Staatskunde und Politik. — Gießen 1793.
Allgemeine Literatur-Zeitung. 1793.
Intelligenzblatt der Allg. Literatur-Zeitung. — 1794.
Reichs-Anzeiger. — 1794.
Ostfriesische Mannigfaltigkeiten. — Aurich 1784.
Annalen der Heilkunde 1770 bis 1780. — Göttingen 1774.
Das Zollvereinsblatt, redigiert von List. — 1843.
Handwörterbuch der Staatswissenschaften. — Jena 1923 bis 1929.
Wörterbuch der Volkswirtschaft. Bd. 2. — Jena 1898.
Zoologische Jahrbücher
Zeitschriften der Königl. Preuß. Statist. Bureaus. — Berlin 1873.
Mitteilungen der Section für Küsten- und Hochseefischerei. — 1893.
Preußische Statistik. Bd. 30. — Berlin 1875.
Jahresberichte der Oberfischmeister für Ostfriesland. — 1907, 1908.
Abhandlungen der Gesellschaft für Altertümer und bildende Kunst Emden. — Emden 1890, 1912.
Jahresberichte der Handelskammer für Ostfriesland und Papenburg.
Archiv für Fischereigeschichte. Darstellungen u. Quellen. — Berlin 1914.
Der Küstenfischer. Jahrg. 13, 1911.
Allgemeine Fischerei-Zeitung. — Berlin, Jahrg. 35.
Moderne Kunst. Bd. 10. — Berlin 1890.
Die Tide, Monatsschrift f. Nord-, Ost- u. Westfriesland, Oldenburg, Friesische Inseln u. Helgoland. — 1922.
Jahrbuch des Norddeutschen Lloyd. — 1929.
Finkenwärder Nachrichten.
Der Hanseat, Sondernummer Emden. — Bremen 1921.
Wilhelmshavener Zeitung, Jahrg. 16.
Cuxhavener Tageblatt.
Norderneyer Bade-Zeitung.
Bremer Nachrichten.

Tabellenanhang

Tab. 1

Bevölkerungsbewegung in den Jahren 1785 bis 1800

Jahr	Getraute Paare	Geborene			Gestorbene			Gesamtzahl der Bevölkerung
		männl.	weibl.	zus.	männl.	weibl.	zus.	
1785	3	17	13	30	7	5	12	509
1786	6	4	7	11	9	5	14	506
1787	6	10	6	16	5	5	10	512
1788	2	12	9	21	7	5	12	521
1789	3	6	9	15	6	9	15	521
1790	3	7	6	13	4	6	10	524
1791	2	11	12	23	7	8	15	532
1792	3	14	6	20	7	9	16	536
1793	5	6	10	16	5	2	7	543
1794	6	6	8	14	5	6	11	550
1795	6	3	14	17	17	13	30	537
1796	3	10	6	16	4	3	7	546
1797	3	8	14	22	1	4	5	563
1798	1	13	6	19	8	18	26	556
1799	—	11	8	19	4	4	8	567
1800	1	7	4	11	4	1	5	573

Tab. 2 (s. Seite 179)

Tab. 3 (s. Seite 180)

Tab. 4

Entwicklung und Verfall der Norderneyer Fischerei im 19. Jahrhundert (199)

Jahr	Zahl der Fischereifahrzeuge	Gesamtbesatzungsstärke	Jahr	Zahl der Fischereifahrzeuge	Gesamtbesatzungsstärke
1800	10	34	1887	66	173
1805	12	39	1889	48	154
1806	14	45	1890	47	150
1810	10	34	1891	45	144
1815	16	56	1892	45	144
1825	20	68	1893	45	141
1835	33	107	1894	42	130
1840	36	122	1895	42	123
1850	67	225	1896	40	122
1862	70	232	1897	38	117
1868	76	251	1898	37	110
1873	67	223	1900	29	89
1874	63	201	1903	18	56
1882	62	197	1912	7	25
1885	63	200	1914	7	23
1886	61	193			

Tab. 2

Die in Reihefahrt in den Norderneyer Hafen jährlich eingelaufenen Schiffe (187)

Jahr	Dampfer		Beurtschiffe	
	Zahl	Netto-raumgehalt in cbm	Zahl	Netto-raumgehalt in cbm
1871	129	4 590 *)	673	10 872 *)
1878	302	42 388	1038	62 376
1879	308	17 820	964	19 946
1880	314	18 229	1113	22 901
1881	342	22 956	1156	23 238
1882	339	23 490	1324	27 144
1883	495	39 803	1671	33 935
1884	554	44 738	2154	43 571
1885	536	46 465	1793	36 445
1886	.	.	.	.
1887	544	50 014	1617	35 526
1888	591	62 836	939	22 499
1889	553	56 948	965	28 307
1890	623	62 799	1298	26 661
1891	690	76 224	1292	26 848
1892	814	88 622	1045	23 356
1893	921	98 139	606	12 797
1894	1442	240 331	1017	24 239
1895	1088	167 150	621	14 112
1896	1067	153 314	567	13 998
1897	1306	176 064	620	14 402
1898	1180	161 407	647	14 844
1899	1353	137 553	783	18 154
1900	1355	137 667	655	15 517
1901	1425	138 159	489	10 553
1902	1590	146 297	445	9 938
1903	1496	146 303	388	9 774
1904	1761	171 793	362	9 611
1905	1995	196 969	277	8 441
1906	2252	204 292	277	8 253
1907	3569	284 415	311	7 024
1908	3579	278 754	215	5 254
1909	4197	355 582	192	4 724
1910	2448	218 000	144	4 577
1911	2296	209 460	167	3 889
1912	2240	206 604	164	4 325
1913	2238	204 766	242	5 487

*) Angabe in „Lasten", die übrigen Ziffern dieser Spalte in cbm.

Tab. 3
Die in Reihefahrt aus dem Norderneyer Hafen jährlich ausgelaufenen Schiffe *) (187)

Jahr	Dampfer		Beurtschiffe	
	Zahl	Netto-raumgehalt in cbm	Zahl	Netto-raumgehalt in cbm
1871	127	4 510 **)	674	11 044 **)
1878	302	42 388	744 (294)	48 732 (13 644)
1879	308	17 820	678 (7)	15 380 (4 363)
1880	314	18 229	725 (389)	16 477 (6 441)
1881	342	22 956	670 (489)	15 342 (8 400)
1882	339	23 490	708 (617)	16 304 (10 848)
1883	495	39 803	1072 (599)	23 235 (10 730)
1884	554	44 738	1070 (1007)	23 183 (20 454)
1885	536	46 405	1152 (641)	23 837 (10 608)
1886	.	.	.	.
1887	544	50 014	1617	35 326
1888	591	62 836	939	22 499
1889	552	56 886	964	28 889
1890	623 (4)	62 722 (326)	1291 (10)	26 614 (115)
1891	689 (3)	76 162 (252)	1286 (5)	26 750 (79)
1892	814	88 622	1040 (6)	23 283 (98)
1893	1445	240 370	605	12 781
1894	920	98 005	991 (26)	23 720 (518)
1895	1086	167 037	614	14 029
1896	1066	153 258	576	13 998
1897	1308 (6)	176 492 (474)	614 (10)	14 271 (187)
1898	1180	161 407	647 (6)	14 836 (75)
1899	1353	137 553	783 (5)	18 147 (122)
1900	1355	137 667	654	15 498
1901	1426	138 216	490	10 563
1902	1590	146 397	445	9 938
1903	1496	146 303	386	9 716
1904	1764	172 600	361	9 575
1905	1994	196 859	269	8 233
1906	2252	203 800	256 (12)	7 409 (374)
1907	3547	283 307	303 (1)	6 531 (23)
1908	3573 (15)	263 516 (1198)	208 (8)	5 083 (260)
1909	4193	355 506	175	4 279
1910	2448	221 000	188 (6)	4 413 (153)
1911	2293	20 999	163 (3)	3 891 (66)
1912	2240	20 665	150 (14)	3 953 (366)
1913	2240	20 530	223 (13)	5 001 (341)

*) Die in Klammern gesetzten Zahlen geben die Anzahl der Fahrzeuge resp. deren Ladungsgrößen an, die ohne Ladung wieder ausgelaufen sind. Sie sind den anderen Zahlen zuzuzählen. Diese Teilung ist in den Berichten nicht alljährlich gemacht worden.

**) Angabe in „Lasten", die übrigen Zahlen dieser Spalte in cbm.

Tab. 4 (s. Seite 178)

Tab. 5

Nachweis der in den Jahren 1886/87 bei der Güterexpedition der Strecke Leer—Emden—Norden zur Beförderung aufgelieferten Fische (202a)

Stationen	1887 Norderneyer Frischfische (Stück)	1886 Gesamtauflieferung (Stück)
Leer	140 360	
Oldersum	2 370	1 115 490
Emden	439 500	
Norden / Norddeich	304 550	
	886 780	1 115 490

Tab. 6

Zahl der Fischerschaluppen aus Norderney und Borkum mit Fischladungen nach Emden in den Jahren 1867 bis 1879 (202b)

Jahr	aus Norderney	aus Borkum	Jahr	aus Norderney	aus Borkum
1867	80	41	1873	37	6
1868	110	74	1874	76	16
1869	120	66	1875	59	8
1870	88	39	1876	88	29
1871	56	53	1877	91	12
1872	54	13	1879	37	1

Tab. 7

Nachweis über die Einfuhr Norderneyer Frischfische in Bremen in den Jahren 1877 bis 1886 (203)

Jahr	Norderneyer Frischfische		Gesamteinfuhr an Frischfisch	
	Menge in kg	Wert in Mk.	Menge in kg	Wert in Mk.
1877	67 477	18 791	439 355	151 445
1878	53 230	13 624	389 834	119 575
1879	39 698	12 089	325 746	123 972
1880	32 722	9 153	440 988	144 489
1881	113 093	26 880	369 911	154 600
1882	27 459	7 486	311 049	138 839
1883	74 998	18 320	411 367	180 635
1884	19 543	4 562	517 716	207 649
1885	49 940	11 781	639 723	237 826
1886	87 829	22 092	589 399	237 368

Tab. 8
Norderneyer Preisnotierungen für Schellfische 1886/87 (210)

Markttage		Preis für 100 Schellfische in Mk.	Markttage		Preis für 100 Schellfische in Mk.
1886			**1887**		
Oktober	7.	50	Mai	11.	7
	8.	30		14.	8
	9./22.	28		16./17.	11
	23./25.	23		23.	8
	29./30.	16		25./31.	7
November	1./12.	15	Juni	1./3.	6
	13./20.	16		4.	5
	22.	20		6.	4¹/₂
	23.	18		7.	4
	24.	17		8./15.	3
				16./30.	3—10
Dezember	15./19.	22	Oktober	18.	35
	20.	16		26./27.	26
	22.	12		28.	21
	31.	11		29.	18
1887				31.	18—20
Januar	8.	18	November	1./5.	18
	9./11.	16		7.	18
März	28.	50		8.	17
	31.	50		10.	13¹/₂
April	4./5.	35—40		11.	12
	9.	25		12.	12—13
	12.	20		14.	14
	13.	17		16.	16
	16.	17		18./19.	12
	18.	18		21./25.	10
	19.	19		29./30.	15
	20./22.	18	Dezember	5.	15
	23.	15		6./7.	13
	25./27.	14		12./14.	14
	28./30.	13		15./22.	15
Mai	2./3.	12		26./30.	25
	4./6.	10			
	7./10.	9			

Tab. 9 (s. Seite 183)

Tab. 10
Die internationale Fischdampferflotte im Jahre 1907 (221)

Staaten	Fischdampfer	
	insgesamt	darunter für Frischfischfang
England	2251	1750
Norwegen	248	80
Deutschland	234	230
Frankreich	202	95
Holland	114	110
Belgien	25	15
Zusammen:	3074	2280

Tab. 9

Zahl, Größe und Besatzung der deutschen Grundschleppnetz-Fischdampfer in der Nordsee 1886—1902 (408)

Jahr	Zahl der Dampfer	Gesamt-Bruttogröße		Gesamt-besatzungsstärke
		in cbm	in englischen Registertons	
1886	1	419	147.9	14
1887	2	670	236.5	23
1888	6	1 912	674.9	67
1889	10	2 927	1 033.2	109
1890	18	6 045	2 133.9	191
1891	22	7 768	2 742.1	231
1892	38	14 469	5 107.6	399
1893	59	22 365	7 894.8	609
1894	64	24 463	8 635.4	660
1895	72	29 010	10 240.5	733
1896	88	35 558	12 552.0	894
1897	103	41 675	14 711.3	1044
1898	117	48 027	16 953.5	1185
1899	126	52 491	18 529.3	1322
1900	130	55 072	18 632.3	1409
1901	122	52 557	18 552.5	1105
1902	116	50 017	17 656.0	1093

Tab. 10 (s. Seite 182)

Tab. 11 (s. Seite 184)

Tab. 12

Die Entwicklung des Fischdampferverkehrs in Ymuiden 1897—1910 (222b)

Jahr	Zahl der Fischdampfer in vH. der Gesamtzahl der eingelaufenen Fischereifahrzeuge	Bruttoinhalt der Fischdampfer in vH. des Gesamtinhalts der eingel. Flotte	Ertrag der Fischdampferflotte in vH. des Gesamtertrages
1897	0.9	3.7	7.0
1898	2.7	16.0	18.0
1899	5.5	23.0	39.0
1900	8.0	27.0	49.0
1901	9.0	35.0	56.0
1902	13.0	47.0	65.0
1903	16.5	61.5	73.0
1904	22.5	69.8	76.0
1905	34.0	77.8	83.0
1906	40.3	79.6	83.7
1907	37.4	80.5	84.3
1908	36.2	82.0	86.0
1909	36.9	80.7	83.9
1910	33.1	77.9	84.3

Tab. 11

Die Entwicklung der Fischdampferflotten einiger bedeutender englischer Hafenplätze 1883—1912 (222a)

Jahr	Anzahl der Fischdampfer in		
	Hull	Milfort Haven	Fleetwood
1883	10	—	—
1884	10	—	—
1885	15	—	—
1886	29	—	—
1887	35	—	—
1888	52	—	—
1889	61	—	—
1890	99	—	—
1891	135	—	—
1892	155	2	—
1893	169	8	—
1894	192	12	3
1895	215	12	6
1896	241	24	6
1897	260	24	8
1898	304	30	8
1899	376	36	10
1900	385	41	11
1901	383	43	13
1902	392	41	12
1903	423	42	15
1904	423	42	19
1905	431	44	29
1906	446	45	46
1907	458	59	61
1908	459	65	71
1909	459	68	67
1910	453	64	68
1911	404	66	76
1912	403	68	86

Tab. 12 (s. Seite 183)

Tab. 13

Der Rückgang im Gesamtschellfischfang der Norderneyer Fischerflotte seit 1872 (236)

Jahr	kg	Jahr	kg
1872	1 500 300	1893	380 162
1886	896 250	1894	364 450
1887	822 850	1895	290 000
1888	851 850	1897	270 000
1889	741 805	1898	124 000
1890	540 805	1899	90 000
1891	656 860	1900	30 400
1892	463 155	1901	keine Angelfischerei

Tab. 14

Nachweisung der Fangergebnisse derjenigen Norderneyer Fischer, welche mit Staats- oder Reichshilfe neue Fischerfahrzeuge oder verbesserte Fischereigeräte beschafft haben (237)

Jahr	Zahl der Schiffe	Höhe des einmaligen Darlehens in Mk.	Schellfische u. Kabeljau in kg	Schollen Rochen Steinbutt pp.	Erlös in Mk.	Amtl. Note (238)
1891	1	700	20 950	—	3300	1
1892	1	700	11 568	468	3385	4
1893	1	700	8 949	1413	2377,30	4
1894	2	2700	15 500	430	4400	4 bzw. 2
1895	2	2700	19 726	2311	5253,22	3 bzw. 2
1896	2	2700	27 056	615	5537	3 bzw. 2
1897	1	2000	11 642	2335	3107,20	2
1898	1	2000	3 300	2520	1413	4
1899	1	2000	4 489	1200	1184	4
1900	1	2000	25	560	150	5
1901	1	2000	110	1440	700	5
1902	1	2000	—	1250	800	5

Tab. 15

Fangergebnisse der im Jahre 1903 unterstützten Norderneyer Fischer (239)

Lfd. Nr.	Höhe des Darlehens in Mk.	Schellfische in kg	Kabeljau in kg	Schollen in kg	Erlös in Mk.
1	2000	100	80	2 705	1 150
2	46,50	100	17	2 750	1 170
3	46,50	600	—	40	200
4	46,50	22	5	640	250
5	46,50	165	45	2 250	1 300
6	46,50	50	10	2 240	500
7	46,50	—	—	2 652	750
8	46,50	75	15	3 535	1 100
9	46,50	28	18	1 665	600
10	46,50	50	10	1 805	720
11	46,50	20	7	1 850	700
12	46,50	75	30	2 765	1 200
13	46,50	85	5	2 635	1 000
14	46,50	100	80	2 705	1 150
15	46,50	—	—	1 450	500
16	46,50	150	60	1 500	1 000
17	46,50	—	—	1 690	600
18	46,50	136	85	1 865	2 000
Zusammen	2790,50	1756	467	36 742	15 890

Tab. 16
Gesamterlös der Norderneyer Fischerflotte seit 1904 (240)

Jahr	Anzahl der Schaluppen	Erlös in Mk.	Jahr	Anzahl der Schaluppen	Erlös in Mk.
1904	16	10 304	1913	7	10 537
1905	17	12 782	1914	7	8 700
1906	18	15 582	1915	6	18 500 (241)
1907	18	8 772	1916	7	23 500
1908	14	11 892	1917	6	107 155,76
1909	14	13 706	1918	5	126 747,91
1910	8	10 768	1919	5	181 507,75
1911	8	8 380	1920	3	140 521,88
1912	7	7 694	1921	2	39 029

Tab. 17
Der Stand der Seemoosfischerei in Niedersachsen im Jahre 1911 (246)

Heimatort	Segler		Motorschiff		Dampfer	Fahrzeuge insges.
	Haupterwerb	Nebenerwerb	Haupterwerb	Nebenerwerb		
Neuharlingersiel	13	—	—	—	—	13
Bensersiel	1	—	—	—	—	1
Westeraccumersiel	1	—	—	—	—	1
Nessmersiel	2	—	—	—	—	2
Spiekeroog	—	1	—	—	—	1
Wangerooge	—	1	—	—	—	1
Norderney	2	3	—	1	1	7
Norddeich	8	—	—	2	—	10
Borkum	—	—	—	2	—	2
Ditzum	7	—	3	—	—	10
Großefehn	1	—	1	—	—	2
Zusammen	35	5	4	5	1	50

Tab. 18 (s. Seite 187)

Tab. 19
Zuschüsse zur Anschaffung von Betten und Möbeln 1836—1859 (303)

Jahr	Antragsteller	Summe in Talern	Jahr	Antragsteller	Summe in Talern
1836	14	377	1848	7	250
1837	26	422	1849	—	—
1838	12	310	1850	12	400
1839	12	174	1851	13	368
1840	—	—	1852	8	507
1841	—	—	1853	12	600
1842	5	180	1854	11	309
1843	8	180	1855	11	395
1844	10	180	1856	16	380
1845	7	145	1857	7	275
1846	13	320	1858	14	560
1847	6	247	1859	9	465

Tab. 18
Bauprämien und Zuschüsse für Neu- und Umbauten 1819—1856 (300)

Jahr	Gesamtsumme der Prämien u. Zuschüsse bzw. Vorschüsse in Talern	Anzahl der Antragsteller	davon für		Bemerkungen
			Neubauten	Umbauten	
1819	400	7	1	6	Vom Jahr 1822 an werden anstatt Prämien nunmehr Vorschüsse gewährt, die zinsfrei und in 5 Jahren zu amortisieren sind.
1820	780	9	2	7	
1821	880	21	6	15	
1822	1060	16	4	12	
1823	100	1	1	—	
1824	100	1	1	—	
1825	150	2	2	—	
1826	25	1	—	1	
1827	25	1	—	1	Vom Jahre 1831 erfolgt die Auszahlung nicht mehr in Berum, sondern in Norderney.
1828	300	3	2	1	
1829	1140	15	6	9	
1830	995	13	2	11	
1831	480	6	3	3	
1832	300	3	3	—	
1833	430	7	2	5	Da das große Logierhaus gebaut wird, ist die Seebadekasse erschöpft. — Es liegt seit 1840 kein Bedürfnis zu Neubauten mehr vor.
1834	640	8	5	3	
1835	600	6	6	—	
1836	205	3	1	2	
1837	130	3	1	2	
1838	—	—	—	—	
1839	310	4	3	1	
1840	—	—	—	—	
1856	555	7	—	7	

Tab. 19 (s. Seite 186)

Tab. 20 (s. Seite 188)

Tab. 21
In den Jahren 1815—1867 geleistete außerordentliche fiskalische Aufwendungen (334)

Summe in Talern	Zinssatz	Quelle
7 600	unverzinslich	Hannov. Kommerz-Kapitalienfonds
5 000	3 %	Hannov. Dominial- und Veräußerungsfonds
30 000	unverzinslich	Hannov. Fonds von außerordentlichen Holzverkäufen
2 000	unverzinslich	Hannov. Einschußfonds der Feuervers.-Ges.
10 000	unverzinslich	Hannov. Generalkasse
30 000	unverzinslich	teils Seebadekasse aus Überschüssen, teils Ostfriesische Landschaft
10 000	unverzinslich	Hannov. Polder-Rest-Kasse

Tab. 20
Entwicklung der Bevölkerungszahl und des Fremdenverkehrs sowie der Umsätze der Seebadekasse in den Jahren 1814 bis 1866 (332)

Jahr	Einwohnerzahl	Anzahl der Kurgäste	Etats der Seebadekasse *)	
			Einnahmen aus fiskal. Anstalten in Talern	Ausgaben f. Verw. u. Instandsetz. in Talern (333)
1814	610	618	.	.
1815	618	639	1 113	1 113
1816	625	680	.	4 266
1817	623	706	.	5 230
1818	638	754	.	3 039
1819	637	720	.	.
1820	649	832	10 528	10 453
1821	646	607	.	.
1822	641	526	7 602	5 452
1823	646	501	.	.
1824	664	538	.	.
1825	678	545	.	.
1826	685	590	.	.
1827	697	624	.	.
1828	709	743	.	.
1829	721	716	.	.
1830	735	788	.	.
1831	736	851	.	.
1832	751	922	.	.
1833	757	968	.	.
1834	765	1085	.	.
1835	779	1257	.	.
1836	782	1331	.	.
1837	794	1397	.	.
1838	800	1434	31 047	23 433
1839	817	1508	39 434	31 416
1840	831	1516	30 422	24 007
1841	843	1387	31 408	24 162
1842	860	1572	31 851	21 013
1843	866	1461	28 326	28 329
1844	873	1471	32 129	26 016
1845	894	1871	37 066	24 089
1846	901	2310	44 036	26 529
1847	922	1923	33 204	24 034
1848	941	1860	10 388	16 522
1849	958	1708	22 448	20 484
1850	968	2077	27 794	23 268
1851	976	2122	35 295	25 667
1852	1002	1951	34 200	26 500
1853	1057	2084	34 350	29 827
1854	1111	2217	36 430	28 580
1855	1143	2334	34 234	34 234
1856	1160	2400	48 400	48 400
1857	1192	2492	54 892	79 535
1858	1216	2448	49 250	49 250
1859	1237	2530	45 300	45 470
1860	1234	2595	46 651	39 559
1861	1265	2608	40 067	36 773
1862	1281	2750	26 550	35 750
1863	1317	2767	34 234	34 234
1864	1387	2729	31 018	30 000
1865	1408	2815	37 000	36 000
1866	1431	3110	38 800	44 200

*) Für die Jahre 1814, 1816 bis 1819, 1821, 1823 bis 1837 waren Etatbeträge nicht zu ermitteln.

Tab. 22

Der Anteil der Nordseebäder an der Gesamtentwicklung aller deutschen Bäder (337)

Arten der Bäder	Jahr				
	1870	1880	1890	1895	1900
	Anzahl der Bäder				
Mineralbäder	5 014	6 916	7 186	7 935	9 213
Wildbäder	11 201	16 887	23 755	22 020	31 858
Alkalische Wasser Kochsalzwasser	47 132	85 705	117 757	142 905	151 635
Solen	14 693	31 143	50 163	57 967	102 614
Jod-, Brom- oder lithionhaltige Kochsalzwasser	2 516	6 878	11 282	16 562	24 905
Eisenwasser	24 511	57 436	80 897	48 866	63 101
Schwefelwasser	6 085	30 359	50 142	12 119	16 659
Erdige Wasser	1 115	2 470	2 600	2 533	5 008
Zusammen:	94 884	192 394	272 547	168 639	345 999
Fichtennadelbäder u. Bäder in Kalt-Wasser-Heilanstalten zus.	338	6 336	17 513	22 288	36 963
Ostseebäder	5 309	20 024	85 369	120 964	179 191
Nordseebäder	—	3 445	33 653	67 787	60 212
Seebäder zus.	5 309	23 469	119 022	118 751	239 403
Bäder insgesamt	99 136	215 145	398 983	365 572	585 460
			in vH.		
vH.-Anteil d. See-Bäder an den Bädern insgesamt	5,4	10,9	29,8	32,5	40,9
vH.-Anteil d. Nordseebäder an den Bädern insgesamt	—	1,6	8,4	18,5	10,3

Tab. 23 (s. Seite 190)

Tab. 24

Die Zunahme der steuerlichen Belastung in den Jahren 1883 bis 1913 (347)

Jahr	Einwohnerzahl	Gesamtsteuer in Mk	Mk. pro Kopf
1883	2000	28 440,50	14,22
1895	3848	97 000,00	26,22
1900	4038	133 366,00	33,03
1913	3969	204 952.00	51,64

Tab. 23

Die jährlichen Gesamtausgaben der Regierung für fiskalische Neu- und Umbauten sowie für bauliche Instandsetzung der Badeeinrichtungen von 1867 bis 1914 (339)

Jahr	Mk.	Jahr	Mk.
1867	—	1891	72 710
1868	—	1892	24 590
1869	—	1893	46 568
1870	31 978	1894	167 190
1871	124 653	1895	172 372
1872	16 652	1896	45 552
1873	293 559	1897	84 647
1874	178 891	1898	43 803
1875	21 279	1899	71 923
1876	52 472	1900	75 451
1877	56 749	1901	54 966
1878	3 075	1902	38 044
1879	6 246	1903	70 767
1880	689	1904	40 779
1881	40 259	1905	32 945
1882	65 898	1906	59 204
1883	16 065	1907	47 884
1884	21 370	1908	30 301
1885	28 468	1909	49 591
1886	46 334	1910	70 622
1887	33 792	1911	77 609
1888	50 101	1912	66 561
1889	158 514	1913	71 844
1890	212 787	1914	69 867

Tab. 24 (s. Seite 189)

Tab. 25

Zusammenstellung einiger Angaben aus den Etats der Gemeinde Norderney (347)

Jahr	Grundschätzungswert in Mk.	Grundsteuer in Mk.	vH. der Grundsteuer in Mk.	Staatseinkommensteuer in Mk.	Reklameausgabe in Mk.
1900	19 850 000	30 000	1,8	27 000	3 800
1901	20 000 000	32 590	1,8	28 000	2 830
1902	20 000 000	37 055	2,0	30 800	3 000
1903	20 500 000	37 000	2,0	33 600	3 278
1904	21 000 000	39 800	2,0	33 600	2 830
1905	21 000 000	46 200	2,2	39 200	2 881
1906	21 400 000	46 200	2,2	39 200	8 000
1907	21 400 000	42 800	2,0	39 000	10 000
1908	21 400 000	47 080	2,2	42 000	11 295
1909	21 400 000	53 500	2,5	48 000	13 400
1910	21 400 000	53 500	2,5	48 000	20 304
1911	23 350 000	58 375	2,5	48 000	21 803
1912	23 350 000	58 375	2,5	48 000	21 499
1913	25 000 000	62 500	2,5	48 000	22 400
1914	25 000 000	62 500	2,5	54 000	29 600

Tab. 26
Entwicklung der Einwohnerzahl, des Fremden- und Schiffsverkehrs 1867 bis 1914

Jahr	Ein- wohner- zahl (348)	Be- sucher- ziffer (349)	Schiffsverkehr im Norderneyer Hafen (350 bis 351)		Auf- gegebene und ange- kommene Telegramme (350 u. 351)
			Personen- u. Frachtschiffe	Fischerei- fahrzeuge *)	
1867	1431	3 765	947	.	3 487
1868	1536	4 098	1 010	.	5 546
1869	1605	4 070	1 206	.	6 809
1870	1693	1 136	832	.	4 003
1871	1769	5 566	1 604	.	9 690
1872	1877	6 506	2 084	.	11 194
1873	1960	6 093	2 001	.	10 383
1874	2004	5 936	2 127	.	9 431
1875	2042	6 922	2 202	.	10 260
1876	2058	6 506	2 188	.	9 291
1877	2084	6 371	2 386	.	9 516
1878	2097	7 017	2 258	.	12 060
1879	2103	6 417	3 161	.	11 492
1880	2114	8 261	2 856	.	14 164
1881	2000	8 791	3 003	.	17 342
1882	2108	9 925	3 328	.	20 924
1883	2000	11 148	4 334	.	21 027
1884	2000	12 214	5 422	.	23 033
1885	2842	10 677	4 658	.	18 518
1886	2785	13 317	2 216	.	21 295
1887	2788	14 780	4 322	.	23 896
1888	2778	13 617	5 387	.	24 901
1889	2778	16 573	4 928	.	29 518
1890	3615	17 214	4 721	7 730	40 422
1891	3551	18 978	4 829	7 580	34 420
1892	3540	18 691	5 568	7 414	36 408
1893	3550	20 480	4 355	7 285	35 759
1894	3700	20 795	6 775	6 992	37 399
1895	3848	23 092	9 533	5 570	38 689
1896	3989	23 094	10 086	6 002	36 985
1897	4036	24 026	10 369	5 964	43 283
1898	4070	23 985	11 446	2 964	39 535
1899	4166	25 967	8 713	2 764	42 993
1900	4038	25 927	8 369	2 040	39 223
1901	4021	28 774	6 792	1 902	44 547
1902	4008	25 806	6 644	1 506	35 881
1903	3936	30 610	4 817	628	41 080
1904	3780	36 008	6 118	952	44 920
1905	3830	37 874	6 142	740	48 740
1906	3941	38 735	6 168	424	53 906
1907	3862	35 942	8 619	976	50 365
1908	4067	41 766	8 946	310	55 340
1909	4182	41 973	9 913	78	49 592
1910	4106	42 590	6 348	112	53 783
1911	4183	47 041	5 835	138	60 145
1912	4110	35 931	5 659	218	46 036
1913	3969	33 101	6 159	396	38 821
1914	4261	39 188	—	—	—

*) Fischereifahrzeuge sind bis zum Jahre 1889 nicht besonders registriert.
Während der preußischen Zeit von 1867 bis 1914 verdreifachte sich die Einwohnerzahl, während die Zahl der Kurgäste von 3765 auf fast 40 000 anstieg.

Tab. 27

Nachweisung der Einnahmen der fiskalischen Seebadeanstalt Norderney für die Zeit vom 1. 1. 1869

Etatsjahr	Einnahme		Betriebs-, Verwaltungsunkosten und Gebäudeunterhaltung
	Total	davon aus Bädern	
1869	177 983	29 814	157 854
1870	27 451	3 243	101 489
1871	239 606	43 101	202 707
1872	81 655	42 630	59 302
1873	76 861	39 525	53 889
1874	94 968	38 601	80 885
1875	112 700	47 519	80 447
1876	104 327	44 054	80 597
1877	104 086	41 134	91 425
1878	132 429	45 646	88 653
1879	110 006	41 741	82 192
1880	150 217	54 712	88 301
1881	152 722	53 050	92 137
1882	189 395	56 355	99 770
1883	186 870	74 745	110 708
1884	194 055	83 103	125 735
1885	162 132	60 476	142 547
1886	184 083	66 606	124 711
1887	193 062	68 406	117 108
1888	167 963	56 787	133 929
1889	201 607	71 640	148 249
1890	209 794	68 877	212 236
1891	227 437	72 757	160 185
1892	233 712	77 679	158 375
1893	251 348	82 279	178 518
1894	245 837	76 743	206 413
1895	289 648	79 839	197 784
1896	295 454	75 990	202 721
1897	313 293	81 358	223 790
1898	314 761	81 061	195 789
1899	346 980	89 730	269 592
1900	334 914	83 527	222 167
1901	365 752	94 195	207 975
1902	339 268	74 412	204 374
1903	374 721	88 040	203 027
1904	398 873	96 886	214 322
1905	400 301	102 114	235 475
Insgesamt	7 956 271	2 388 375	5 555 378

und Ausgaben
(Übernahme durch die Domänenverwaltung) bis einschl. 31. 12. 1905 in Mark (357)

Betriebsüber-schuß bzw. -zuschuß *)	Unt. Berücksichtig. d. Neubauten		Bemerkungen
	verbleibt Überschuß	war Zuschuß erforderlich	
20 129	20 129		
74 038		106 016	Krieg, Giftbude
36 899		87 754	Badehaus
22 353		87 906	Strandhallen, Polderdeich
22 972		270 587	Viktoriahalle, Badehaus
14 083		64 808	Badeanlagen
32 253	10 974		
23 730	17 765	44 088	Landungsbrücke
12 661			
43 776	40 701		
27 814	21 568		
61 916	61 227		
60 585	20 326	6 273	Umbau des Kurhauses
59 625			
76 162	60 097		
68 320	51 696		
19 585		8 883	Elektr. Anlagen
59 372	13 038		
75 954	43 461		
34 034		263 188	Kanalisation und
53 358		282 629	Wasserversorgungsanlagen
2 442		215 091	Elektr. Anlagen
67 252	27 706		
75 337	72 141		
72 830	49 092		
39 424		22 877	Seesteg
91 864	1 235		
92 733	57 574		
89 503	64 368		
118 972	68 396		
77 388	57 900		
112 747	93 691		
157 777	151 991		
134 894	124 748		
171 694	119 789		
184 551	184 551		
164 826	164 826		
2 400 893	1 598 999	1 460 100	

*) Die halbfett gedruckten Zahlen weisen einen Betriebszuschuß aus.

Tab. 28

Nachweisung der Einnahmen und Ausgaben der fiskalischen Seebadeanstalt Norderney für die Zeit vom 1. 1. 1909 bis einschließl. 31. 12. 1914 in Mark *)

Etats-jahr	Total	Einnahmen davon aus Bädern	Ausgaben	Überschuß bzw. Zuschuß **)
1909	417 765	102 114	240 077	177 688
1910	424 380	109 580	235 800	188 580
1911	475 083	136 581	237 557	237 526
1912	369 901	95 802	243 243	126 658
1913	331 397	81 000	264 153	67 244
1914	182 559	43 453	200 529	**17 970**
Insgesamt	2 101 085	568 530	1 421 359	779 726

*) Von den Jahren 1906 bis 1908 fehlen die Aufzeichnungen.
**) Die halbfett gedruckte Zahl weist einen Betriebszuschuß aus.

Tab. 29 (s. Seite 195)

Tab. 30

Die Saisonangestellten der Seebadeanstalten im Jahre 1914 (370)

Bezeichnung	Anzahl	Lohn in Mk. *)	Bezeichnung	Anzahl	Lohn in Mk. *)
Badeaufseher	2	**1000,00**	Badewärter	64	5,00–5,50
Badeaufseherin	1	**1000,00**	Badewärterinnen	53	5,00
Kartenverkäufer	5	5,00–5,50	Schwimmer	6	5,50–6,00
Kartenverkäuferin	3	3,00–3,50	Strandkorbwärter	4	5,00–5,50
Strandaufseher	4	5,00	Wäscherinnen	6	5,00
Kurtaxen-einnehmer	3	5,00	Sonstige Angestellte (Boten, Arbeiter)	3	5,00–5,50
Seestegwärter	2	5,00			
			Zusammen	156	

*) Die halbfett gedruckten Zahlen bezeichnen den Lohn für die gesamte Saison, die übrigen den Tageslohn.

Tab. 29
Handel und Handwerk auf Norderney im Jahre 1913 (369)

Bezeichnung	Anzahl	Jahresgeschäft	Saisongeschäft
Fuhrunternehmer	16	14	2
Bauunternehmer	7	7	—
Zimmermeister	5	5	—
Maler und Glaser	23	23	—
Schmiede	4	4	—
Installateure	1	1	—
Klempner	4	4	—
Segelmacher	2	2	—
Seiler	1	1	—
Korbmacher	1	1	—
Schuhmacher	24	24	—
Schneidermeister	13	11	2
Schneiderin	3	3	—
Friseur und Parfümerie	15	5	10
Sattler, Tapezierer	10	10	—
Bäcker	11	11	—
Fleischer	7	7	—
Photograph und Photohändler	10	1	9
Uhrmacher	3	3	—
Apotheken/Drogerien	1/1	1/1	—
Buchdrucker	4	4	—
Buchhändler	5	4	1
Gärtner, Blumenhändler	2	2	—
Fischhändler	4	3	1
Schirmmacher	1	1	—
Milchhändler	10	10	—
Kolonialwaren- und Delikatessenhändler	20	18	2
Andenkenartikel	4	1	3
Konditoren	4	2	2
Gemüse- und Obsthändler	13	7	6
Zigarrenhändler	14	6	8
Porzellanwarenhändler	4	3	1
Manufakturwarenhändler	7	3	4
Kohlenhändler	3	3	—
Konfitürenhändler	5	—	5
Eisenwarenhändler	3	3	—
Juweliere	5	3	2
Antiquitäten- und Gemäldehändler	10	1	9
Zusammen	280	213	67

Tab. 30 (s. Seite 194)

Tab. 31
Bewegung der Angestellten und Arbeiter in den Jahren 1901, 1911 und 1913 (371)

Monat	Insgesamt			davon					
				männlich			weiblich		
	1901	1911	1913	1901	1911	1913	1901	1911	1913
Januar	667	1171	1167	440	728	702	227	443	465
Februar	664	1160	1172	428	729	713	236	441	459
März	692	1199	1289	460	750	794	232	449	495
April	774	1273	1477	520	809	891	254	464	586
Mai	1142	1511	1905	572	893	1840	570	618	865
Juni	1380	2024	2685	678	1042	1283	702	982	1402
Juli	1850	2866	3072	860	1381	1408	990	1485	1619
August	2031	3278	3142	951	1551	1507	1080	1727	1635
September	1877	3072	2672	847	1408	1273	1030	1664	1299
Oktober	947	1994	1892	505	938	896	442	1056	796
November	672	1219	1310	452	729	687	220	488	423
Dezember	640	1164	1093	422	713	664	218	451	429
31. Dezember	633	1152	1054	431	709	650	202	443	404
Krankheitsfälle	312	411	391	211	247	247	101	164	144
Sterbefälle	5	9	11	4	3	7	1	6	4

Tab. 32
Bevölkerungsbewegung 1911 und 1913 (372)

Monat	Zugang	Abgang	Zugang	Abgang
	1911		1913	
Januar	47	44	41	18
Februar	42	19	48	23
März	62	47	66	75
April	231	72	265	90
Mai	640	60	494	59
Juni	927	113	1016	129
Juli	859	188	826	215
August	190	357	141	489
September	57	1546	58	1456
Oktober	72	699	62	540
November	48	88	55	77
Dezember	35	47	45	77

Bildanhang

Tafel IIa

Abb. 2: Schuiten der früheren Netzfischerei. Stadtarchiv Norderney.

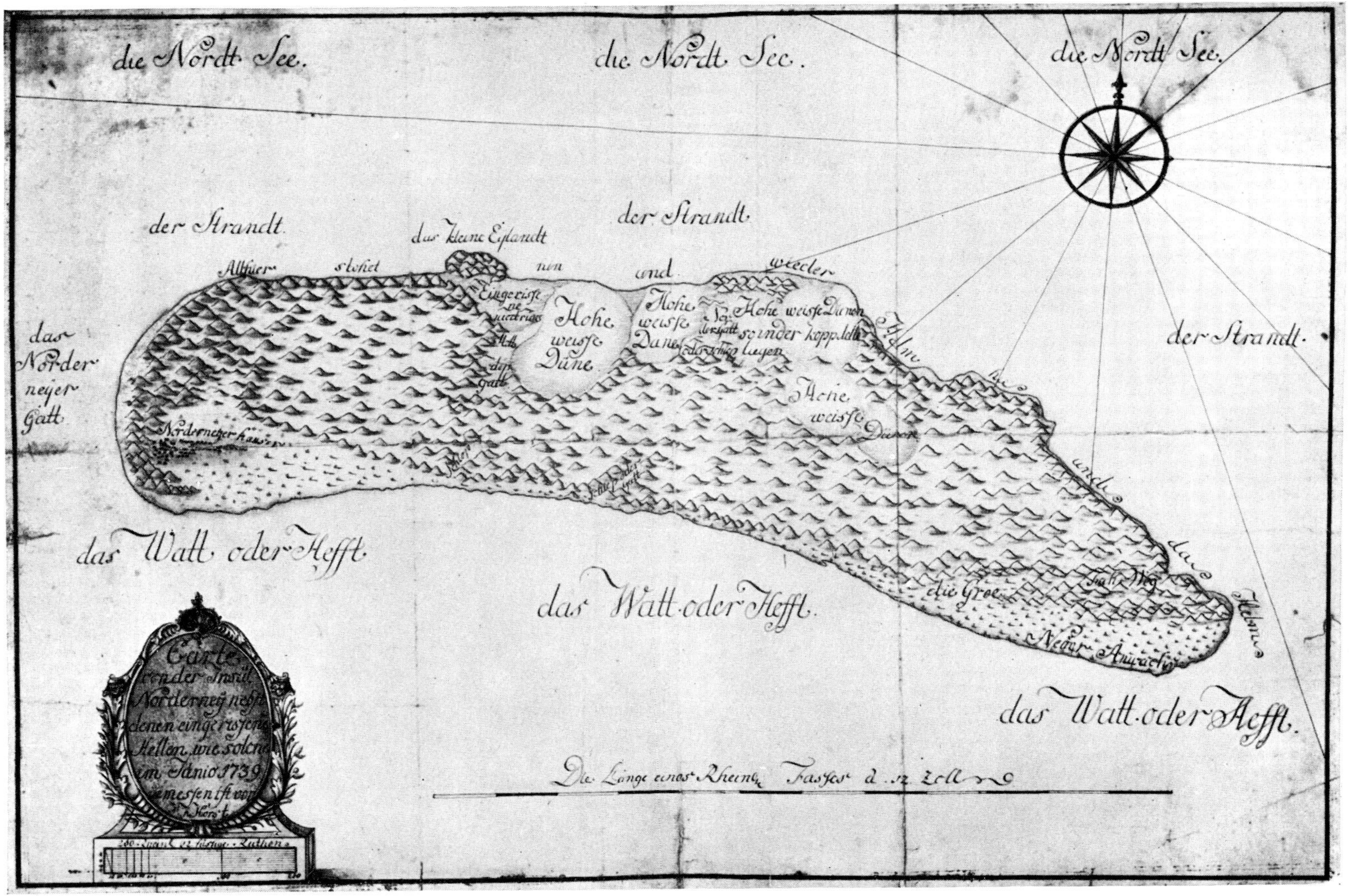

Tafel I

Abb. 1: Horst „Carte von der Insul Norderney", 1739

Tafel II

Abb. 3: Norderneyer Kauffahrteischiff, Ende des 18. Jahrhunderts. Nach einem alten Stich. Leihgabe des Antiquariats Meyer, Hamburg.

Tafel III

Abb. 5: „Granatstrieken." Granatfang mit Handnetzen.
Aufnahme: Elimar Weber, Norderney.

Abb. 7: Inselkirche auf Norderney vor dem Umbau. Nach altem Bild. Stadtarchiv.

Tafel IV

Abb. 8: Altes Fischerhaus. Aufnahme: Foto Elite, Norderney

Abb. 9: Inneres eines Fischerhauses. Nach einem Gemälde von Poppe Folkerts, Norderney.

Tafel V

Abb. 10: „Pann Ewer" Frachtsegelschiff der kleinen Küstenfahrt um 1910. Stadtarchiv.

Abb. 11: Beurtschiffe im Norderneyer Hafen um 1850. Nach einem Gemälde von Franz Schreyer.

Tafel VI

Abb. 12: Schaluppen beim Schellfischfang um 1890. Nach einem Gemälde von Poppe Folkerts, im Norderneyer Rathaus.

Abb. 13: Schaluppen vom Schellfischfang heimkehrend. Nach einem Gemälde von F. Kallmorgen.

Tafel VIII

Abb. 14: Fischerfrau beim „Wandsplieten", Ordnen des Angelgeräts. Stadtarchiv.

Abb. 15: Fischerfrau beim „Wurmdilven" (Würmergraben). Stadtarchiv.

Tafel IX

Abb. 16: Inselfährschiff für die Verbindung Norddeich–Norderney, um 1850. Im Hintergrund der kleine Dampfer „Henriette", der von Norderney über Helgoland nach Wyk auf Föhr fuhr. Nach einem alten Stich. Stadtarchiv.

Abb. 17: Rückkehr von der Seehundsjagd. Nach einem Gemälde von Poppe Folkerts, Norderney.

Tafel X

Abb. 18: Norderney 1822. Nach einem alten Stich. Stadtarchiv.

Tafel XI

Abb. 19: Norderney, Weststrand mit Dampfer „Roland" um 1840. Nach einem Stich von Serz, Nürnberg.

Tafel XII

Abb. 20: Norderney 1850. Empfang der Gäste. Nach einem alten Stich. Stadtarchiv.

Tafel XIII

Abb. 21: Norderney 1840. Kurhaus und Sommerpalais. Nach einem alten Stich. Stadtarchiv.

Tafel XIV

Abb. 22: Norderney um 1850. Gesamtansicht. Nach einem alten Stich. Stadtarchiv.

Tafel XV

Abb. 23: Gärten in den Dünen.　　　　　　　　Aufnahme: Foto Elite

Abb. 24: Damenpfad um 1860. Stadtarchiv.

Abb. 25: Luisenstraße um 1860. Stadtarchiv.

Tafel XVI

Abb. 26: Giftbude, Nordstrand, 1897. Gemälde von Franz Schreyer.

Abb. 27: Strandhalle 1914. Stadtarchiv.

Tafel XVII

Abb. 28: Viktoriahalle um 1890.   Aufnahme: E. Risse

Abb. 29: Am Hafen um 1880.   Aufnahme: E. Risse

Tafel XVIII

Abb. 30: Seesteg 1897. Aufnahme: Römmler und Jonas, Dresden

Abb. 31: Bild des Ortsinneren um 1890. Stadtarchiv.

Tafel XIX

Abb. 32: Am Kurhaus um 1900. Stadtarchiv.

Tafel XX

Abb. 33: Kaiserstraße um 1910. Aufnahme: G. Sasse, Norderney

Abb. 34: Viktoriastraße 1893. Aufnahme: E. Risse

Tafel XXI

Abb. 35: Straße im Ortsinneren. Aufnahme: K. Kühnemann, Norderney

Abb. 36: Geschäftsstraße, Friedrichstraße. Aufnahme: Foto Elite

Tafel XXII

Abb. 37: Im Damenbad 1882. Aufnahme: L. Herzog, Bremen

Abb. 38: Badebedienstete und Rettungsschwimmer um 1914. Aufnahme: Foto Elite

Tafel XXIII

Abb. 39: Norderney 1850. Königsfamilie Georg V. Nach einem alten Stich. Stadtarchiv.

Tafel XXIV

Abb. 40–42: Alter Fischer. Stadtarchiv. – Schaluppe. Aufn.: Foto Elite. – Am Strande. Stadtarchiv.

Tafel XXV

Abb. 43: Fischerklasse 1889. Stadtarchiv.

Abb. 44: Fischerboote am Weststrand, Südwesthörn. Aufn.: G. Sasse, Norderney

Tafel XXVI

Abb. 45: Mit der Frisia nach Norderney. Ein älterer (1914) und ein moderner (1956) Dampfertyp der Aktien-Gesellschaft Norden-Frisia.   Aufn.: Foto Elite, Norderney

Abb. 46: Luftbild von Norderney.
    Aufn.: Luftreisedienst Niedersachsen G.m.b.H., Bremen